学思刍议

——朱威烈文选

朱威烈 / 著

世界知识出版社

图书在版编目（CIP）数据

学思刍议：朱威烈文选 / 朱威烈著. —北京：世界知识出版社，2017. 8

ISBN 978-7-5012-5569-6

Ⅰ. ①学… Ⅱ. ①朱… Ⅲ. ①阿拉伯语—教学研究—文集 ②中东问题—文集 Ⅳ. ①H379. 3-53 ②D815. 4-53

中国版本图书馆CIP数据核字（2017）第211305号

书　　名　**学思刍议——朱威烈文选**
Xuesi Chuyi —— Zhuweilie Wenxuan

作　　者　朱威烈

责任编辑　贾如梅
责任出版　赵　玥

出版发行　世界知识出版社
地址邮编　北京市东城区干面胡同51号（100010）
网　　址　www.ishizhi.cn
电　　话　010-65265923（发行）　010-85119023（邮购）
经　　销　新华书店
印　　刷　北京京科印刷有限公司
开本印张　787×1092毫米　1/16　21¼印张
字　　数　285千字
版次印次　2017年8月第一版　2017年8月第一次印刷
标准书号　ISBN 978-7-5012-5569-6
定　　价　58.80元

本书由上海高校智库——上海外国语大学中东研究所资助出版；成果属上海外国语大学中东研究所——教育部重点研究基地、上海高校智库、中阿合作论坛研究中心，上海外国语大学——上海市Ⅰ类高峰学科（外国语言文学）建设项目、上海高校一流学科（政治学）建设项目。

目 录

上篇 学科建设

下篇　研究论述

写在前面：

我的一点学术追求

年届七五，迟暮之感自很难免，一生顺逆境遇会不时跃然脑际。回想起来，童年岁月幸赖慈父母荫庇而快乐无忧；青年时期虽生活条件、客观环境屡历艰辛，然终能自勉自励，不堕心志；改革开放以来身心俱获解放，是包括我在内的中国学人均额手称庆，可以专心做事做学问的好时代。如果说个人还有点尚堪说道的话，那主要在这三十多年。

我这数十年经历虽有起伏，但总体平常，概而言之，可谓一生在学：从幼稚园、小学、中学和大学的读书求学，到进入上海外国语大学逾半个世纪的执教生涯，都未曾离开过学习。中国古训“活到老，学到老”，反映了中国文化文明的本质是学习。中国学人特别是教师，能始终置身于学习的环境和氛围中，是一件幸事。

只是就学习而言，我虽努力追求兼收并蓄、融会贯通，但毕竟才蔽识浅、心多旁骛，终难渐臻其境。而今则日月逝矣，岁不我与，更只能怅怅自叹。勉强要说一点治学心得，那便是学科建设——它贯穿了我教师生涯的心路历程和工作轨迹。

我幼少年时在西子湖畔度过八年，养成了好幻想、多憧憬的心性。中学阶段在沪杭两地读重点中学，培育起了较强的比赛、进取精神。北大五年，则得以拓宽眼界，在潜意识里确立起大多数同龄人都具有的家国情怀。作为一名高校教师，从报效祖国的高度检视自己的生平，我能述及的有意义工作，主要是推动学科发展、建设人文社会科学重点研究基地和参与中国特色新型智库工作这几个方面。

从术业有专攻到加强学科建设

术业应有专攻。我常扪心自问是否够得上术业有专攻？因为这是身为教师的基本条件。我这一代人，年轻时受到的教育是“服从组织分配”。学习阿拉伯语的起因是临考前中学校长谈话指定，要求报考外语小语种；进入北大东语系阿语专业则是系主任季羡林教授的引导和系里的统一安排；分配当大学教师——先是年级主任李振中老师谈话确定我留校，旋即又被高教部外语司调派到上外任教——也都属“组织决定”，从思想和行动层面都必须服从。大学毕业生个人能提出要求的通常只是希望“专业对口”。就此而言，我算是“得偿所愿”。工作以来，前期经历“文革”，下乡下厂频繁，还两次下放去安徽凤阳五七干校，折腾折磨不断，多亏有阿语这“一技之长”，才不时被指派去完成一些译事；后期国家社会经济发展繁荣，我在上外工作生活稳定，职务虽有变动，却始终没有脱离以阿语专业为基础的业务工作。

那么，学习阿语专业的人怎么才算“术业有专攻”呢？黎巴嫩出版的英阿词典《泉源（AL-MAWRID）》中对Arabist词条的释义是“熟谙一切与阿拉伯人及其地区或阿拉伯语言与文学的权威专家”，亦即俗称的“阿拉伯通”。这抑或指两类人，一类不要求通晓阿拉伯语，但必须了解阿拉伯人和阿拉伯地区，包括历史、地理、民族、宗教、社会等，学科范围未作限定，但应是专家；另一类是掌握阿拉伯语言文学的行家里手，与我国开设的阿语专业教学目标颇相一致。

从专攻精神和成就看，师辈的马坚先生、纳忠先生和刘麟瑞先生等，始终是阿语专业后人们的榜样。他们及其20世纪30年代前后共六批赴埃及爱资哈尔大学留学的同学们，为中国的阿语教学和阿拉伯研究作出的贡献，是值得我们永远珍视和铭记的史实。改革开放三十多年时间里，中国阿语专业的教师们编教材、教学参考书和工具书，翻译各种著作，发表论文和出版专著等，硕果累累，实际上都反映了他们重视传承、继往开来的时代风貌，也是术业有专攻的证明。我的理念与阿语教师们是相通的，经历也相仿，是上述专业活动的见证人和参与者。我译过一些著作，近年出版的拙译作选《岁月留痕》即是出于存念的表现。1976—1978年上课之余，曾与一位专攻韵律学的伊拉克外教哈纳菲先生一起编写过工农兵学员三个年级的教材。1984年起担任系行政工作后则主要组织系内教师编写精读、语法、应用文、口译教程、阿拉伯国家概况等教学用书，自己也审校过其中几种。90年代头尾我还先后编写出版《当代阿拉伯文学词典》和《简明汉阿词典》两种工具书。那是因受译林出版社李景端社长和上外副校长吴克礼教授之托，难以推诿，也是基于内心一直很认同马坚、刘麟瑞先生编写词典的奉献，视之为中国阿语学者应尽的职责所致。

独特的编辑生涯。回想起来，我的关注面和业务实践虽与高校阿语专业教师颇为相似，但也不尽相同。其中，长达三十多年的编辑工作可称独特，对我的知识结构和专业范围拓展影响至为深刻。

1980年我结束开罗大学进修两年后回国，蒙上外王季愚院长器重，被任命为《阿拉伯世界》期刊主编。那是系里讲授阿拉伯国家概况课的老教师陈慰慈倡议编辑的一种油印本，我的任务是使之规范化、成为正式出版的期刊，为阿拉伯语专业师生和关心阿拉伯国家和伊斯兰知识的学人提供一个学术园地。我接手后，先是出了六期胶印本，作为内部交流的试刊。1983年正式具文向教育部申请获准才公开发行。初为小32开，季刊，90年代转成16开，双月刊。2006年为加强教育部人文社会科学重点基地中东研究所建设，我们决心将它办成学术期刊，改名为《阿拉伯世界研究》。当时向教育部社科司主管领导袁振国副司长汇报时，他曾表示惋惜，问能不能出成两种，把普及知识型的《阿拉伯世界》保存下来？但终因人手、技术层面等各种困难，我未敢应允。

在上外阿语系这样的教学单位办刊物，工作量计算和成绩评定等都得不到制度保证。我在主编这本期刊的前二十多年里，约稿改稿校对，确定栏目、封面，处理信函，到北京外文印刷厂买铅字，到校印刷厂跟师傅一起排版，甚至发行邮购等一应繁杂事务，均亲力亲为。有一段时间编辑部教师都出国了，只能独自包揽应付。

编刊物辛苦艰难，是"为他人作嫁衣"，要有一点牺牲精神，但看到阿语学人和关心阿拉伯伊斯兰的学者和读者热情的来稿和来信，特别是看到不少教师在职称晋升时用上了这本刊物上发表的成果，心中也就很欣慰。我对纳忠教授始终心存感激。他在这本刊物从创办到公开出版的前二十多年里，一直鼎力支持，凭藉他的声望和影响广泛推介，并亲自撰稿荐稿，是刊物得以顺利发展的重要因素。他与刘麟瑞教授发表的连载回忆录，李振中教授将他的《学者的追求·马坚传》书稿先行在本刊上披露，中央民族大学林松教授对《古兰经》中译本的系统评述等作品，都代表了中国穆斯林前辈学者对这本刊物的珍视和器重。我还记得，香港沙义坤先生是成达师范毕业生，曾多次致函编辑部，嘱向刘麟瑞先生等老学友问候；90年代初，台湾海维谅先生访沪，虽年事已高举步维艰，仍坚持让其亲戚扶着来访，一抒对刊物的褒词，足见境外同胞对刊物的惓惓之意。国内中青年阿语教师对刊物更是关爱有加。其中，对外经贸大学的葛铁鹰老师颇具代表性。他在新世纪初的五六年间，开设"天方书话"专栏，评析中国文化名人与阿拉伯文学的关系，介绍阿拉伯古今名著及其中译本，以后又连载十多期发表"阿拉伯古籍中的中国"，反映了他长期重视收集资料，用心思考并勤于耕耘的良好习惯，是很值得肯定的嘉言懿行。2006年刊物改名为《阿拉伯世界研究》后，支撑它的主要学科转为政治学二级学科国际关系，作者队伍中除阿语教师外，更多的是关注阿拉伯国家和中东地区热点问题研究的专家学者。编辑部此时已有专人负责，进入规范化建设，我无须每稿必审，文字工作和其他事务性负担都大大减轻，精力和时间得以集中用于重点研究基地建设和学科发展方面。办刊三十多年，接触到的上千万字稿件，涉及多种学科知识，迫使我不得不去寻索阅读、查资料核对，有点像是在走杂家之路，不过这对我接受并确立新时期学科交叉融合的理念却帮助很大。

学科建设是高等教育发展之大端。1984年起阿语专业在上外独立建系，我开始走上管理岗位。此前，1981年国家已实行学位制，接着，国务院学位委员会又于1983年、1984年开始公布有权在外语学科授予博士学位的高校和研究单位名单。由此，师资队伍、学位与学科建设已然成为高校的核心工作。其中的师资队伍乃为关键，是申报学位点和推进学科建设的基础条件。上外阿语专业要想形成一支合格的师资团队，我想，除了引进和自己培养，别无良策。

当时国内设有阿语本科教学点的高校仅七所，在职教授仅北外纳忠先生一人，副教授也极少。为此，我在请示胡孟浩院长同意后曾专程赴北大，想请刚退休不久的刘麟瑞先生南下坐镇领衔。刘先生和师母闻讯后虽都很高兴，但顾念家庭基础在北京，赴沪工作实有困难，提出可到上外来讲讲，以后也愿协助编些教材。我告别刘先生后不期在校园里邂逅季羡林教授，他时任全国外语教学研究会会长，胡孟浩院长为副会长。季老问我："怎么到北大来了？"我答："上外缺菩萨，胡院长同意我来搬菩萨"，并讲述了刘先生的情况。季老说："回去给你们胡孟浩院长带句话：没有大菩萨，就自己培养几个小菩萨，积以时日，小菩萨不就成为中菩萨、大菩萨了吗？"我回校向胡院长作了汇报，他深以为然，后即制定了学术梯队建设计划，报教育部高教司批准并转发其他高校，校内则于1985年开始推行。梯队建设实际上是季老强调"自己培养"理念的实施路径，它从制度上保证并积极有效地推动了校内的师资队伍发展。1985年，上外阿语系自1960年建专业以来第一次评出了三名副教授，具备了申报硕士点的条件，于1987年开始招生。1988年，在北大陈嘉厚、郭英德两位教授和国际广播电台华维卿译审支持下，我被破格晋升为教授。那时的《光明日报》头版报道上外梯队建设文中，曾把时年46岁的我列为“年轻”文科教授的例证。翌年，上海市教委正式下文同意上外有权评审英、俄语外的其他外语专业教授资格，由我担任专家组组长。应该说，是季老的“立足自己培养”思想和胡孟浩院长与时俱进扎实推进梯队建设的举措，惠及了包括我在内的一大批中青年外语教师的成长。申报博士点则有些曲折。90年代国务院外语学位评议组有好多年是按照学生规模确定申请博士点的语种，阿语一直未被列入，学校也未敢擅报。我当时已是教育部外语教学指导委员会副主任兼阿语指导组组长，心里着急却又无奈。直到时任国务院外语学位评议组组长的陈嘉厚教授直接询问上外有关领导：“阿语为什么不报？”我们这才行动起来，于1998年申报获得了博士点授予权。

这里，我要特别提及的是母校北大对我成长发展历程中的关爱和支持。在学期间的1964年秋我刚进入大五，北大开展“小四清”，对学生而言，就是检查自己是否有“和平演变因素”。进驻东语系的是暨南大学党委书记率领的工作组。我因大三时译过一本书，间接受到过马坚先生的赞许，这时就成了“有资产阶级成名成家思想”和“资产阶级教授接班人”的证据。我不但得在班级里作检讨，而且还被叫到系里谈话，精神压力很大。那次谈话安排在系主任办公室。工作组同志见我到后便问季羡林主任：“我们就在这里谈？”季主任说：“你们谈吧，不妨碍我。”工作组同志问我的核心问题是“你是谁的接班人？”我当即回答：“我是千百万无产阶级革命事业接班人之一。”接着便讲述了译书的缘起、过程和跟马坚先生的接触等情况……他只问只听，不做结论。临结束了，他征询季主任意见时，季老才从办公桌前移座过来说：“这个朱威烈，我了解，是校合唱队指挥，表现很好……我看，朱威烈还是要求进步的，就是有些骄傲自满。”我回了一句嘴说“已经好多了”，又被季主任批评了几句，还举了“欧洲文学史”考试我交卷早的例子。但我出门时已经感受到季主任实际上是在帮我解围，把当什么阶级接班人的思想政治问题转成了戒骄戒躁的作风问题。这在当时，可是攸关我毕业分配及至一生发展的大事。1965年春快毕业了，国内举办埃及电影周，文化部向北大借八名学生做翻译，年级主任李振中老师召集全班开会，宣布名单，我居然也在列。李老师知道我会觉得意外，特别让我留下来谈话，嘱我不要背包袱，而应配合带队的吕学德老师，好好发挥业务作用。改革开放后的1987年，季老应胡孟浩院长之邀到上外来接受名誉教授聘书。我陪他进入会场时，胡院长迎上来说："今天我们有幸聘请季老为名誉教授，希望季老今后多关心支持上外的发展建设。"季老一面拍拍我的肩膀，一面说："我把这样的学生都送到上外来了，还不关心支持吗！"这些场景，至今历历在目，点点滴滴都在心头。

季老、陈嘉厚老师、李振中老师和北大教过我的老师，以及没有教过我的北大其他院系的师长、学友或学弟学妹，在我的学术成长和在上外推动阿语学科、政治学学科发展过程中，对我的呵护、提携、支持和帮助，是我常铭在心、永世难忘的师门恩情。

坚持走学科内涵发展的道路。回想起来，我在阿语专业队伍中可能算是个规则意识和好胜心都较强的教师。设立博士点后，我想争取的即是跻身全国重点学科。然而，小小的阿语学科要与文史哲政经法等重点学科比肩，大是不易，即便要赶上外语学科中英、俄语的水平和影响，差距也很大。因此在我看来，阿语学科要攀高峰，唯有秉持小学科大内涵的理念，拓展与阿语相关的其他学科的交叉融合，朝"高水平，有特色"的方向努力，才有希望。在2000年12月教育部批准上外中东研究所为重点人文社会科学研究基地前后，我已经有意识地在推动翻译、编写有关阿拉伯国家的社会文化、宗教、国情等方面的材料和著作，以丰富阿语学科的内涵建设。2001年上海市教委来上外考评学科建设时，对以阿语学科博士点为基础的中东研究所成绩给予了肯定，但也批评我们为什么不申报国家重点学科。其实，那时允许上外申报国家重点学科的限额是两个，学校领导的意见是要确保英语、俄语，岂容他人造次？何况我当时已不直接负责阿语，也讲不上话。

尽管如此，上海市教委还是把上外阿语列为上外唯一的上海市重点学科。2003年，我与接任上外社科院院长的优秀海归学者张曙光教授，联手整合校内以中东研究为特色的国际问题研究资源再次申报国际关系博士点获准，上外第一次出现了除外国语言文学学科外的社会科学学科博士点。2007年，已任副校长的张曙光又与我分别领衔申报国际关系和阿拉伯语两个上海市重点学科，都取得成功。同年，教育部也开展评审国家重点学科，上外的限额为三个。学校同意除英、俄语外也申报阿语。由我负责定稿的主报告，将阿语系教师编写的国家级教材、获奖教材等与中东研究所学术成果中的有关阿拉伯国家研究的省部级课题、论文和咨政服务等积累结合在一起，大大扩大了阿语学科的内涵，从而较好地回应了教育部规定的目标要求。11月，教育部正式下文批准上外阿语学科列入国家重点（培育）学科建设。那一年各高校申报通过的新重点学科，都有“（培育）”两字。印象中，国内高校以阿语为二级学科申报国家重点学科的，迄至当时仅上外一家。对此，我当然很清楚，阿语能进入国家重点学科只是相对而言，论学术水平和社会贡献，距离国家标准依然很远，但内心毕竟很愉悦，因为从中国阿语教育发展史看，这总是一个标志；作为以马坚、刘麟瑞为代表的北大阿语教师的学生，是交出了一份不辱师门的成绩单；在祖国人文社会科学大发展大繁荣的重要阶段，也算是把握了机遇，通过竭诚努力，跟上了时代前进的步伐。

见证上外向多科性大学发展历程。我在北大五年，经历了困难时期，到十三陵修铁路，去大兴县割麦，赴平谷搞“小四清”等运动，但在校内却常能听到不少高水平的形势报告和学术讲座，担任校合唱队指挥又与各系科的同学甚至老师多有接触，交流的知识也广。到上外来工作后，一直很不适应的是单一外语学科高校那种特有的学术氛围：除了外语的听说读写基本功教学训练，外国文学都很少谈及，遑论其他的人文社会科学。“文革”后的1978年，国家教委开始通过考试遴选首批出国进修教师，上外考取四名，阿语、法语各两名。临行前，已经复出的王季愚院长专门找我们谈话，要求除业务进修外，也要关注一下国外大学的学科设置和建设。1980年9月，除阿语陈中耀老师因读研究生获准延长一年外，我和分赴法国、加拿大的张以群、张裕禾都已回国，王院长又约时间听取我们汇报。我当时讲话颇“冲”，说光注重听说读写的外语学校不是大学，大学应讲学科，课程应有史有论，云云。会后我心里很不安，生怕冲撞了这位深受广大师生爱戴的老革命、老外语教育家。不料时任人事处长组织这次座谈的王益康同志告诉我，王院长听汇报后不但没生气，反而很高兴，说上外要发展就应多依靠这些我们自己培养的出国教师。接着，王院长的学术秘书、《外国语》学报负责人李良佑也对我说，王院长正在准备中国外语教学研究会成立大会的发言稿，要把上外办成大学。这就是后来王院长发表在《外国语》1981年第5期上的《回顾与展望》。文中明确指出，“专门性的外语学院……有不少缺点，如清一色的都是外语专业，容易造成学生知识面过窄，学术思想不活跃，不少课程或研究课题因师资缺乏而难以开设或开展，也不便于进行国际学术交流”，因此，她建议“有条件的外语学院是否可以办成大学，适当扩大规模，增设一些人文学科的其他专业或系”。她这篇被称为共和国新时期外语教育“出师表”的遗稿，实事求是地总结历史，高瞻远瞩地提出问题、筹划未来，准确反映了新中国外语教育的发展规律，也代表了包括我在内的许多外语教师的心声。

1981年5月，王季愚院长终因“文革”中备受迫害和摧残而过早病逝，年仅73岁。接替她的胡孟浩院长在继承王院长遗志、推动上外向多科性外国语大学发展方面，殚精竭虑，务实施策，为奠定今天上外多学科格局的基础，取得了突破性进展。记得1985年他曾约我商谈，如何把上外建成大学。我按照国家教委文件有关大学必须拥有至少三个一级学科的规定，提请胡院长研究依靠上外薛蕃康、漆竹生、钱维藩等老教授，推动创办商、法和新闻等新专业或系的可能，并建议可适当借鉴过去教会学校的课程设置，努力保持各专业都有较强的外语特色。之后，胡院长便要求我到全校相关部门作个调查，鉴于我在上外资历尚浅，他指定由教务处长麦毅强同志配合我走访。这实际上是为校领导制定“七五”规划提供依据。

上外在国内外语院校中开设非外语的文科专业、培养复合型人才的做法，在80年代遭到其他外语院校的批评和反对曾持续多年，但在教育部和上海市的支持下，胡院长及其领导班子坚持了下来，校内新设的外经贸、国际新闻等学科，无论招生还是就业情况，都一直很令人鼓舞。这是上外史上一次成功的转型发展。1993年教育部终于批准我校改名为上海外国语大学，还荣幸地请到江泽民主席亲自题写校名。

申报国际关系和政治学一级学科博士点。上外设立国际关系专业和国际问题研究所，始于俄语教师们的苏联问题研究，之后才逐渐扩大到其他国别区域研究。1996年1月我调任上外社科院院长时，国际关系硕士点已经建立，还办有《国际展望》期刊。我只是在规范研究生课程、期刊发行和组织研究人员申报国家和省部级课题等方面做了些推动工作。短短几年，即取得显著进展。这说明外语教师从事国际问题研究，既有潜力也有优势，应有可能在学位点建设方面再上一个台阶。世纪之交，我们曾申报过一次国际关系博士点，虽未成功，但通过比较，知道了差距和问题所在。2003年再次申报时，上外与中国社科院两家终于在19个申报单位中胜出，获得了国际关系博士学位授予权。成功的原因，一是张曙光教授的加盟，弥补了我们在国际关系理论和大国战略研究方面的不足；二是作为教育部国际片重点基地中东所，在“9·11”事件和伊拉克战争先后发生的形势下，广受各方关注，学术影响和社会影响明显上升；三是在华师大姜琦、复旦俞正樑等教授的指导下，填表更趋严谨和规范。

在教育部的国际片重点基地中，上海占三家：复旦美国研究中心、华师大俄罗斯研究中心和上外中东所。复旦、华师大都已有政治学博士点。上外国际关系博士点的建立，是迈出了具有创新意义的一步。从历史看，符合王季愚、胡孟浩等外语教育前辈建设外国语大学的办学思想，是取得了实质性进展；从外语院校的转型发展看，体现了高校外语学科建设必须服务国家改革开放政策需要，跟上国内人文社会科学繁荣发展的节奏；从带动校内国际经贸、新闻传播、公共关系和工商管理等专业或学科发展看，则直接起到了孵育器作用。我个人也自此开始担任两个二级学科（阿拉伯语和国际关系）的博士生导师。

2009年4月，我在北京出差时听说了教育部为促进学科交叉融合创新、提升质量和水平，将通过评审一级学科博士点，转为按一级学科管理；申报一级学科博士点的基本条件之一是至少已拥有一个二级学科博士点。这对高校学科建设而言，无疑是件大事。回到学校，便赶紧向曹德明校长汇报申请启动经费，要求职能部门从有关网站下载文件，并联系邀请市教委王奇副主任、高教处长和科技处长来校听取上外学科建设的顶层设计和申报政治学一级学科的特色和优势，因为上海市的部属高校和地方高校申报一级学科博士点的限额和门类，均由市教委统筹平衡后上报。是年6月，主管科研的张曙光副校长从美回沪，由我负责的填表、召开专家会开展自评等具体工作全面启动。按规定，一级学科博士点应设4—6个研究方向，每个方向需有不同教授领衔的团队和相应的科研成果支撑。我们确定报4个研究方向，我与中东所副所长刘中民教授各领一个研究方向，张曙光与已引进的国际问题研究院院长苏长和教授另领两个方向，中东所的专家和成果则分散支持各个研究方向。申报前，我们曾广泛听取兄弟高校专家教授意见，十易其稿。张曙光副校长亲赴现场答辩，终于获得成功。政治学一级学科博士的正式设立，是上外发展史上的重要标志，它体现了外语院校向多科性大学转型阶段质的突破。我亲历并见证了申报的全过程，是我晚年深感振奋的一桩快事。

2011年上外开始申报政治学博士后流动站，我正处在手术后的恢复期，张曙光教授和苏长和教授又已先后离校，人员配置和气势上均不如前。主管副校长杨力教授和人事处孙信伟处长找我谈时，我深感棘手，但从建设完整的学科体系看，终究不甘心功亏一篑。唯缺失了两个研究方向的带头人，填表时便不得不煞费周章，只能尽量突出中东研究的特色，补苴罅漏，避免缺略。主持评审的国家人社部学科专家组开会前，我又及时拿到了2010—2011年二十多篇内参采纳证明——那两年，中国召开中阿论坛部长会议，发表《天津宣言》，接着是阿拉伯世界局势剧变，多国出现动乱，政策咨询任务陡增——成为科研成果中的亮点。获得通过约半年后，评审专家组组长、华中师大徐勇教授来沪见到我，既肯定了上外政治学学科的鲜明特色，更叮嘱我们要抓紧加强“人才培养”大项中的内涵建设，包括本科、研究生培养、教材、精品课程、国际交流等。这确实是上外政治学学科体系构建完成后内涵建设中客观存在的短板。我随即向校领导转达了徐勇教授的忠告，并坦言自己年逾古稀，身居二线，如何设立国际关系学院，引进或培养政治学学科带头人，开展本科和研究生课程和教材建设等工作，都已必须依靠中青年新锐。这是自然规律，也是我的肺腑之言。

一路走来，从主持上外阿语专业的学科建设，申报硕士点、博士点、市重点学科、国家重点（培育）学科，担任阿语学科博士后合作导师，到推动、参与或主持申报国际关系博士点、政治学一级学科博士点、博士后流动站，实是我在改革开放时期最念兹在兹的工作。从小小的仅七八所高校开设的冷门专业阿语，到进入当前社会的显学之一国际问题研究领域，若能算是我半个世纪教师生涯中的寸功寸进的话，那首先应感谢我们身处的改革开放时代，也应衷心感谢校内外许许多多帮助和支持过我的师长、领导、同事和友人，至于我个人只是恪守规则不懈怠、尽心尽力不自馁罢了。

科研是促进高校发展的动力源

我毕业时正式宣布的分配单位是北大亚非研究所，共三人：张献如、陈建民和我。到校人事处报到时，才被告知：我是去北大东语系阿语教研室。这也是马坚先生和李振中老师事先告诉过我的方案。那时，我对周恩来总理1964年决定在北大、人大和复旦三校分别设立亚非所、苏东欧所和美国西欧所等研究机构的重要意义理解不深，认识不到在中国科学院哲学社会科学部之外的高校，建立文科研究机构的创新性和前瞻性。心里觉得既然在高校工作，从事教学当是主业，去教研室总比研究所强，何况当时译书都有风险，怎敢妄想著书立说。事实上，此后高校的人文社会科学研究工作，在十年浩劫教育事业严重失范失序期间，确实无从谈起。

确立教学与科研并重的理念。上外于1963年10月9日被确定为高教部直属重点大学。1964年10月31日国务院任命王季愚为院长。按照当年中央和国务院批转的《外语教育七年规划纲要》精神，重点是应抓高级外语人才培养和师资队伍建设。但实际上在阶级斗争为纲和“文革”骤起的形势下，这些目标都只能束之高阁。我也是在改革开放时期才确定起高校教师既应重教学也须抓科研的强烈意识。

1980年9月，我出国两年后回到上外日阿语系。阿语教师多，学生少，遂分成阿语教研室和阿拉伯语言文化研究室两个单位。我因要负责《阿拉伯世界》刊物，便进了研究室，担任主任。除上课、编刊物外，开始涉足论文写作，如整理发表翻译《阿拉伯马格里布史》一书时的讲座稿《试探阿拉伯人名、地名的译法》，撰写《漫话埃及现代小说》、《埃及比较文学的兴起和发展》、《我国的阿拉伯文学翻译》等论述，应《世界地理》、《文汇报》等报刊之约写点知识性文章，并完成一些译作。科研开始成为我教师工作的正业，而且所占权重不断上升。

那时似值得提及的一件事，是应上海伊斯兰教协会主任马人斌教长之托，译注了流传中国约200年的《古兰经》选读本《亥听》。马人斌先生是50年代初接替调赴北大执教的马金鹏先生担任上海小桃园清真寺教长的。我为阿拉伯国家代表团访沪活动当翻译，跟他接触较多，深感他是一位爱国爱教，既关心穆斯林宗教生活需要也熟悉党和国家政策的社会贤达。他告诉我，十年动乱造成中国穆斯林严重缺乏最基本的宗教读物，希望我能帮忙译注出版《亥听》，并交给我一本阿文手抄本。我虽读过一些《古兰经》的阿文注释与论著，但从未做过译注工作。马教长的委托，是出于对我这个马坚、马金鹏学生的信任，我理应效劳。当时，上海外语教育出版社初创，李仲社长闻讯后立即将其列入出版计划。我则考虑到非穆斯林译注出版宗教读物恐有不妥，便在完成译注后专程赴京，请中国伊协研究部马贤主任审核并希望同意联名发表。然后，我们又备文向上级主管部门申请出版准印证。这本于1981年2月出版的《〈古兰经〉选》一问世便受到改革开放初期中国穆斯林的广泛欢迎，订单纷至沓来，短短几年，多次印刷，发行量达数十万册，李仲社长自然高兴。对我们来说，更看重的是王季愚院长对这些工作的肯定。她在《回顾与展望》中说："我们成立了一个阿拉伯语言文化研究室，翻译文献（如《古兰经》选等）、编辑刊物《阿拉伯世界》，发行量达七千多份，搞得颇有起色。"即便是从今天看，这本从18世纪后半叶传入我国的《亥听》选本，也是研究伊斯兰教中国化进程的有用史料之一。

开展科研工作须遵照国家标准推动学科建设。高校外语专业如何推进科研工作，承担翻译任务、办刊物、发表文章，是否就算科研成果了？我的认识是随着教育部陆续颁布的相关政策文件而逐渐深化的。1985年是我可能也是上外第一次组织申报国家教委课题。我时任阿语系副主任，负责科研，得带头。那年，上外获准立项的"七五"规划课题共四个，两个"重大"：我的"中东文化研究"和侯维瑞的"英国文学史"，各5000元；两个"一般"：陈中耀的"阿拉伯哲学研究"和余匡复的"德国文学史"，各3000元。其实，我原也想报阿拉伯文学史，因与北外撞车而改成了文化研究。这是我第一次承担省部级课题，思想上有两大收获，一是自此之后，确立起了省部级和国家课题是考核科研工作核心指标的观念；二是深受东北师大林志纯教授倡导世界古典文明研究的影响，在该课题成果之一的《阿拉伯语发展史》（上海外教社1995年版）前言中，提出“为建设我国的中东学而奋斗”，后又通过承担编写“当代中东国家社会文化”系列丛书等部市项目，希望国内学人能齐心协力，共同推进建设中国特色的“东方学”和中东研究话语体系。

我担任阿语系主任长达三届（1987—1995年），超过了上外有关院系中层干部只能任两届的规定。因此戴炜栋校长找我谈话，希望我转到研究领域，去整合外国语言文学研究所和国际问题研究等机构，组建社会科学研究院。鉴于部属高校理应将科研与教学并列为中心工作，我自无异议。这样，从1996年1月起我便从教学第一线转到了科研第一线。

我在当时设在附中小高楼9—10层的上外社科研究院工作，内心追求的目标，是想推动比较文学和国际关系两个硕士点建成博士点。我在开罗大学进修期间，曾专门去听苏海尔·盖勒马维教授有关比较文学的课，饶有兴趣。回国后曾应俄语资深教授也是上外比较文学硕士点的创建人廖鸿钧先生之邀，在上海市外文学会作过《简述比较文学的产生》讲座，该文发表在《外国语》1981年第5期，因稿挤被责编砍去750字及所有注释。我此后因诸事忙碌便未再深入。我想推进比较文学学科建设，是因为它属中国语言文学一级学科，能藉此改变外语院校长期缺失中国语言文学学科支持的状况，惜终因这样那样的原因而未获成功，抱憾至今。国际关系专业则幸赖时任国际问题研究所所长的胡礼忠教授十分敬业务实，他不仅积极带领所内人员申报省部级和国家课题，短短几年即取得长足进展，而且在作为富布赖特学者访美期间，向校领导推荐引进了张曙光教授，从知识领域奠定了国际关系学科博士点规定的基础性条件。

高校科研要有特色形成比较优势。在上外这样性质和规模的高校开展科研，论综合实力自然难以与综合性大学比肩，要想脱颖而出，只能凭借特色。机缘凑巧的是，世纪之交教育部开始组建百家人文社会科学重点基地，凡211大学都有一个申报名额。社科司阚延河副司长与张宝生处长特来校磋商，与校长、科研处长及社科院负责人座谈，我也在场。上外先后提出申报英美文学、比较文学、翻译学、英语考试中心等研究方向，但社科司两位领导从影响力和成果等方面衡量，均未表认可，他们根据前期的调研结果和对全国重点基地布局的考虑，正式建议上外申报以阿语博士点为基础的中东研究方向，这完全出乎我的预料。唯此时箭已在弦上，不得不发，我只能应承下来。

高校全面推动人文社会科学研究，是教育部代表国家的一项重大创举。建设重点研究基地，有明确的硬软件量化标准，要突破既有的传统制度框架，涉及校内不少部门，不是我个人能搞定的，其过程比申请学位点更艰难也更辛苦。我第一次拼拼凑凑填写了申报表交呈后不久，即被社科司打回，要求整合资源，认真改革。2000年9月，在戴校长直接过问下，我才算要到了办公用房，添置起必要的设施设备，调集了人手和图书资料，具备了跨进门槛的条件，再次提出申请。10月，阚副司长、张宝生处长和专家组一行五人来校实地考察评审。其实，我心里清楚，若论团队结构、项目、专著和论文数量等，我们并不占优势，但在配合中国外交、服务国家需要方面，则意识较强，也较积极主动，受到过政府部门的肯定和表扬，只是在填表时没有写入，因此在45分钟的现场汇报中我便着重陈述了这一方面的工作特色，终于受到了专家们的一致肯定。教育部于当年年底发文，正式批准将上外中东所列入了国际片重点基地。

回想起来，如果说中东所能跻身教育部重点基地，是因为我们有自己的研究特色，那么，在上外2003年申报国际关系博士点、2009年申报政治学一级学科博士点和2011年申报政治学博士后流动站的全过程中，说中东研究是其中最主要的学科特色，发挥了核心和支撑作用，当也是事实。

智库建设方兴未艾

2013年，习近平主席提出了建设中国特色新型智库和一流高校、一流学科的要求。这标志着中国高校及其学科建设进入了一个新阶段，比赛的场域和标准，都更广和更高了。三年多来，我感受最深的，一是智库研究工作必须坚持问题导向，二是一流学科建设应当遵循的是国际标准。

我是2011年秋届70周岁时，学校通知我不再担任重点研究基地主任，改为名誉所长的。作为教师，我感觉很自然，行政职务总有年龄限定；在上外，这也是一种善意，在我前面任过名誉所长的，是位列我师辈的英语耆宿方重教授。我能一如既往地上班工作，带研究生，承担教育部课题和各种委托项目等，以及做一些尚难替代的内外联系工作，心里很欣然。2013年，教育部召开了智库建设推进会议，上海市教委随即启动了组建首批高校智库计划。接替我任所长的刘中民教授希望我能帮忙负责一下智库工作。我任重点研究基地主任十多年，自然深知其工作难以言述的繁忙艰辛。2009年教育部考核重点基地，在国际片十多家基地中，中东所的学术指标名列第三，但投入指标和建设指标等方面，排名均靠后。很多问题真不是光凭基地主任努力就能解决的。中民教授是我在为团队建设备感困窘之际，由时任人民大学欧洲研究基地主任的张小劲教授向我推荐于2007年引进的。中民是北大亚非所前所长陆庭恩教授的博士，治学严谨勤奋，责任心强，为人正直不阿。短短几年，我即深感中东所得人。他在头绪纷繁之际有所委托，我于情于理都应承担下来。

智库工作实际上是重点研究基地的建设目标之一。在教育部重点研究基地管理办法中明确规定有“咨询服务”的标准，即“面向各级政府及社会各界开展咨询服务，提高解决重大实践问题的综合研究能力和参与重大决策的能力，成为全国知名的思想库和咨询服务基地”。就中东研究而言，咨询服务从来就是主旋律，在诸项考核指标中居于核心地位。结合我个人的经历，这一方面的实践相对较多，体会也深。

从20世纪80年代起，我便举办过“阿以冲突的由来与发展”（1983年无锡）、“亚非国家的对外开放”（1986年杭州）和“犹太历史与文化”（1988年杭州）等学术研讨会；90年代曾组织过高校教授出访沙特（1997年、1999年）、利比亚（1997年）；新世纪初期参加上海市周禹鹏副市长的世博会外交游说团，赴阿曼、也门、阿联酋、卡塔尔（2002年），受中国对外友协副会长冯佐库委托率第四次中阿政治对话团访问埃及、利比亚（2002年），率中阿友好团访问叙利亚（任副团长）、黎巴嫩和约旦（团长，2005年），还有幸持外交护照参加安惠侯大使率领的赴巴勒斯坦立法会观选团（2006年）等。我个人以学术身份赴约旦、埃及、摩洛哥、阿曼、卡塔尔、沙特和科威特等阿拉伯国家的次数也不少，去出席研讨会、作专题报告或开系列讲座。此外，我还有机会单独或参团出访伊朗、以色列和土耳其。这些学术交流活动大多具有人文交流或公共外交性质，是为中国中东外交和增进双方相互理解服务的。我自年轻时当翻译开始就牢记的是“外事无小事，事事要请示”，养成了凡涉外活动都应向主管部门作口头或书面汇报，供领导参考的习惯，也实现了从做工作汇报到写调研报告的过渡。

进入改革开放阶段至今，我感受最强烈也最振奋的是党的知识分子政策从“团结、教育、改造”发展到“尊重知识，尊重人才”，而今又进一步强调要“大兴识才爱才敬才用才之风”，“聚天下英才而用之”，这是根本性的变化。各政府部门越来越重视听取专家学者对地区形势和重大专题的看法建议，为包括我在内的高校教师通过外事实践和学术研究的结合从事咨询服务提供了空间和可能。近年开展的智库建设，更体现了党和政府对知识分子的高度信任，指明了我们中东研究工作必须聚焦努力的方向。

就中东研究而言，中国学界正在努力跻身国际一流水平，做到基础研究和应用研究的相辅相成，高校教师应重视的则是增强政策和战略意识，不断提高把握和分析问题的能力。在这方面，我庆幸的是常能得到外交外事部门和国际问题研究机构诸多前辈和同行们的指点和启发。尤其值得我感念和铭记的是新世纪十多年里，以杨福昌、安惠侯、姚匡乙、吴思科、宫小生、李成文等大使、特使为代表的外交部领导，对我个人及中东研究智库建设的关爱和支持。他们始终如一的指导、参与和提携，使我们中东研究的层级不断得以跃升。2010年6月外交部亚非司在中东所设立中阿合作论坛研究中心，2017年又把习近平主席倡导的“建立中阿改革开放研究中心”这样光荣而艰巨的重任放在上外。我深感，这是对我也是对我校内及国内学界同行们的信任和激励，要求我们跟上大国外交的发展需要，进一步拓宽视野，深入理解中国特色外交传承创新的特点，积极参与人文交流和公共外交的实践和历练，为推进“一带一路”建设和中国参与全球治理提供学术支持，也为构建中国的中东学、阿拉伯学、伊斯兰学等新兴交叉学科作出努力。

开展上海高校智库工作已逾三年，去年经过考核，在实体化建设和实质性运作、社会影响力和国际影响力、对政府的决策咨询等方面，都获得了较好评价。接下来的任务，是应更进一步达到教育部和国家高端智库的水平，真正是任重道远，还需努力啊。

结　语

也许，我的上述学术追求，在一些高人逸士眼里，并非学问，不值一哂；或太重形式品级，缺十年磨一剑的清高脱俗志向。我不介意，更无心争辩。我的一生留有深刻的时代烙印，在其位谋其事，我只是致力于成事，只想跟上中国教育或科研发展的步伐。而今敷衍成文，同龄人特别是身在高校和学界的同行们或都会有所经历或感受，权当留一缩影或聊备一格吧。

我自2000年年初出版《站在远东看中东》以来，在忙于事务性应对的同时，也得思考写作。这既攸关职责，又是教师本分。议论所及，不是围绕学科建设为前辈的业绩作品作些评述，便是结合地区形势发展和中国外交调整需要，谈点看法。比如，我提出中东地区在世界多极化趋势中虽还难以成为一极，却始终是一个大国都须倚重和借助的“战略板块”，讲述中国学界和非穆斯林对伊斯兰文明与世界的关系应持怎样的基本立场和看法，构建中国中东研究话语体系需顾及的几个方面，等等。不敢说是什么真知灼见，但确都是自己的心得体会，只望对读者多少有点裨益。《简述比较文学的产生》和影评《看〈克莱默夫妇之争〉之后》两篇，是20世纪80年代初所写，算是反映在埃及进修期间的收获，这次也列在书内。

阿拉伯研究、伊斯兰研究、中东研究，是中国大国外交必须经营的大园地。我跟着先师前辈的足迹逶迤行来，有过不少磕磕绊绊甚至困扰沮丧，但这几十年的改革开放，终于把我们带进豁然清朗之境，不少学者已种植出香花异草或拥有骄人硕果，令我深感后生可畏，前景可期。我愿在有生之年企足矫首，盼望看到园内兰芳桂馥、娇黄嫩绿、修竹乔松更多的秀色和繁荣。

2017年4月于上海

上篇　学科建设

德艺双馨　一代师表①

李振中教授9月来函，嘱为《学者的追求》一书撰序，令我既喜悦，又惶恐。喜悦者，他为这本约20万字篇幅的马坚先生传记躬耕多年，终于完成，读者通过它，可以了解马坚先生坎坷而不平凡的一生，了解他对我国阿拉伯学作出的贡献，从中汲取经验和营养；惶恐者，论辈分，马坚先生和李振中教授都是我的授业老师，学生替老师的作品作序介评只怕有僭越之嫌，招致物议岂非徒添烦恼。然而，想到马坚先生毕竟是我国20世纪阿拉伯语教学界的一位名师，想到马师母马存真女士已几次邀我写点文章，在已经望得见新世纪曙光的今天，为继往开来，召唤更多投身阿拉伯语教学和研究的年轻同道同仁，恭敬不如从命，只能勉力一试。

马坚先生是我国的著名学者，也是我十分敬仰的一位老师。我1960年进北京大学东方语系学习，正值国家大力发展与亚非拉国家友好关系的时期，阿拉伯语属“热门专业”。我们那一届东方语言专业的学生有150名，有11个专业可供挑选，每人可以填3个志愿，几乎所有的新生都报了阿拉伯语。我有幸进入的阿拉伯语班，除15名全国各地考入的应届生外，还有中央单位送来的委托培养生和2名朝鲜留学生，总数多达30名。时任阿拉伯语教研室主任的马坚教授，对我们这

① 本文是李振中所著《学者的追求·马坚传》之序，宁夏人民出版社2000年版，第14—22页。

个班可以说是极其重视。他身为北大阿拉伯语专业的创建人，也是最资深的教授，但语音阶段一过，他就亲自来给我们上课了。后来又上过阿语语法、阿拉伯古代文学史。到四五年级，他还指导过学年论文和毕业论文。他留给我们印象最深的，是对学生的满腔热情和做学问的一丝不苟。

马坚先生有坚实的国学基础，他留学埃及期间就曾翻译出版了《论语》阿拉伯文版，即是明证。他执教，既体现出孔子“有教无类”的教育思想，又重视贯彻党的教育方针、路线、政策。我们这个班的同学，真可谓来自五湖四海，年龄有大小，水平有高低。马坚先生课堂提问，课后被围住答问，或有时深入宿舍与大家谈心，从来都是一视同仁，循循善诱。对待工农子弟或学习上有点困难的同学，他更是和颜悦色，往往给予更多的关怀和鼓励。他常对大家说：“你们读到大学，就是过去的进士，比我强多了。”“我的资质，只能算中等，你们比我聪明，现在条件又那么好，将来一定是青出于蓝而胜于蓝。”他满心希望的是同学们都成才，都符合国家的需要。我毕业后，听不少回族同事告诉我，他们都到燕东园25号去拜访过，受到过马先生的亲切接待。马先生当过小学、中学老师，抗战胜利后又到北大任教，是一位将一生都献给了教育事业的教师。常言道：“学高为师，身正为范”，“师者，人之模范也”，马坚先生当之无愧！

马坚先生沈深好学，孜孜不倦。常年累月就是教书、翻译、写作。他乐于奉献自己的所学所得，乐于提携门生后进。他给我们上课，用的是他自编的讲义或译稿，讲解时旁征博引，甚是生动。一次，讲解阿拉伯语语法中的“所除名词”，他将《史记》中的句子稍加改动，问：“周有大鸟，不飞则已，一飞冲天；不鸣则已，一鸣惊人。怎么译？”在同学们试着套用所除名词规则译出后，他再作讲评，课堂气氛活跃，至今我还留有深刻印象。我因大三时请马坚先生审校过一部译稿，大四时帮他誊写过几章《阿拉伯通史》译文，与他接触较多，得到他的身教言传也稍多，可能正因为此，对他的治学精神，感受就更深一些。

北大阿语教研室编写的《阿汉词典》（商务印书馆1966年版）是近几十年内同行们用得最多、也公认为最可靠的工具书。它是集体的成果，但也确确实实凝聚着马坚先生多年的心血和劳动。我在马先生家里看到这部词典时，还是校样，马先生作为定稿人，正在作修改、补充。他的书房，除通常的书桌、椅子、书橱外，还多一张梯子，那是他为了查核资料、考证学名，经常登上去翻阅放在高阁的图书而置备的。那时，他一心惦着词典，每次见面，不是先讲他新近买到了什么辞书（如《五金工具词典》之类），就是谈从哪本书里找到了哪个词的规范译名。60年代初，没有电脑，排版靠手工，在清样上作修改，需算准字数，从旧报纸上去找相同字体的汉字，剪下来，贴整齐，再送去照相制版。这类“剪刀加浆糊”的工作，费力而且费时，但马先生却是乐在其中。从他讲述时的兴奋神色，我们每每会感受到他忠于职守的高度责任心。

马坚先生的翻译，非常值得称道。近些年，翻译界有一股“商业翻译”风：不问作品优劣，不顾社会影响，也不管自己水平，只要能出版，能卖出去，抓到篮里就是菜。据说，有的人甚至一年能译上百万字，质量如何，只有天晓得。马先生是一位正人君子，他的译著，多属学术经典，是恩泽后辈的传世之作。他翻译《古兰经》，从开笔到竣工，历时数十载。文中蕴涵着他对先辈们全部译本的研究和继承，更有他遵循“力求忠实、明白、流利”原则所取得的独特成就。一部《阿拉伯通史》也译了近十年。这倒不光是因为他忙，更主要的是他对质量的执著追求。凡读过此书的人都了解，它涵盖的史、地、经、哲、艺、文等各种门类的知识，是何等广博，要准确无误地将其迻译成汉语，是怎样的艰难，就是做好书后百多页的索引，也实在是一件煞费周章的苦事，更何况，这部70余万字的专著，马坚先生不是从阿拉伯文而是直接从英文译出的。在阿拉伯世界，像菲利普·希提、《伊斯兰教各民族与国家史》的作者卡尔·布罗克尔曼等外国学者，都被尊为东方学家，他们的著作，观点上抑或与阿拉伯国家当政者并不相同，但由于资料翔实、考证周密，往往很受学术界的重视。把欧美东方学家的著作介绍给我国读者，对于建设具有社会主义中国特色的阿拉伯学，显然颇具参考价值。而马坚先生，正是这个领域的开先河者之一。他一生严谨治学，对待译事，萧疏淡远，从不急功近利，只是择优而译，呕心沥血，终于成就了大量精品力作，为我国阿拉伯学的建设作了重要的铺垫，也为我们从事翻译的后人树立了楷模。

美学告诉我们，距离产生美感。评价一位人物、一部作品，往往需要拉开时间、空间的距离，才能逐渐趋于客观公允。我作为马坚先生的门生弟子，也是在离开北大以后，随着岁月的流逝，而越来越深刻地体会到他的卓越贡献和不凡建树的。

进入高年级后，马坚先生曾明确表示，希望我读他的研究生。我当然很乐意，一是能学得更多些、更扎实些；二是我对北大阿拉伯语教研室的印象颇佳，老师们业务上各有所长，特别是看年轻教师打球、演戏，乐天向上，充满朝气，性格上也挺投契；再说，读研究生是一种挑战，当时年少气盛，好胜心强，确很想成为阿拉伯语专业的第一个研究生。不料，五年级一开始，北大搞起了“小四清”，学生须检查自己身上是否有“和平演变因素”。我因试图译书，涉嫌“有成名成家思想”，不得过关。幸亏班上的干部、同学大都较友善，没有怎么为难我。但读研究生一事，却不敢再想。毕业分配前，正当班里同学议论纷纷之时，担任我们年级主任的李振中老师找我，征询我对留校任教的态度。我十分激动，因为李老师是正式代表组织谈话。我当即表示，能够留在北大，是所愿也。后来，碰到马坚先生，他劝慰我说：“不读研究生，先当助教，也一样可以提高。”实际上，马先生想招研究生，并非自我始，这次我听说又不知在什么环节上卡住了，他这样说，显属无奈。我毕业的第二年，“文革”风暴骤起，马先生名列权威，自难幸免。及至粉碎“四人帮”，云开雾散之日，马先生已身心交瘁，他把最后的时日都用在《古兰经》译稿的校订上，招收研究生，在将阿拉伯语教学从单纯的民族宗教教学引入最高学府殿堂后，使之再上一个台阶的追求，终于成为他未了的一个心愿。

我呢，也未能如愿留在北大，因为上海外国语学院升格为部属重点高校后，需要阿拉伯语教师，我被当时高教部外语司调配到上海，离开了马坚先生和他领导的教研室。临行前，我去告别。马先生知道这次调动并非出于我的本意，他起初也有点沉郁，谈着谈着，情绪高了起来，转过来鼓励我说："你去上海，算是我们北大对上海的支援吧。"接着就一个一个介绍他所认识的上海外国语学院教师，讲起怎么当教师，如何再提高……谈话时间挺长，气氛也很热烈。起身时，他还再三说，以后可以多通信、多联系。我到沪后不久，收到他寄来的信，祝贺我"走马上任"，并寄来他译的《阿拉伯语简明语法》第三册的油印讲义，供我教学时参考。大概1966年年初，我收到北京《世界文学》期刊编辑部的信，称准备刊登我译的一篇短篇小说《英国人的枪》，还约我继续提供稿件。后来我听仲跻昆教授说，那是马坚先生专门作的推荐。可惜，好景不常，"文革"这场灾难是谁也料想不到的。北京红卫兵到上海来串连，也有北大东语系的学生，他们冲进教研室，大声命令我站起来，问我："你与马坚是什么黑关系？"天哪，我与马坚先生，除了师生关系，还能有什么关系？马坚先生长期担任全国人大代表，他对党、对社会主义祖国、对人民的教育事业，可以说是忠心耿耿、表里如一。作为回族，作为教授，他对新旧社会的体会认识，历来爱憎分明，怀有强烈的翻身感。他的客厅、书房里，端放着给中央领导人当翻译时的照片，他对这些经历，一直引以为荣，用来勉励来访者，至少让人知道：阿拉伯语有用，国家需要阿拉伯语人才！这样一位德高望重的长者、一位全身心致力于阿拉伯语教学和研究工作的成名学者，怎么能冠之以"黑"呢?!

那段岁月，我只能从偶尔碰到的北大老师那里，零星听到一些有关马坚先生的情况，常不胜楸然。1978年暑假，阴霾已过，我有幸作为"文革"后首批出国进修教师到北京语言学院集训，行装甫卸，赶快去拜访马先生。他已搬到燕南园住，听说我来高兴非常，他一面拉着我的手，一面幽默地说："你看，我鞋子都没有穿好，可以说是屣履迎门吧？"他已经知道我要赴开罗大学，祝贺说："你总算实现了自己的心愿，太好了。"迁居后的寓所，不如过去宽敞，临窗的书桌上摊着《古兰经》和稿纸，还有一位年轻的女同志，可能是助手，我不认识。马先生说，他的视力戴上眼镜，拿着放大镜，最多也只有0.1。我瞧他的脸容，消瘦了许多，虽然泛着笑波，但遮不住疲惫之色。他说过，他跟溥仪同庚，算起来，已逾古稀之年，可还在拼搏还在忙啊！马先生兴致很高，谈了不少当年留学开罗的感受和这次整理《古兰经》译稿的缘起，依然是思路清晰、谈锋很健。我那时想，大概是出版社催稿急，马先生得赶一赶，好在时日已经太平，往后见面机会还多，终于没有长坐。谁知道，此后不久，突闻噩耗传来，我还在北京，匆匆赶到八宝山，见到的已只是他的遗容遗像了。我没有细听悼词，只觉得内心既痛且憾，又空荡荡的，这是一种失落感。试问，有谁能说自己的国学根底、阿拉伯语、英语水平与马坚先生相仿，教学、科研成就像马坚先生一样丰硕，在民族、宗教、统战等领域拥有马坚先生那样的感召力和影响？现在，集上述诸长于一身的马坚先生归真了，我的内心充满悲凉，这实在是个难以弥补、不可挽回的重大损失！

马坚先生离开我们二十多年了，人们一直在怀念他，北京大学在1995年6月还专门召开他90诞辰的纪念会，他的品德和学问、他的敬业精神和奉献精神，都随着时日的推移而更加彰明昭著，尊之为业内人士的一代师表，已属社会共识。在世纪之交的今天，由李振中教授率先编出马坚先生的传记，真是一件功德之举，因为马坚先生是中国阿拉伯语教学史上的重要人物，是20世纪中国阿拉伯学园地的开拓者，是回族同胞中的著名人士，是中国穆斯林中的一流学者。李振中教授与马坚先生共过事，过从密切，了解甚深。这本《学者的追求》以求真、求实为宗旨，阐述了马坚先生重学、重教的志向和峰峦起伏的人生轨迹，详录了马坚先生辛勤耕耘留下的累累成果，一定会给读者许多启迪和裨益。大家会从中了解到，马坚先生人品甚高，他襟怀坦荡，如光风霁月。他是回族，但在教学中对汉族、满族、蒙古族等各族学生一向尽心尽力，不存丝毫保留；他对祖国的忠诚、对民族团结的珍视，更是发自肺腑，溢于言表，贯彻始终。梁启超说："无专精则不能成，无涉猎则不能通也。"马坚先生正是一位既广泛涉猎，又有专精作品的学者。他治学的艰辛历程，反映了他志存高远的追求，为建设我国的阿拉伯学，他将基础研究与应用研究结合起来，空缺的，通过翻译、编写先介绍过来；急需的，凭借自己深厚的功力撰成文著成书，贡献给社会。

马坚先生以他的业绩证明，他是那时代的学科带头人，他奠定的基础正在造福后人，而且必将在新的世纪继续放射出熠熠光彩。

1999年深秋于上海

天行健，君子以自强不息：我印象中的纳忠教授[①]

云南大学高发元教授所著《穆圣后裔》，是他领衔主持的《跨世纪中国各民族家庭实录丛书》中的一种。这是一项于我国西部发展大有裨益的民族文化建设计划，其主旨是“从中国56个民族中，各选一个家庭为对象”，“以记者的敏锐捕捉沉落的素材和细节，以学者的功底去观察分析，以作家的手笔去抒写，将深奥的、理性的学术观点，隐藏在随意的寻常道白之中，让读者在欣赏故事中明白人类学的知识、生活的内涵及社会的发展变迁”，以求“在这社会转型和文化转型时期”，使我国各民族“有一个新的发展”。作者在遴选我国回族同胞的典型时，将目光聚焦在纳忠教授的家庭上，真可谓是慧眼独具，这不仅因为纳忠教授是云南人氏，他生于1910年，历经清末、民国和社会主义新中国三个历史阶段，家庭遭遇跌宕起伏，迭经变故，成员众多，行业迥异，各具特色，更是鉴于纳忠教授乃是我国当今穆斯林学者中的耆宿大贤，其教学、科研成就既为国内业内人士所广为称道，且在国外学术界享有盛名，屡获殊荣。

纳忠教授在我国穆斯林学者和东方学家中，其励志奋斗的精神和

① 本文是高发元所著《穆圣后裔》之再版序，云南人民出版社2004年版，第6—12页；载于《阿拉伯世界》，2004年第2期，第2—3页。

不同凡响的建树，都是堪称表率的佳话。他幼时曾在清真寺接受经堂教育，尔后入中阿文并授学校即著名的云南明德中学就学。早在20世纪20年代出版的《月华》第7卷第25—27期合刊上，马绍良所写《昆明回族概况》中就明确提到当时这座改革旧式经文教育、以期进展的明德中学："昆明的回民教育，完全以明德学校为中心。其组织分中学部及小学部，各设于清真寺内。教育宗旨，纯系造就健全的宗教人才及完善公民。教授学科有宗教学、社会学、自然科学、国文及英文等。教授（回文及其他科学的教授）多半是滇中负有盛名的。学生共有三百余人。"毫无疑问，当时的青年纳忠，即为其中翘楚。姚继德在1999年第1期《回族研究》上发表的《中国留埃回族学生派遣始末》一文中说："发轫于本世纪30年代初的中国回族青年学生赴埃及爱资哈尔大学的留学活动，是中国回族现代史上文化启蒙运动的一个重要组成部分，在现代中阿文化交流史上，谱写了辉煌的历史篇章。"这批1932年12月赴埃及爱大的5名中国师生中，"择优录取纳忠为公费生，马坚、张有成、林仲明为自费生"，明德中学学生主任沙儒诚先生则为中国回族俱进会和明德中学公聘的留学生团指导员。由此，我们可以看出，如无明德中学的积极联系和优秀学生纳忠的出色表现，姚文中"辉煌的历史篇章"，恐未必就能如此顺利开笔。

继纳忠、马坚等首批赴埃留学生之后，国内的伊斯兰教学校和人士又陆续保送了马金鹏、张秉铎、刘麟瑞、纳训、王世清等一批又一批回族穆斯林青年前往爱资哈尔大学学习，他们留学时间都很长。马坚先生1935年参加爱大考试，成绩合格，取得大学预科毕业文凭，该年9月又转入阿拉伯语言学院深造，1939年获该院毕业证书回国，前后八年。纳忠先生则是唯一于1936年获爱大大学最高委员会授予的学者证书的中国留学生，后来他又进历史学院，专攻阿拉伯、伊斯兰历史文化，历时九年，于1940年才归故里。1939年，我国著名回族文化人士孙绳武先生在《回民言论半月刊》第1卷第3期中撰写的《三十年的中阿文化关系》一文中指出："我国赴近东的学生，在出国之前，学术上都已有相当的根底，所以到了埃及等地，一方面努力吸收新的阿拉伯文化，另一方面也尽量把我国的文化介绍给当地人。他们时常作关于中国文化的讲演和著述，各报竞相登录和转载，因此流传很广。在埃及不但回教学者对中国文化极表重视，因为它有许多地方可资回教教义哲学的参证；即一般民众亦莫不感觉浓厚的兴趣，因为爱好和平的民族心理的倾向，总是相近似的。”孙先生的描述，全面而且中肯，它准确地概括了由马坚、纳忠先生为代表的一代中国阿拉伯学研究者的基本任务，是以扎实的语言为基础，既吸收新的阿拉伯文化，又向阿拉伯介绍中国的文化。孙绳武说：“我国的留埃学生，求学刻苦认真，成绩在爱资哈尔大学为最突出。他们于攻读之余，并将彼邦关于阿拉伯文化的新著述多种翻译成中文，除短篇多在《月华》等刊物披露外，已出版及已付印的整部译品有《回教真相》、《回教哲学》、《伊斯兰教》、《回教与文化》、《天方童话》等，均为近东名著。”就纳忠教授而言，他不仅当时就有发表在《禹贡》第7卷第10期上的《回教与阿拉伯文明序目》等文章，而且正是靠着那九年的学术积累，陆续出版了《回教诸国文化史》、《伊斯兰教与阿拉伯文明》、《回教学术思想史》、《伊斯兰教》等多种译作，奠定了他在我国东方学中的突出地位和影响。在向阿拉伯国家介绍我国文化和主流观点方面，李振中教授曾在他的《学者的追求·马坚传》中，对马坚先生留埃期间出版《论语》、《中国伊斯兰教概观》作了详尽的介绍和论析，而高发元教授的《穆圣后裔》也有专章讲述纳忠先生在保卫巴勒斯坦国际会议上的演说和他在与阿拉伯同学、友人交往过程中对中国文化的真诚弘扬。可以说，那一代中国留埃学生虽然学习条件十分艰苦、生活环境也远不如今日优厚，但他们的学习态度和学术精神，却为后人树立了光辉的榜样。

进入20世纪40年代之后，随着我国留埃学生的陆续回国，我国的阿拉伯语教学和阿拉伯—伊斯兰文化研究进入了一个新阶段，其先驱人物，当首推纳忠、马坚先生两位。他们作为学有专长的海归人士，在各自经历了一段颠沛辗转的生活之后，纳忠先生首先于1942年赴重庆中央大学任教，开设起阿拉伯文化、阿拉伯史选修课，1947年转任云南大学教授；马坚先生则于1946年应聘出任北京大学东语系阿拉伯语专业教授。自此，他俩一南一北，正式在我国高校招生设坐，使阿拉伯史和阿拉伯语专业终于登堂入室，跻身于一流高等学府。

新中国诞生后的1956年，我国与埃及、叙利亚、也门建立起了正式外交关系，掀开了中阿交往的新篇章，国家迫切需要培养大量通晓阿拉伯语言的人才。纳忠教授急国家之急，服从大局之需，于1958年奉调至外交部直属的外交学院执教。1962年，外交学院阿语系并入北京外国语学院，纳忠教授任系主任。自此，他与马坚教授又得以就近切磋，共展骥足了。

特别值得指出的是，在我国实行改革开放政策的二十多年时间里，纳忠教授在彻底摆脱了一切莫须有的精神桎梏后，才真正如沐春风，思想境界不断升华，精神状态更加焕发。他秉承爱教爱国的坚定信念，教书育人，专心治学，勤于笔耕，活跃在国内外学术的前沿。他直接培养的门生弟子，在外交界、学术界、教育界等各相关部门，崭露头角且做出卓越成就的，不知凡几；他主持编写的教材、译作、专著，广受欢迎，多次获奖；他应邀赴外参与国际学术会议，更是受到国外学者们的好评，为我国赢得了声誉。他呕心沥血，积数十年功力完成的皇皇巨著《阿拉伯通史》，于1999年问世。李振中教授在评价这本上下两卷、80余万字的专著时说："该书史料丰富，内容翔实，结构严密，纲目清晰，文字流畅，对东西方史学家失实之处多有弥补。它既是纳忠教授多年辛勤劳动的结果，也是中国学者研究阿拉伯历史的顶峰之作。"

纳忠教授获奖甚多，这里仅举一二。1993年9月，中国阿拉伯语教学研究会在对外经贸大学召开了授予纳忠、刘麟瑞教授"中国阿拉伯语教学杰出贡献奖"的颁奖大会，出席的有外交部副部长、中国伊斯兰教协会主任、中国贸促会副会长、国家教委外语处处长，各高校阿拉伯语专业负责人、师生代表，中央主要报刊、电视台、电台记者数百人，会议气氛既热烈又亲切，场面十分感人。时任中国阿拉伯语教学研究会会长的陈中耀教授在总结发言中说："纳忠教授、刘麟瑞教授是我国阿语界的泰山北斗。半个世纪以来，他们默默奉献，辛勤耕耘，淡泊名利，安于清贫……师德人品，皆为楷模……今天，我们在座的阿语干部和阿语师生，大多是这两位老教授的弟子和再从弟子。他们两位获此殊荣，确属受之无愧。"2001年10月23日，联合国教科文组织总干事松浦晃一郎在巴黎宣布："教科文组织专家组一致推选中国学者纳忠教授与也门诗人麦卡里赫获本年度沙迦阿拉伯文化奖。"专家组的决议认为，授予纳忠教授此奖，是为了"表彰他在阿拉伯语言与文化上所具有的非凡渊博知识，肯定他研究阿拉伯文化的大量著述，特别是阿拉伯历史著作的重要性"。一个多世纪来，国人在阿拉伯国家获得文化奖的，纳忠教授是第一人。

上述两奖，明白无误地证明，纳忠教授乃是国内外公认的我国当今专治阿拉伯语言、文化研究的权威学者，是我们社会主义祖国最重要也是最值得珍惜的人才瑰宝之一。

我与纳忠教授的接触、交往，也已二十多年了。1980年秋，我从开罗大学进修后归国，负责主编《阿拉伯世界》期刊。当时，刊物正由油印转为铅印，在组稿过程中，纳忠教授不仅口头嘉许，而且亲赐稿件。是年铅印第一期的《阿拉伯世界》上，卷首文章就是纳忠教授撰写的《阿拉伯语的起源、发展和传播》。自此之后，我一直保持着与纳忠教授的来往，有幸亲炙，深受其教诲和提携。

我虽出身北大，忝列马坚、刘麟瑞等老师的关门弟子，因为我毕业的第二年，"文革"风暴遽起，他们已难以从容执教。1978年，马坚教授病故，刘麟瑞教授又在80年代初赋闲。当年留学爱资哈尔大学的中国阿语教师中，唯有纳忠教授还在职。他虽年事渐高，却老当益壮，依然尽心尽力地在为我国的阿拉伯语教学和阿拉伯学术研究勤劳稼穑，培育新苗，扶植嘉禾。他对传道、授业、解惑之职，始终是兢兢业业、一丝不苟，在做人、做事、做学问方面，也从来是表里如一、笃直勤谨。因此，我和几乎所有学习阿语和研究阿拉伯—伊斯兰文化的后进，都对纳忠教授执弟子礼。而他对我们这些后辈学人，也从不持门户之见，不分年龄、民族、信仰，总是倾心帮助、劝勉和扶持，以使之成为祖国文化教育建设事业中的有用之才。

《阿拉伯世界》发行至今，二十多年了。纳忠教授对它，可谓关怀备至。80年代初创阶段，他不仅逢人必予介绍，而且主动向各地发信，鼓励亲朋门生熟人订阅；办刊逢5周年、10周年、20周年庆时，他都曾撰文致贺，鼓励我们坚持办下去、不断提高水平和质量。1991年，他的学生、也是我国第一位阿语专业的博士生赵军利，论文甫定，他就来函希望发表摘要，这既是让全国读者鉴定我国首篇阿语专业博士论文的质量，也是为了让刊物跟上时代步伐，反映我国阿拉伯语教学和研究的最新成果。纳忠教授自己为文，颇富特色。他汉语积累深厚，学识闳富，故不但文笔酣畅淋漓，而且字斟句酌，分寸感极强。每次拜读他的文稿或信函，不啻一次学习，因为他在付邮之前，必定一审再审，文函中常有一二处修正改动，足见他对待文字的谨严缜密。我曾在80年代末约纳忠教授写回忆录，他寄来了《埃及九年》，分上下两期刊出，后因健康原因而未继续。近闻北外已组织专人着手访谈、笔录，以编成书出版，心中大是欣慰，但愿在高发元教授的《穆圣后裔》再版之后，能尽早付梓问世。

屈指算来，纳忠教授已经94岁高龄了。他凭藉一生的道德文章而声望远播、遐迩闻名，可谓是我国第一代留埃学者中硕果仅存的国宝级人士了，但他仍然孜孜不倦地在研究思考，在追求攀登新的境界和高峰。天道酬勤，我谨在新春佳节之际恭祝纳忠教授健康快乐，寿登期颐；我也衷心期盼在《穆圣后裔》再版本问世之后，有更多的国内学子和穆斯林青年，能以我们仰之弥高的纳忠教授为榜样，潜心于学，求贤问业，磨勘砥砺，成为我国阿拉伯学建设事业中的新锐、栋梁，为我国各民族新世纪的文化复兴和繁荣，贡献更多更大的光和热。

2004年元月于上海

对外汉语教学中的力作
东方学园圃里的硕果[①]

我与朱立才老师，是同学，曾先后在北京大学东语系学习阿拉伯语专业；是同行，毕业后都长期在高校执教；巧的是还同姓。虽一南一北，相距遥远，但毕竟有同师同业的纽带相连，容易沟通。我主编《阿拉伯世界》期刊二十多年，有时能读到他的来稿；90年代中期，他与高彦德先生合作编写的《阿汉翻译教程》正式出版，也曾蒙他寄赠。我对他的总印象，是三十余载潜心于语言教学与研究，不懈不怠，认真执着。只是平素见面不多，难遇长谈的机会。四年前，我赴埃及访问，他正在彼讲学，曾有意邀我稍聚，奈何日程排得甚紧，终于未能遂愿。回想起来，彼此间真正意义上的切磋论学，还是春节前他来电，嘱我看一遍他的新著《汉阿语言文化应用对比研究》之后，有过的几次交换意见对话。

立才老师的这项研究，令我惊讶，也很感佩。近七八年来，我逐步转入了中东问题研究，尽管因为学外语出身，又一直在编杂志，对语言文化研究的动态仍较关注，但却不知道他已经在对外汉语教学研究领域攻克了一道难关，完成了眼前这样一本约30万言的著作。实行

① 本文是朱立才所著《汉阿语言文化应用对比研究》之序，新世界出版社2004年版，第1—4页；载于《阿拉伯世界》，2004年第3期，第7—8页。

改革开放政策以来，我国的外国语言学和应用语言学的理论研究取得了长足的进步，不断产出具有国际水平的成果。这对我国的阿拉伯语言研究有明显的推动，导致了一系列专论阿拉伯语言的著述，如词汇学、修辞学、篇章语言学、风格学以及运用交叉学科文化语言学框架编写的阿拉伯语言与文化研究作品问世。现立才老师从他的教学实际需要出发，同时借用文化语言学、应用语言学的研究方法，知难——汉语、阿拉伯语都是世界上的难学语种——而进，锲而不舍，积多年孜孜矻矻的努力，贡献出了他对这项研究课题尽可能客观公允的描述和分析。这在我国和阿拉伯国家语言学界，都是第一次，其原创性实不容置疑。

立才老师治学的勤勉周至，可从本书中窥见一斑。他在文化语言学著作一般均会论述的词语与文化、外来语、谚语与文化、人地名与文化、时间与文化、委婉语等内容的基础上，还结合汉阿语的共性、特点，论述了颜色词、动植物名、数字与文化等内容；他列出的参考书篇目，数量殊为可观，在论述时，也确实频频加以引证，虽说有“掉书袋”之嫌，偶尔也会使阐释落入程式化的窠臼，但他那种刻苦求索的精神和用心借鉴中阿双方已有学术成果所作出的不凡努力，却实在令人叹服。此外，他书中的例句例证，不少都是他在阿拉伯国家长期工作时日积月累搜集的，这与有的著作为证实自己论点机械照搬原版参考书中的词语、句式而不管其是否实用，要付出的精力和时间，自然大不相同，本书的应用性、丰富性等特色却由此而凸显得格外鲜明。

这里，我还想稍谈几句立才老师这本新作在我国东方学建设中的意义。我国毕业于阿拉伯语专业的高校教师和研究人员，在西方和阿拉伯国家，通常都被视为“东方学家”或“阿拉伯通”，虽然未必名副其实，但从欧美已流行数百年的东方学（Orientalism）或东方研究（Oriental studies）涵盖的专业范围看，也大致相符。半个多世纪前，季羡林教授在北大创办东语系，其初衷在于培养通晓亚非国家当地语言文字、能解读各种经典文本并开展研究的人才。中华人民共和国成立后随着我国与亚非国家交往的迅速发展，一方面，东语系培养涉外语言人才的任务成为时代急需；另一方面，东语系和其他设有亚非语学科的高校毕业生中，从事区域、国别研究的人员，也始终在辛勤耕耘，默默奉献，并多有建树。

当前欧美的东方学发展，似有两点值得一提。一是对阿拉伯、伊斯兰世界的关注和投入大大增加；二是他们的东方学虽有变化和进步，但作为早期欧洲殖民主义用以控制、重建和君临东方的一种方式，仍一如既往地在起作用。著名的美国东方学家萨义德（Edward W. Said）说:“当今的美国已经深深地卷入了中东事务之中，卷入的程度比地球上任何地方都要深：为政策制订者提供建议的中东专家深深陷入了东方学的泥潭而无力自拔。”原因是这些专家提供政策建议的根据，“只不过是东方学的老旧观念在政治领域的一种翻版”。在他们眼中，“伊斯兰教这一观念（或类型）永远是异端邪说的根源”；在他们的话语中，“穆斯林、阿拉伯人或任何其他次要民族都无法将自己确认为人类之一员”。终于，在90年代初，亨廷顿教授的文明冲突理论应运而生了。他的假设前提是，“西方文明、儒家文明和伊斯兰文明——其他文明也一样——就像一堵堵不透水的墙，其支持者从天性上说会竭尽全力将所有与自己相异质的文明排斥在外”。

正因为此，我读立才老师的著作，也十分留心从东方学最重要的组成部分——话语体系着眼，注意看他在描述、审视汉语和阿拉伯语的各种范畴（交际用语、亲属称谓、委婉语、人地名等）时，是袭用西方那种与伊斯兰、阿拉伯的历史与传统相对峙的思维、意象和词汇系统，还是摆脱了为西方读者和消费者所设计的东方学话语，采用一种平等、宽容的而且也是言之成理的方式，去揭橥阿拉伯符号内在的规律和历史、民族、宗教、传统中的文化内涵。在这一点上，这本语言对比研究专著，不但完全不受欧美东方学陈规旧习的束缚，做到了从尊重、平等的视角出发，客观如实地选例、阐释和论证，而且坚持了中国源远流长的文化核心——以和为贵，和而不同，即通过他对书中的文化审视、文化观念、文化交流、文化内涵、历史文化和思维方式等有关章节的陈述和分析，既归纳汉阿语言文化中的相同成分，也指明两者间的相异之处，以达到相互借鉴、相互补充，而非相互冲突、相互为敌的目的。贯串全书的这种话语，无疑反映了作者对阿拉伯语言文化的博学和熟谙，以及在与阿拉伯人交往中所持的与人为善的友好态度。这是符合我国东方学研究者们的主流方向的，在当前，这种中国特色尤其难能可贵，值得称道。

有兴趣阅读、使用这本著作的中国攻读阿拉伯语专业的学生和阿拉伯国家学习汉语的学生，以及从事中外语言文化比较研究的专家、学者或爱好者，相信都能从中获得教益和启迪。我谨遥祝立才老师再接再厉，继续攀登，不断创新。

《阿拉伯文化背景知识基础教程》序[1]

今年5月底，我应埃及文化最高理事会的邀请，出席了第二届“翻译、文化互动”国际研讨会。这是一次盛会，4天会议除开幕式的埃及文化部部长、文化最高理事长的致辞和来宾答词外，共安排了25场讨论会，每场有4位学者发言，总计讲述了100篇论文摘要。这次研讨会，无论是规模还是质量，都给我留下深刻印象。与会代表中最多、也最活跃的，当然是埃及和阿拉伯国家的专家、教授，但也有来自美、英、法、德、瑞士、西班牙等国和我这样的中国学者。我论文的题目是《中国20世纪的阿拉伯文化著作翻译》，限于20分钟的发言时间，只能择其要者作一概述。与会代表的反响，热烈而且友好，这与其说是对我表述语言的肯定，不如说是对我讲述内容的赞赏，因为在埃及和其他阿拉伯国家的学者听来，我国的阿拉伯语教学、文学文化翻译和研究，比起欧美国家来，显然正在迅速赶上来，而且还颇具自己的特色。

回想起来，我国的阿拉伯语教学和文化研究工作，是在20世纪40年代由以马坚先生、纳忠先生为代表的一批回族学者做出了开拓性的努力，将其从民间经堂教育引入我国高等学府的。而新中国培养的一批又一批阿拉伯语专业人才，更是坚持努力奋斗，使学科建设不断提

① 本文载于《阿拉伯世界》，2004年第4期，第10—11页。

升到新的台阶。我国现在已经有十多所大学开设了阿语专业，有的高校还设有硕士、博士学位点。这些年，据我知道，国内同行中也常有赴阿拉伯国家去开会或讲学的。因此，我国的阿语教学与研究不仅在国内受到了各方的重视，取得了长足的发展，而且已经与国际教育界、学术界建立了交往，赢得了一定的声誉。

只是，在成绩和赞誉面前，我们也应清醒地看到，我国的阿拉伯语教学研究现状，尚存在诸多不足，如人才方面的青黄不接，教材编写的薄弱滞后，学生就业还有一定困难，等等。这些虽属发展中的问题，但需要我们踏实地调查，开展前瞻性的研究，进而争取调集尽可能多的资源去逐步加以解决。

拥有22个国家的阿拉伯世界，占联合国192个成员国的1/10强，拥有的油气资源为全球之最，历史上它们与我国有着深厚的传统友谊，在现实国际交往中，也一直保持着良好的双边和整体关系。从我国实现全面小康社会的战略视角看，中阿之间不仅经济互补性突出，而且各自的战略地位和国际影响也都十分重要，因此，加强中阿全方位的友好往来和合作，已成为我国核心利益的一个组成部分。今年1月30日，胡锦涛主席在访问阿盟总部，与阿慕尔·穆萨秘书长的会谈中，宣布了中国—阿拉伯国家合作论坛正式建立，并提出了发展中阿新型伙伴关系的四点原则：1. 以相互尊重为基础，增进政治关系；2. 以共同发展为目标，密切经贸往来；3. 以相互借鉴为内容，扩大文化交流；4. 以维护世界和平、促进共同发展为宗旨，加强在国际事务中的合作。胡主席还指出，中阿合作论坛“是新形势下加强和深化中阿关系的重要举措，有利于丰富中阿关系的内涵，用于巩固和拓展双方在各层次、各领域的互利合作”。这清楚地表明，中阿关系的发展已对我国阿拉伯语专业的发展，提出了新的要求，规定了新的高度，人才培养的任务也更加迫切和繁重了。

从我国阿拉伯语专业的可持续发展看，我总认为做到几个“结合”，可能是颇有裨益的。一是老中青学者的结合。人文社会科学专业是要靠积累才能有发展、重继承才有望创新的。培养、扶持年轻人才是永恒的主题，各种专业都应高度重视，同时又应注意充分发挥中老年教师、专家的作用，两者并不矛盾。一个锐意进取、有所作为的学术群体，总应当在年龄、学术方向、特长等方面都尽可能形成相对合理的结构。二是从阿拉伯语专业的特点出发，师资队伍最好能做到汉族学者与少数民族学者的结合。我国有10个信仰伊斯兰教的兄弟民族，他们对阿拉伯语、阿拉伯—伊斯兰文化怀有与生俱来的深厚感情，过去在阿拉伯语言、文化领域，曾有不少杰出的穆斯林学者辛勤耕耘，作出了重要的奉献和建树。我自己在大学学习期间和毕业之后，就深受马坚、刘麟瑞、纳忠、马金鹏、王世清、李振中等回族老师的教诲和提携。改革开放二十多年来，又涌现出一批又一批勤奋好学的穆斯林青年，在国内外刻苦攻读，有的已经学业有成，目前在西北、西南高校中从事阿语教学的，就有一些他们中的佼佼者。以重点大学专业教师为主体的有关学术组织，应让这些兄弟民族的同行尽可能多地参与，相互切磋，取长补短，共同提高。三是研究阿拉伯—伊斯兰文化，希望能与研究中国文化、西方文化结合起来。作为中国当代学者，都应注意继承中国文化研究中的优秀成果，借鉴当代西方文化研究中已经为国际学术界所认同的科学、合理的研究方法，从而努力使我们的阿拉伯—伊斯兰文化研究能跻身国内外的先进行列，能为建设具有中国特色的社会主义文化增砖添瓦，作出应有的贡献。

西北民族大学的几位青年教师合作编写的《阿拉伯文化背景知识基础教程》，去年曾让我看过几章，我提过一些意见。今年他们经过修改已编集成书，并告我有关领导部门已经同意正式出版。这让我很受鼓舞，因为尽管他们编写的内容、方法乃至文字表述等方面，都还存在一些欠缺和不足，但它毕竟是我国民族院校年轻教师作出的一次有益尝试，应当得到兄弟院校师生的肯定，我作为一名老教师也有义务和责任尽一已之绵薄，做一点摇旗呐喊工作。事实证明，一部好教材都不是一挥而就的。只要西北民族大学的同仁们在这本教材的使用过程中，始终虚怀若谷，注意广泛听取意见，积累经验，不断修订，它的日臻完善是可以预期的。此所愿也。是为序。

马金鹏先生：一位承前启后的穆斯林学者[①]

我的老师马金鹏先生归真五周年了。博忠世兄来电来信嘱我写点文字，俾以让今人和后人对金鹏先生有更多的了解。此事于情于理，我都义不容辞，而且也是我多年的一个夙愿。我在北大五年（1960—1965），金鹏先生是给我们班上课最多的一位教师，他的学问、为人、教学态度，向为同学们所尊敬和称道，印象十分深刻。只是他生性恬淡、谨慎，平时似乎不太愿意与同学们有过多来往，就是在校园里邂逅，打过招呼后讲话便不多，致使像我们这样的老学生不敢轻易造次、前往打扰。我到他中关园19号府上，大概只有二三次，都是有事禀告，谈完告辞，从未有过海阔天空畅谈的机会。

我对金鹏先生的认识，除了受教的那几年，主要是20世纪80年代中期之后，我开始呼吁构建中国的阿拉伯学、中东学，随着金鹏先生的《伊本·白图泰游记》、《（古兰经）译注》的陆续问世而得以不断深化，越来越感受到他学养的弥足珍贵和他学术贡献的不同凡响。因此，撰文纪念金鹏先生，不仅仅是身为弟子的一项义务，而且从学科建设来看，也是一种责任，即应提倡和弘扬金鹏先生那种数十年如一日默默耕耘的治学精神，不求闻达、专事奉献的学者风范，使我国有

① 本文载于《回族研究》，2006年第4期，第115—118页。

志于阿拉伯学、伊斯兰学的年轻学子，特别是其中的穆斯林优秀中青年学者，能沿着金鹏先生那一代前辈学者荜路蓝缕的足迹，与国内的同行、同道一起，和谐合作，继往开来，作出自己的努力。

金鹏先生一生的成就，概括起来，一是教学，二是翻译与研究，三是学术传承上的贡献。

教学。金鹏先生对待教学工作一贯兢兢业业，这是他所有学生的共同评价。金鹏先生是建于1925年4月24日成达师范学校的第一届学生。那是一所回民学校，取名“成达”，乃求成德达才之意。我国20世纪最著名的伊斯兰教教育家、大阿訇之一的马松亭先生（1895—1992），在他那篇《中国回教与成达师范学校》一文中援引了孙中山先生的话“中国的民族运动，非有回族之参加，难得最后之成功；打倒帝国主义工作，非有回族之整个结合，亦势难完成也”之后，明确阐述了成达的办学宗旨，那就是“促进回、汉的团结，培植回民国家意识，提高回民文化……唯一的方策，（是）养成时代的、适用的回教阿衡师资，利用他的优越权威的地位，来领导他们，来完成这个使命……”。[①] 马松亭大阿訇的这种办学信念，体现了我国回民教育家具有的强烈的国家认同意识和千百年来形成的爱国爱教传统。金鹏先生作为成达师范学校的优秀毕业生，1932年第一批被遴选赴埃及爱资哈尔大学深造的留学生之一，他对成达赋予他的使命始终铭记在心，说“成达师范学校的教育目的是‘三长教育’，即使受业的学生毕业后能担任回民小学校长，回民群众团体的会长，尤其是能胜任清真寺的教长”。[②] 为了通过实践检验成达的教学效果，他于1950年出任了上海福佑路清真寺的教长，一任三年。后接替他的小桃园清真寺教长、上海伊协主任马人斌先生，对金鹏先生的学问、水平始终十分敬佩，曾多

① 《中国伊斯兰教史参考资料选编（1911—1949）》下册，宁夏人民出版社1985年版，第1035页。

② 马金鹏:《〈古兰经〉译注》“译者的话”，宁夏人民出版社2005年版，第826页。

次对我提及。金鹏先生一生的主要经历，是他1953年起在北大执教的三十多年。因此，要论他的业绩，首先应谈到他在阿拉伯语学科方面的传道、授业、解惑。

金鹏先生教我们班的时候，是讲师。在我们心目中，讲师的学术地位很高。东语系教授只有季羡林、马坚、金克木等很少几位，各东方语种教研室的讲师加在一起，人数并不多。那时评聘职称，并未制度化，几年不评没有人会感到意外。而且特别强调政治标准第一，履历中的一段经历、一个职务，都会变成障碍。也不讲究科研成果，全国的学术刊物、出版社数量极少，再说写文章、翻译、出版书，不是上级布置的，自己主动去做几乎就是有资产阶级名利思想的真凭实据，谁也不愿去涉险。因此，那时的讲师实际上就是资深教师的代名词。金鹏先生对待教学工作，真正做到了认真负责、一丝不苟。他是一个十分注重形象的人，无论是白天到外文楼、俄文楼或一教来上课，还是傍晚到40斋学生宿舍来质疑、辅导，从来是衣着整齐、须发光洁。他的庄重和大方举止，倒非刻意为之，而是自然养成；听他讲课、谈话，也总是声调不疾不徐，从容自若。他骑车上班，极为守时，铃响之前，必已守候在教室门口或站立在讲坛前。他一向用阿语讲课，一口地道的阿语标准语，流利纯熟。像我们这样的北大学生，习惯于有意无意地捕捉教师、做报告人讲话中的破绽，一旦抓住，便会当作宿舍里谈笑的话柄。这种情况，老师中也有。马坚先生有一次与我谈到一位新来的外教，见到他时紧张得把带冠词的“学校”一词的复数（Al-Madaris）尾符，仍当作半变尾名词，不敢发齐齿音。金鹏先生的阿语功底却无可挑剔，我们上了他那么长时间的课，听他讲解了那么多题材的文章，却从来没有找到过什么破绽。

金鹏先生能取得出色教学效果的另一个原因，是他备课十分充分。词汇讲解、句型句法分析以及每篇课文最后让同学试译成汉语，他都事先做好案头笔记。那时同学手上只有一本穆民经书社影印出版的阿文词典《蒙吉德》，新课开始，大家一般都会先查抄一遍新词的阿文解释，但不可能全面深刻地领会其实际用法。金鹏先生阐释时，常常会援引更多的原版工具书中的根据，把新词置于更多的例句中让大家充分理解、掌握其涵义和用法。他对《古兰经》的谙熟，更是不容置疑。这很有说服力，因为引用《古兰经》中的例证来讲解语法，是具权威性的。正因为这样，北大那时的毕业生，语法基础一般都比较好，应该说是与金鹏先生的教学方法分不开的。尤为可贵的是，金鹏先生对每一位学生都十分尊重，同学提出的问题，不管是课堂上的，还是课下询问的——没有实用的词典，碰到问题也只能问老师——凡不能马上答复的，他必记下带回，到下次见面时再作解释。其重然诺、守信用的责任心，由此可见一斑。金鹏先生真正执教的时间，应该是从1953年到“文化大革命”爆发的1966年期间的十多年。除了我们班，对他留有深刻印象的另一个班，是比我高一届的外交部代培生班。近一二十年来，我出国碰到过的吴德成大使、秦鸿国大使、管承治参赞等，都是那个班的学生。大家谈到北大的老师们，对金鹏先生的水平和教态，无不交口称誉。对他的教学工作和业务能力，就是在金鹏先生的同辈同事中，也是向有好评。马坚先生是教研室主任，对金鹏先生可谓是倚为股肱，往往把培养外事干部、有留学生的重点班、重点课程托付给他。刘麟瑞先生每提及金鹏先生，必称“是我的老师”，言词中充满敬意。因此，金鹏先生在他的教学生涯中，确确实实培养了一批又一批国家急需的阿拉伯语人才，这是我们这些后人在纪念他时，切不可忘却的重要之点。

翻译与研究。金鹏先生的译作《伊本·白图泰游记》，在我看来，是他对中国阿拉伯学建设作出的一项杰出贡献。中国穆斯林学者的学术研究，自明末以降，以王岱舆（1584—1670）、刘智（1655—1745）为代表的先驱者们，将伊斯兰教教义与中国传统文化相结合，开中国伊斯兰教研究之先河。在此之后，形成了一条伊斯兰教中国化的发展轨迹，逐步地在构建具有中国特色的伊斯兰学。在这个漫长的过程中，主要研究对象几乎都集中在教义学、认主学等宗教学科方面，对博大宏富的阿拉伯文化遗产则很少涉略，或虽有学者在论著中提到过阿拉伯—伊斯兰文化宝库中的史学、地理学、社会学等鸿篇巨制中的一些内容，但往往也是从西方的研究中转译而来，零星而且分散。除宗教学领域外，直接将阿拉伯文化遗产中的精品从原文翻译过来，并介绍给我国读者的，当首推纳忠先生在史学领域的贡献和建树。我们在校时曾听说过金鹏先生在译《伊本·白图泰游记》，只是不知道进展如何。及至1980年我从开罗大学进修回来后，在赴银川参加一次学术研讨会期间，时任宁夏人民出版社资深编辑的杨怀中先生问我有什么值得推荐的选题，我不假思索便提到了金鹏先生的这部译作。怀中先生不愧是慧眼识宝，会后旋即赴京去拜访金鹏先生，我则允诺将译稿中的中国部分先在《阿拉伯世界》刊物上披露，以广宣传。金鹏先生对平生第一次出书，自是十分慎重，他会同怀中先生反复推敲、修润文字，又是几个寒暑过去，这部凝聚着他数十载心血的约50万字的译作终于在1985年面世。

《伊本·白图泰游记》是世界中世纪史上最有名的游记之一。其内容涉及当时各地的风物、民俗、宗教信仰、社会状况，是研究中世纪穆斯林的历史以及民族、宗教、地理、交通、物产等方面一部很有价值的著作。[①] 说实话，这部书并不好译，不说文字理解，就是里面的人名、地名、官职名、器物品等专有名词译名，就得花大量时间去查阅、考证中国元朝的有关史料。金鹏先生的译作问世后，我国的研究者在原来只能依据张星烺从德文译出的中国部分，即《中西交通史料汇编》中的“拔都他游记”的基础上，大大前进了一步，变成了“以马金鹏中译为主，参考张星烺中译文”，[②] 因为只有引证直接译自原文的资料，才符合学术研究的规范。我曾对照过原文，金鹏先生的译文无疑是尽可能地做到了准确、通顺、易懂。比如，他在教我们时把Sultan译作

① 《中国伊斯兰百科全书》，四川辞书出版社1994年版，第638页。

② 见沈福伟：《中国与非洲——中非关系二千年》，中华书局出版社1990年版，第418页注①。

“算端”，当时我曾觉得别扭，后去查了元代史料，才知道这词不但有“算端”之译名，而且还有“速壇”、“素丹”等译名。在《游记》正式定稿时，金鹏先生统一译作了“素丹”，由此可见他慎重、严谨的治学态度。他为介绍阿拉伯—伊斯兰文化遗产作出的这份贡献，是可敬可佩的。这部译作的学术价值举世公认，而且在政治上，也是中阿（拉伯）、中摩（洛哥）交往史上的重要例证。1963年12月周恩来总理访问摩洛哥，哈桑二世国王在致欢迎辞时，特地提到了曾访问过中国的伊本·白图泰。周总理在宴席交谈时提出，如果时间允许，他想去丹吉尔拜谒伊本·白图泰的陵墓。1998年12月，中摩建交40周年，摩首相率团访华，江泽民主席会见尤素菲首相时说，他读过《伊本·白图泰游记》（中译本），知道这位大旅行家……我近年一直在推动、组织阿拉伯经典著作的翻译与研究，因为这是我国参与当今文明对话的必需，也是我国文化建设中必不可少的一项基础性工作。在这方面，金鹏先生以他从20世纪30年代就开译，直到80年代中期才得以付梓的《伊本·白图泰游记》译事，为我们树立了一个榜样。

金鹏先生的译作，据他在《〈古兰经〉译注》“译者的话”中称，“有二十多种”，除宗教类书籍外，还包括诗歌、语法和文学评论等。可见他的学术关注是多领域、多方面的。

至于研究，各国学术界都公认经典名著的翻译本身便是严肃的学术研究工作。金鹏先生的《伊本·白图泰游记》和《古兰经》译作，可贵之处在于他还尽心做了注释。《游记》中的注释，主要凭藉译者丰富的阿拉伯—伊斯兰文化知识底蕴;《古兰经》的译注，则依据《泰伯雷注释》、《贝达威注释》、《耐赛菲注释》和《两哲俩伦丁注释》四种作为参考范本，达1.1万多条。[①] 这表明，译者对汗牛充栋的《古兰经》注释本是经过比较、有筛选的，标准是其学术权威性、国际认可程度等。此外，译者也有根据自己深厚的阿文功底及对经文的认知和理解

① 马金鹏:《〈古兰经〉译注》“译者的话”，宁夏人民出版社2005年版，第835、第836页。

所做的注释。这就更加难能可贵，因为读经的人，文化程度不一，能掌握阿文的毕竟不多，简明扼要的注释文字不啻增加了照明度，为读者顺畅的阅读和理解提供了及时的帮助。

学术传承上的贡献。我对金鹏先生毕生的学术贡献，概括成一句话，那就是他在我国阿拉伯学和伊斯兰学建设过程中的承前启后作用。

也许，所有听过金鹏先生讲课特别是翻译讲解的学生，都会有一个共同的感受：金鹏先生的汉语用词、用语有点“怪”，或者说不太合乎现代汉语表达习惯。比如，阿拉伯人名的汉译名并不依照新华社的阿汉译名表，句子或词组搭配也有些特别，等等。这种印象，我也很深。近二十多年，我随着与国内特别是西北地区穆斯林学者接触的增多，才对我国回民文化有了一些粗浅的了解。1982年《阿拉伯世界》刊物正式批准在全国公开发行，第一期上，我们就发表了《“小儿锦”初探》，介绍这种曾在我国回民中曾流行了近五百年历史的特殊拼音文字。此后，我们又组织编写了《阿拉伯语发展史》，对由经学家胡登洲（1522—1597）开创的中国穆斯林经堂教育而形成的经堂语，也有了一些认识，懂得了经堂语和“小儿锦”是“中国穆斯林对中国文化与阿拉伯文化亲和交融所作出的历史贡献”。[①] 我想强调的是，如果缺失了对伊斯兰教中国化过程的基本了解，我们这样的阿拉伯语专业学生就很难对金鹏先生作出客观、全面的评价。

我在北大学习期间，形成过一个主观的看法，觉得金鹏先生的话语与《中阿双解新字典》编者王静斋（1879—1949）比较相像。我虽没有这本词典，但班里有同学从东安市场买到过，放在寝室，我有时也查。其中的词汇释义就有较明显的经堂语色彩。编者被誉为“现代中国伊斯兰经学大师”、“学通古今中外、品学兼优的伊玛目”，[②] 是中国20世纪第一位自费赴埃及爱资哈尔大学进修（1922—1923）的学者，译作

① 《中国伊斯兰百科全书》，四川辞书出版社1994年版，第760页。

② 同上书，第580页。

文章极富，用过文言文、经堂语、白话文三种文体。金鹏先生与马坚、纳忠等由成达师范、上海伊斯兰学校和云南民德中学那几批30年代赴埃及爱大的留学生，都很尊崇王静斋阿訇的学问、修养和建树，受其影响，也都有志于通过勤奋钻研作出自己的贡献。他们对语言、宗教的热爱是共同的，具体到学科，则兴趣各异。他们的汉语，则或多或少都会受到经堂语的影响，这并不奇怪，因为经堂语实际上是中国伊斯兰学术研究的历史载体，不仅我国实行改革开放政策以来，学术界已经展开了对“小儿锦”、经堂语的研究，而且国际学术界也很重视，欧盟近年就接受了南京大学一位教授的申请，资助他从事“小儿锦”的研究项目。因此，金鹏先生话语中的经堂语色彩，并非什么缺点，而是我国伊斯兰研究学术传统的反映。他自己坦称，当年成达师范迁北平之后，王静斋、李云亭、马善亭、马松亭等有名望的大阿訇到校讲课，“都是根据各种《古兰经》注，用经堂语讲授的。他们都是我的恩师”，而且在《〈古兰经〉译注》中，明确表态“译注过程中，尽量使用我国清真寺经堂用语，并加以说明”，“译文还吸取了国内清真寺中许多译语（经堂用语），以尽可能适应各界读者的阅读”。[①] 可见，金鹏先生对我国经堂用语的熟练运用，恰恰是他在中国阿拉伯学、伊斯兰学研究方面所具有的特色。要研究中国伊斯兰教学术研究发展史，离不开对“小儿锦”、经堂语的了解，进而也会认同拙文的标题“马金鹏先生：一位承前启后的穆斯林学者”。他以一位熟知中国伊斯兰教传统用语的阿拉伯语教师，如果是在像如今这样重学术研究的氛围中执教，当是一位大有用武之地的研究型指导教授。但当时我们这样的学生只是忙于听说读写译的能力训练，对广博的人文社会科学，特别是对伊斯兰教在中国的历史和现状，实在是疏于了解，不识金鹏先生这样的伊斯兰学专家、《古兰经》诵读专家的真才实学和独特长处啊。

---

① 以上引文均见马金鹏：《〈古兰经〉译注》“译者的话”，宁夏人民出版社2005年版，第827、第834、第825页。

金鹏先生离开我们五年了，他曾经培养过的学生和留下多达上百万字的译述都可以证明，他把一生都献给了他所钟爱的阿拉伯语教学和研究。这些年，我在出访阿拉伯国家期间，每当听见大清真寺传出的宣礼声，总会想起金鹏先生，因为在我的回族老师中只有他的音色、音调和技巧才能达到像在空中悠扬回响的召祷声那样的水平。

汉回学者和谐合作
共建我国阿拉伯学[①]

今年适逢我国高校阿拉伯语专业奠基人马坚教授（1906—1978）诞辰百年，又悉丁俊老师的论著《20世纪中国阿拉伯语教育史纲》经过他的反复修润和编辑同志的细致审勘，即将由中国社会科学出版社付梓问世，内心不胜欣忭。这本专著虽说篇幅不大，但对我国外国语言文学学科下属的二级学科阿拉伯语专业的建设而言，确实是填补了一个我国外语教育史的空缺，而且对所有直接或间接聆听过马坚先生讲授或受惠于他学术成果的后人来说，也都是一瓣可用以纪念、铭感他的心香。

一

1995年6月，我曾应母校北京大学之邀，去参加“马坚教授诞辰90周年纪念会”，作题为“马坚先生的治学道路”发言。那是一次盛会，出席者有北大师生、校领导，外交部、中联部等中央部委领导，社会

① 本文是丁俊所著《中国阿拉伯语教育史纲》代序，中国社会科学出版社2006年版，第1—10页；载于《西北民族大学学报》（哲学社会科学版），2006年第3期，第150—153页。

各界学者，马师母及其子女，还有不少阿拉伯国家的驻华使节。会议的重要性在于，北大第一次通过这样的全国性、国际性场合，对马坚先生的一生作出了全面、客观的评价，并形成了一个具有历史意义的社会共识："他奠定了中国阿拉伯语教学的基础，开辟了中国阿拉伯语教学的新时代，使阿拉伯语在中国教育史上首次进入高等学校"，[①]"马坚先生杰出的科研和教学成就，使他成为北京大学近半个世纪以来知名的教授之一，更是中国现代史上一位不可多得的穆斯林学者"。[②]

也正是在那次会议之后，我曾多次与国内的同事、同行议论起编写20世纪中国阿拉伯语教育史的话题。事实上，此前一些资料蒐集和研究工作，我们已经在做。上外编辑出版的《阿拉伯世界》期刊上就多次连载发表过纳忠教授、刘麟瑞教授等不少回族学者有关成达师范、上海伊斯兰学校的回忆文章，讲述他们当年在国内学习、埃及留学的生涯；上海外语教育出版社1995年出版的刘开古教授的专著《阿拉伯语发展史》中，也辟有专章"阿拉伯语在中国"，论述中国阿语教学的发展过程，包括办学主体、师资、生源、教学内容等情况。然而，从学科建设的规范性角度看，总得有专人尽可能全面、充分地蒐集和梳理各方面的资料，并进行实事求是的客观论证，形成一本专著才是。寻寻觅觅多年，这项任务终于由丁俊老师勇敢地担负了下来。

丁俊是我招收的第一位回族博士研究生。他像许多回族学者一样，谦逊而好学，笃行而不倦。为做好论文，他一方面广泛查阅资料，努力做到集腋成裘；另一方面又不断地推敲钩沉，踏踏实实地厘清思绪。经过多次讨论，他的基本论点终于逐步得以确立，那就是：20世纪的我国阿拉伯语教育历程证明，它是我国外语教育事业的一个重要组成部分，其持续发展和不断提升，始终与祖国的兴旺发达紧密相关——国运昌，则教育兴；国家有变革、有进步、有发展，包括阿

① 李振中:《学者的追求·马坚传》，宁夏人民出版社2000年版，第293页。

② 同上书，第294页。

语教育在内的文化教育事业才会有起色、有提升，出现新面貌、新气象。同时，从中国阿语教育的特色看，必须充分肯定我国回族等穆斯林少数民族同胞曾作出过的突出贡献。它表明，中国的历史是中华各族人民共同创造的，中华文化多元一体的格局不但由来已久，而且在建设更加灿烂辉煌的中华文化期间，也仍需要各民族的共同参与和努力。丁俊老师的求证过程，是孜孜矻矻地力求做到纲目清晰、立论公允，既有宏观概述，也有个案解析，并且重视在做好资料工作的基础上，努力体现史论结合的特点。因而，在论文答辩时受到了评委们的一致好评。这不仅对丁俊而且也对我，都是一种肯定和鼓励，因为作为马坚先生的关门弟子之一 —— 我毕业的第二年“文革”便爆发了，马先生便再也未能执教——总算为回族同胞培养出了一位，可能也是我国高校中的第一位合格且颇堪造就的阿拉伯语专业博士，俾以报答马先生及其回族同学、同事当年的教育之恩。

二

我是从1990年爆发海湾危机、海湾战争之时，开始逐步转向国际问题研究的。2000年，教育部在高校创建人文社会科学重点研究基地，上海外国语大学中东研究所经专家组评审通过，成为高校国际问题研究领域的重点基地之一。自此，我的主要精力都移到研究中东地区的政治、经济、文化方面。回顾五年多来的历程，深感我国对阿拉伯—伊斯兰文明文化的了解和研究，比起对欧美的西方文化、俄罗斯文化和日本文化来，差距实在太大，主要表现在基础研究和学术积累明显薄弱和研究队伍建设跟不上形势的发展这样两个方面。

之所以要突出研究阿拉伯—伊斯兰文明文化的重要性，是因为这是准确理解中东形势变化、发展的重要基础，也是我国实现全面建设小康社会过程中与中东国家开展合作必不可少的人文基础。大家知道，进入新世纪以来，美国由于“9·11”事件的发生，已把中东地区列为它全球战略的重点，无论是反恐、反大规模杀伤性武器扩散，还是所谓传播民主、消灭独裁，它都把阿拉伯国家、伊斯兰国家当作主要对手和目标。美国与阿拉伯、伊斯兰国家之间的这种控制与反控制、占领与反占领、改造与反改造的斗争，不但目前表现得十分明显，而且还将长期持续。其中最深层次的矛盾，是双方核心价值观的冲突：美国用它那一套所谓的“民主自由”，真的能实现对阿拉伯、伊斯兰社会的全面改造吗？阿拉伯、伊斯兰国家的一切问题，真的是缘由其信仰和民族精神产生的吗？因此，只有通过深入研究阿拉伯—伊斯兰文明文化，藉以准确理解阿拉伯、伊斯兰国家的核心价值观，才能在从事中东研究时做到科学、客观，而不是照搬美国观点，人云亦云。这实际上，已成为我国中东学者一项责无旁贷的迫切任务。同时，从都属于发展中国家的中阿双方来看，为共同应对国际形势带来的机遇和挑战，进一步加强双方在政治上的相互理解和支持、经济上的互补和合作、文化上的交流和沟通，显然不但有助于继续发展双方传统的友好关系，而且符合双方的根本利益。2004年1月30日，在胡锦涛主席访问阿盟开罗总部时，正式宣布我国与阿拉伯国家建立“中阿合作论坛”。面对“进一步丰富中阿关系的内涵，巩固和拓展双方在各层次、各领域的互利合作”这样明确的目标和任务，也需要我们加紧培养并形成一支真正熟悉阿拉伯国家文化、历史、宗教、社会等情况的专家队伍，否则双边合作就难以开展，开展了也难以持久和实现双赢。

就学科建设而言，马坚先生实际上已为我们树立了表率。白寿彝先生曾对马先生的学术成就作过归纳：“第一，是关于伊斯兰经典的翻译；第二，是关于近代外国论著的翻译；第三，是关于历史文献的考订。”[①] 我曾在20世纪80年代中期提出建立我国的阿拉伯学、中东学，也正是依据了马坚先生的言传身教，沿袭的是他的治学道路。因为，

① 白寿彝：“序——马坚的学术成就”，载李振中：《学者追求·马坚传》，宁夏人民出版社2000版。

要构建一个学科，离不开继承和借鉴，也需要开拓和创新。马坚先生凭借他深厚的国学根底、阿拉伯语和英语的扎实功力，既翻译、注释了《古兰经》，也翻译出版了涵盖史、地、经、哲、艺、文等各种门类知识的《阿拉伯通史》，不啻是率先垂范最好的以身作则。这些年，我一直想推动我国通晓阿拉伯语的专家、教授，群策群力，一起来翻译、研究尚未介绍给我国学界的阿拉伯文化遗产中的精品，使我国广大的人文社会科学工作者能通过阅读译作，参加到对中东阿拉伯—伊斯兰问题的研究、对阿拉伯国家的文化学术交流中来，从而不断壮大我国的专业研究队伍；同时也不断地呼吁应借鉴欧美已经开展了几百年的东方学的术语、严谨的学术规范和研究方法，以及其中优秀的学术成果。在我国，一方面要充分肯定精通英、法、德、日、俄等外语的各学科专家，继续翻译出版各类有价值的东方学专著；另一方面，更要鼓励我国的中青年学者用中国视角、中国研究方法和中国话语体系去描述、分析和论证他们研究阿拉伯—伊斯兰问题的感受和看法。

构建阿拉伯学，地理依据很充分，属于政治学中的区域研究。它“一般的追求目标是政治性甚于科学性”，[①] 亦即要适应重视阿拉伯国家的外交政策和公众舆论，以及培养专家的需要，让接受过语言培训的历史学家、地理学家、经济学家、社会学家、社会人类学家、政治学家、有时甚至还有语言理论家、社会心理学家和文学—艺术专家，去进行跨学科或多学科的研究。上述简略的学科界定表明，语言能力是开展区域研究的一个基础。就此而言，我们现在拥有的条件，比起马坚先生1946年应聘北大东语系、孤身一人创建阿拉伯语专业，一切从零开始，编教材、刻蜡纸，备课讲课那样荜路蓝缕的情况来，显然已不可同日而语。目前仅开设阿语专业的高校就多达十余所，在校生规模有六七百人，能承担从专科、学士到硕士、博士各层次的学历教育，

① 引自联合国教科文组织编写的《当代学术通观——社会科学和人文科学研究的主要趋势（社会科学卷）》，上海人民出版社2004年版，第195页。

另外还有很难做完全统计的各级各类民办阿语学校。目前的图书资料、教学设施和手段，与60年前马坚先生那时相比，也有天壤之别。这里，更值得指出的是，中阿建交50年来，我国外交、经贸、能源、文化、新闻、科研院所等涉外部门和机构，几乎一直都有阿语专业毕业生在从事对阿交往和研究工作。因此，可以说我们已经拥有了相当的人力、物力资源，具备了构建中国阿拉伯学的必要条件。事实上，这些年包括高校、科研院所的教授专家在内的社会各界，已经发表、出版了不少颇具学术价值的论文、专著和译作，唯在数量、质量和社会影响方面，特别在学术深度和广度上，似还赶不上我国对美、欧、日、俄的研究。比如，我们对伊斯兰社会的认识，可能大多还停留在一般的描述上，如能再深入一步，到它最基本的社会组织——清真寺管区，不但介绍清真寺的宗教功能，也分析清真寺的社会功能，包括它在经济、教育、宣传、组织、慈善等方面的作用，那就有可能对中东穆斯林的生活方式和价值观念形成一个更全面的了解；又如，“9・11”以后，阿拉伯产油国存放在美欧的大量石油美元出现回流，这笔高达数千亿美元的资金近年的流向如何，中国作为多年来始终名列前茅的外资流入国，在吸引石油美元方面的绩效如何，问题又究竟在哪里，如能分析、论述得比较科学，无疑对中阿开展金融合作将大有裨益。总之，当前的对阿研究，尚有待不断深化，既要准确把握问题，也得讲究主义（研究方法），以努力做到贴近实际、为我所用，又具有学术规范、富有说服力。

三

至于讲到研究队伍的建设，这里特别想强调的是要重视汉回合作。中阿接触交往始于何时，见诸文字的，只有中国史书。迄今为止，绝大多数中国学者都认同的最早文字记录是《史记・大宛列传》提到的两个地区名字，一是条支，二是犁靬，皆属今天阿拉伯国家版图。西汉时期，阿拉伯还未出现政权。就地名而言，条支并非如白寿彝先生主编的《中国通史》中所说“条支（在今伊拉克境内）”，[①] 而是《辞海》的释义比较可信：“古西域国名、地名。据《汉书·西域传》和《后汉书·西域传》记载，地在安息西界，临西海（指波斯湾），当在今伊朗西南部布什尔港附近一带。汉代属安息……班超遣甘英使大秦（罗马）抵条支，临海而止。波斯萨桑王朝兴起后，辖有条支旧壤，故《魏书·西域传》称波斯为古条支国”；[②] 但犁靬（大秦）、安息，系指当时的罗马帝国和波斯阿萨息斯王朝，确都曾领有两河流域。因此，《史记》中的记载是可以作为史实依据的。公元7世纪伊斯兰教在阿拉伯半岛开始传播，阿拉伯哈里发政权建立后，乃于唐永徽二年（公元651年）遣使来华朝贡，则见诸《旧唐书》本记和《册府元龟》，这个年代作为两国政府正式交往的开始，现今已得到了中阿学者的广泛赞同。[③] 引证这些历史记载，是想说明，中国与阿拉伯地区、阿拉伯国家的交往，从一开始就具有国家行为性质，带有明显的政治、经贸和文化色彩。

但另一方面，我们也必须指出，就研究工作而言，虽然双方历史上都有涉及对方地理位置、历史事件、城乡风貌、物产习俗……等方面的文字描述，但最突出的当是我国明末清初以王岱舆（约1584—1670）、马注（1640—1711）、刘智（约1655—1745）等一批著名学者开创的以儒释教（伊斯兰）的学术活动。他们出于传播伊斯兰教的目的，一面皓首穷经，一面尽力使之本土化、中国化所作出的学术贡献，对后代中国穆斯林学者有巨大而深刻的影响。以马坚先生为代表的我国20世纪穆斯林优秀学者，进一步把伊斯兰教中国化提升到了一个新

---

① 白寿彝主编：《中国通史》（第4卷），上海人民出版社1995年版，第459页。

② 《辞海》，上海辞书出版社2000年版，第759页。

③ 金宜久主编：《伊斯兰教》，宗教文化出版社1997年版，第440页。

的境界，提出并弘扬爱教爱国的基本原则，迄今已成为优良传统。我曾以“德艺双馨，一代师表”为题在为李振中教授的《学者的追求·马坚传》的序中写道：“马坚先生人品甚高，他襟怀坦荡，如光风霁月。他是回族，但在教学中对汉族、满族、蒙古族等各族学生一向尽心尽力，不存丝毫保留；他对祖国的忠诚，对民族团结的珍视，更是发自肺腑，溢于言表，贯彻始终。”当年马坚先生和他回族同学、同事们急国家所急，在20世纪五六十年代，全心全意地为我国对阿拉伯国家的交往工作培养了一批又一批外交、经贸、文化、新闻等领域的阿语人才，其中包括我在内绝大多数都是汉族，担任了对阿拉伯国家实际工作和教学研究工作的主力军。几十年过去了，由于历史的原因，在从中央到地方的外事部门、教学科研单位里，从事涉阿事务交往和教学科研工作的人员中，虽然也有回族、维吾尔族同胞，但数量毕竟不多，有的高校阿拉伯语专业甚至连一名回族教师都没有。

其实，从历史事实和现实需要两个层面看，我国开展对阿交往和教学科研活动，都应该依靠汉回和谐合作的队伍。去年秋，我有幸到兰州去讲学，到银川去开会，回族师生和学者对中东问题的关注程度和兴趣向往，给我留下了难以磨灭的印象。我由衷地感到，应当加强北京、上海的教学科研机构与西北、西南兄弟单位的交往，相互学习，共同提高。北京、上海因为开放较早，对外接触和交流的机会多，客观条件也可能好一些。但就学习阿语的主动性、刻苦性，对中东阿拉伯—伊斯兰问题钻研的自觉性、持久性，也许还得向我们的回族同胞看齐。原来我有一个印象，觉得穆斯林学者的兴趣大都囿于宗教，实际上这些年也已出现变化，他们虽然仍执著地在进行宗教教义、教法、教律和文献等方面的研究，但也都很关注阿拉伯国家的政治、社会、经济、文化等领域的进展和变化。向我提问的中青年学者有的也曾赴外学习或工作过，明白对阿交往首先是国家行为，宗教研究不可能取代区域研究的其他领域。而且，客观地看，学习阿语的回族学生，并不可能毕业后都从事宗教工作，对阿交往的主要领域，从双方的实际需要和利益出发，将始终是在政治、经济、文化方面。

我在从与丁俊老师交往的三年中，深切地感受到像我们这样在上海、北京部属高校或研究机构工作的教师，应该帮助培养或招收一些来自西北、西南的回族中青年学者，这样做，对学科建设有利。因为，他们对宗教经典的熟谙程度，是我们这些汉族教师所不及的，他们的认真和勤奋，也常让我回想起马坚先生、刘麟瑞先生、马金鹏先生、王世清先生等回族老师的敬业精神和高度责任心。因此，构建中国的阿拉伯学，还得加强汉回学者间的精诚团结、和谐合作。只有彼此各展所长、互补共事，才能推动学科的长足发展。这是我的一个夙愿，写在这里谨望能得方家指正。

祝贺《汉译〈古兰经〉史话》扩展内容结集问世[①]

——序《〈古兰经〉在中国》

林松教授潜心收集史料、悉心探索推敲撰成的《〈古兰经〉在中国》终于要结集出版了，这是伊斯兰文化研究领域一件值得庆贺的喜事。作者多次盛情相邀，嘱我写几句话，只得不揣浅陋，试作涂鸦。

伊斯兰教是世界上传播最广、信徒最多的宗教之一。伊斯兰文化根深叶茂，具有巨大的历史作用和现实影响，是人类文化宝库中一个重要的组成部分。以“明白的阿拉伯语言”降示和录写成集的《古兰经》，则是伊斯兰教最重要的经典，也是传播展现研究伊斯兰教和伊斯兰文化的根本。

在伊斯兰教的发展过程中，对《古兰经》是否可以和是否能够译成其他语言，教法学家们一直存在分歧。反对者主要担心译者歪曲《古兰经》的原意，造成误导，甚至招致攻击。然而，随着伊斯兰教的传播不断地超越国界和民族疆域，要各国、各民族中的穆斯林都通晓阿拉伯语毕竟不易，翻译《古兰经》遂逐步成为时代的必需。至20世纪30年代，举足轻重的埃及爱资哈尔大学制订出了翻译《古兰经》工

① 本文载于《回族研究》，2007年第3期，第90—91页。

作计划的本身，也被视为伊斯兰文化活动的一个内容。

在伊斯兰教传入我国的千百年中，勤奋钻研伊斯兰教教义、哲理的穆斯林学者，不乏其人，如马注、王岱舆、刘智等，均有建树，唯翻译《古兰经》全文，却是20世纪的事了。对20世纪内究竟有多少汉译本、译者和译本的情况如何，长时间来，很多人包括我在内均不甚了了。我在北大读书时，曾听马坚先生谈论过他对一些《古兰经》译文的评述，当时只是从翻译学的角度去倾听，而不曾意识到其中包含的伊斯兰文化史上的意义。多少年过去了，特别是进入改革开放时期以来，频频听到、看到《古兰经》的汉译本问世，这就产生了一窥全豹的想法，盼望着有一位穆斯林学者能从史、从论两个角度对我国的《古兰经》翻译作个全面的阐述。这是项颇有难度的研究工作，因为写史得真实全面，评述须客观公允。不是此道中人，或不够功力者，是很难胜任的。约稿有时真是可遇而不可求。

幸运的是，20世纪90年代初，在北京召开的中国中东学会上，我结识了林松教授。他家学渊源，久在学界执教，著述甚丰，近年又译成了《古兰经》韵文本，是一位我心仪已久的穆斯林学者。攀谈之间，我便提议在《阿拉伯世界》(今《阿拉伯世界研究》)上辟出专栏，请他执笔连载发表《〈古兰经〉在中国史话》，当即蒙林松教授慨允。自此之后的四年中，我们之间鸿雁不断。每次接到他的信稿，拜读他流畅工整的文字，我总是十分钦佩和感慨，因为这种研究性的评述很不好写，不仅资料必须确凿，而且落笔置评如悬千斤，绝对不敢稍有疏虞。林松教授不愧是积年有学的行家里手，他的每篇文稿均考证翔实，言之有据，而且各有侧重，浓淡相宜。他的汉语功底，更是值得称道，大量的史料、丰富的引证，在他挥洒自如的笔下流出，只觉得铺排有序，斐然成章。

《古兰经》是非常难译的经典，在文辞和意义两方面要做到理解正确、表达恰切，不少名宿大家都曾呕心沥血、穷毕生之精力，而仍难做到尽善尽美。但是，通过切磋、交流和深入的探究，《古兰经》的汉译水平总是在一步步地提高，总是向着接近《古兰经》原文的方向发展。林松教授的这组文章，开创了我国伊斯兰文化中《古兰经》翻译研究的先河，起着承前启后的作用，对前辈的《古兰经》汉译是个回顾性的概述，对海内外正在从事或将要进行的《古兰经》汉语译者，贡献出了他的见解和启迪。这无疑是一项很有价值的工作。但愿林松教授此书的出版，能推动我国汉译《古兰经》及其研究的学术活动，使我们对博大精深的伊斯兰文化，有更深入更全面的认识。

一代名师，魅力永存[①]

——纪念刘麟瑞先生诞辰九十周年

一转眼，刘麟瑞先生离开我们已经12年了。在我的脑海里，他却一直都还在——他的弟子、再传弟子和曾与他共过事的教育界、外交界、宗教界、翻译界的朋辈、后人中间，仍不时地会提到他的名字；在阿拉伯语专业教学、文学研究的各种会议上，人们依然在讲述他的品德、学问、作用和贡献。一位大学教师，要做到生前、身后都受人尊敬且被奉为楷模，可谓大不易，然而，刘先生做到了。他看似平凡的一生，其发展轨迹是由高尚的师德师风构成的，而且还缀满了感人肺腑的言行和事迹。在纪念他诞辰90周年的今天，要问他留给门生弟子、亲朋同志最深刻的印象、最突出的感受是什么，我想概括起来，应该是他的学识魅力和人格魅力。

这本《刘麟瑞传》告诉我们，刘先生出身于一个清贫的穆斯林世家，虽然家教、家风中规中矩，严谨有范，但时世艰难，度日如年。他的求学历程，是有幸进入了成达师范并被遴选赴埃及留学。但论学习条件，只能说是差强人意，刘先生那批留学生中脱颖而出的几位，

① 本文是刘慧所著《刘麟瑞传 —— 一位北大教授的人生写实》之序，世界知识出版社2008年版，第15—18页；载于《回族研究》，2007年第4期，第127—128页。

主要凭藉的是他们自强不息、刻苦自励的精神，才得以成才，成为此后为社会作出杰出贡献的名师、大家。被刘先生终生尊为良师益友的庞士谦先生，就是一位矢志钻研、好学不倦的榜样。

刘先生的学识扎实而深厚，靠的是他的刻苦勤奋、日积月累。从应聘南京东方语专到执教北京大学，他在身为教师，从事传道、授业、解惑的漫长岁月中，仍孜孜不倦地学习，不断扩充学养，继续汲取知识。刘先生读书并不贪多，但读一本是一本，脑勤手也勤，边读边思考，每有所悟即随手摘要记下，习以为常。有些文章中述及的他对汉语“有”的译法，对阿拉伯语动词时态的归纳，关于阿语两类述词的分析等，都证明他潜心于学的深度和他不囿于前人、外人述说，勇于创新的学者风范。

刘先生的学识得来不易，但他却从不吝啬与别人特别是与学生们分享。不论是执教课堂，还是课余辅导，他必倾囊相授，有问必答。20世纪五六十年代的阿语专业教授、副教授只是凤毛麟角，刘先生则参与高层涉外活动频繁，见多识广，已颇负声名，但他对每一堂课的准备却都很充分，重点、难点、例证……无不一一安排妥帖，不但讲解得透彻分明，而且力求让学生能有所得；对待学生提问，他的耐心和诚恳，更是有口皆碑，和颜悦色令问者心无疑惧，细致周详让学生茅塞顿开；与同事合作翻译、编书、编词典，也从不自以为是、强加于人，而是虚怀若谷，平等切磋商讨，以真才实学来寻求一致、消除歧见。

刘先生的这种学识魅力与他的人格魅力是相辅相成、互为表里的。所谓人格魅力，这里指的是性格、气质和道德品质。刘先生的为人，是很有特点的。认识他的人，都觉得他平易近人、淡泊名利，脾气也好，从不疾言厉色、盛气凌人，所以都愿意甚至乐意与他交往。我呢，则觉得他恬淡平和性格的背后，还有着一层深厚的文化底蕴。这大概可以从三个方面来作解读。

一是他坚定的爱国爱教信念。刘先生是一个忠诚的爱国者，凡事关国家政策、国家利益的工作，他都全力投入，全心全意地去做，而且努力做好。为国家领导人当译员是这样，在北大教书育人也一样。他又是一位虔诚的穆斯林，他一生虽从未担任过宗教职务，但始终恪守教义教规，自律甚严。从言谈举止到衣食住行，处处留心细节，从不逾矩。而且，他内心深处，总想为穆斯林做些事。在编写了《穆斯林会话》后，多次表示也想译一遍《古兰经》，多参加一些伊斯兰教的学术活动。在他身上，爱国热忱和信仰虔诚得到了高度和谐的统一。

二是他严格的道德操守。刘先生一生正派、正直。对长辈亲人，既孝且慈；对同事朋友，真挚诚恳；对门生弟子，温和宽厚。这些待人接物的准则和规范，他毕生遵循，始终不渝。因此，尽管岁月流逝，时代变迁，社会价值观出现了这样那样的变化，但在人们心目中，刘先生总是一位值得信赖、可以托付的诚笃君子。他身上有一股以诚信为本的正气，也有一种令人叹服的大器品格。

三是他既自尊又诙谐的性格。刘先生在世时，地位和待遇都不算高，但他始终处之泰然，对名利、权位、享受看得很淡，素无兴致谈论。然而，这并不是说，他不谙世事、不懂利害得失，而是因为他内心深处，一直保持着一种强烈的自尊，有时甚至让人觉得他有点孤傲。别人编了书，要借重他，请他任主编，他总是再三推托，实在推不掉，就坚持要进行审读和修改，否则就不署名。阿拉伯文学研究会成立请他领衔出任会长，他也多次婉辞，直到他感到要做之事，尚属他力所能及范围之内才允诺下来。可见，刘先生在做人、做事、做学问方面，从来是表里一致，自尊心强，责任心也强，两者相辅相成，形成了他很具影响的感召力。同时，刘先生为人又很谦和而不失风趣，讲话闲聊，很少长篇大论，有时眉毛微抬表示还没听清，有时嘿嘿一笑算是自嘲，偶尔也插入评点、发表感想，在兴头上更会一本正经地嘣出几句调侃语，让谈话气氛始终保持轻快。他的这种谈吐，不拘客套，很平等，也很率真，显示出他性格中与生俱来的亲和力。20世纪80年代初他已退休了，但仍有不少北大、外校、外单位、外地的门生故旧或慕名求助的人士到中关园去看望他，有的是有事拜托，更多的是去同他叙叙旧，谈天说地的。可以说，他们都是受到了他禀赋中那种感召力和亲和力的吸引。

刘先生执教数十年，为我们树立了一位富有学识魅力和人格魅力的教师典范。时至今日，其遗风遗泽犹存，仍为我辈所敬仰，所叹服。今年，由甘肃省政协牵头编写、中央统战部刘延东部长作序的《回族对伟大祖国的贡献》一书即将出版。刘部长在序言中指出："回族儿女在社会主义经济、政治、文化、社会建设各条战线上团结奋斗、拼搏奉献，优秀人物不胜枚举。"毫无疑问，刘麟瑞先生就是这些为伟大祖国作出贡献的优秀回族人物之一。这本由刘先生独生女编写的《刘麟瑞传》，较详尽地阐述了他坎坷而又不平凡的一生，资料很丰富，叙述也很朴实、生动，相信是一本能引起各界人士特别是有志于从事阿拉伯语言、文化研究的工作者和广大穆斯林年轻学子兴趣的著述。我作为一名教师，一直很庆幸能生活在中国历史上这个尊师重教的时代，现在也极欣慰地看到了这本《刘麟瑞传》的问世，因为刘先生始终活在我的心里，始终是我学习的榜样。

是为序。

2007年6月于上海

缅怀阿语教育先辈
推进阿语学科建设①

今天，我们来自各方，会聚一堂，都怀着崇敬的心情，希望在一起追思、纪念我们都深深尊敬和爱戴的老师、北京大学著名教授刘麟瑞先生。去年的11月，北大曾举办中国阿拉伯专业的奠基者、北大首任阿语教研室主任马坚教授百周年纪念会，可惜我因赴台而未能参与，一年多来一直深感内疚。这里，我首先想向马师母及其家人、向北大阿语系的师生们致歉，祈请大家原谅。我也十分感谢刘先生的独生女刘慧女士，她凭着孝心和毅力，历经寒暑四处寻觅，细细梳理，精心编写，终于向大家奉献出了这本内容厚实而生动的《刘麟瑞传》，为广大读者展示了一位北大回族教授的生平与风采，为新中国的阿语教育史增添了一份珍贵的人物文献。

在今天这样一个神圣的场合，我想就缅怀阿语教育前辈的时代意义和进一步发扬他们的学术精神，推进中国阿语学科建设的重要性，讲一点看法，这也是我的几句肺腑之言，多年来萦绕于我胸间的心曲。

我一直很庆幸能生活在当前这个尊师重教的时代，庆幸能迎来深入贯彻落实科学发展观、积极构建社会主义和谐社会的历史阶段。一

① 本文是在北京大学刘麟瑞教授九十诞辰纪念会上的发言稿，载于《回族研究》，2008年第1期，第113—115页。

年多来，北京大学接连举办马坚先生百周年、刘麟瑞先生九十诞辰纪念会，无疑体现了尊师重教、构建汉回民族和谐的时代精神，我们对此由衷地表示赞赏和感谢。

大家知道，历史上的中国阿语教育，是中国穆斯林主要是他们中的回族教育人士所关注和从事的事业。我在1995年6月北大举办的“马坚教授九十诞辰纪念会”上，曾作过题为《马坚先生的治学道路》发言，其中特别提到“马坚先生走过的学术道路，具有划时代的意义，是他与他的同学、同事们，把阿拉伯语教学从单纯的民族宗教教学引入了最高学府的殿堂”。我当时脑海中的“马坚先生与他的同学、同事们”，主要指的就是刘麟瑞、马金鹏、王世清等20世纪50年代初在中国高校讲授阿拉伯语的回族老师，他们在阿拉伯语作为新中国高校一门学科的初创阶段，荜路蓝缕地辛勤耕耘，从无到有地逐步奠定基础，呕心沥血地带领他们培养出来的汉族年轻教师们一起奋斗，既为中国开展对阿拉伯国家外交、经贸、文化、翻译等各领域输送了一批又一批合格的人才，同时也为阿拉伯语学科的发展作出了卓越的贡献。因此，纪念他们——去年纪念马先生百年、今年纪念刘先生九十诞辰，反映了社会各界对历史的尊重，对上一代阿语回族杰出教师的爱戴，对维护和加强汉回民族团结的高度珍惜和重视，这样的活动是很富有时代意义的积极举措。

这些年，我曾应邀为我国阿语教育的前辈们写过一些文章，如为纳忠教授传记作的序《天行健，君子自强不息》，马金鹏教授纪念文集中的《马金鹏先生：一位承前启后的穆斯林学者》，以及这一次奉刘慧女士之命，撰写的小序《一代名师，魅力永存》。我总是感到，这几位回族教师，都与马坚先生有着相似之处：按照中国传统文化，他们都是谦谦君子，学高身正，不喜张扬，诚信正直，淡泊名利，处世为人、道德操守均堪称典范，而且即便按今天已经全面确立的中国特色的社会主义核心价值体系来衡量，他们执著的爱国爱教信念，宽厚善良、乐于助人的品格和荣辱理念，也都显得光彩熠熠，仍然值得我们学习和尊敬。

以北大马坚、刘麟瑞教授为领军人物的阿拉伯语学科，是为中国的哲学社会科学发展作出过重大贡献的。现在的中青年学者、教师大都不曾亲身聆听过他们的讲课或有过直接的接触，但想来都会用过他们各自领衔编写的《阿汉词典》和《汉阿词典》，或曾参阅过他们翻译、编写的专著、教材。马坚先生更是一位通才，“他的作品，涉及的学科领域，十分广阔，包括语言、文学、宗教、历史、地理、哲学、天文历法等，都是与阿拉伯语言文化紧密相连的”；“他发挥了我们东方学者擅长综合的优势，用一篇篇学术文章、一本本著作，为建设我国的阿拉伯学作了重要的铺垫，打下了厚实的基础”。作为学科带头人，马坚先生的文章曾受到毛泽东主席的表扬，说“他那两篇文章《穆罕默德的宝剑》和《回民为什么不吃猪肉》写得很好，增强了汉回两族人民的团结，向他表示谢意”。陈毅副总理兼外长20世纪60年代初有一次对外语院校师生谈话，在强调刻苦学习外语、加强培养外语翻译人才时，就专门提到了（马坚、刘麟瑞）这两位老师的大名。这是何等的难能可贵和荣耀，即便以今日对学科考核的严格标准来看，学科带头人能获得国家领导人如此高的评价，反映了学科的水平和影响，是今天许多像我这样的学科负责人都远难以企及、也不敢望其项背的。

我们在追思缅怀马坚先生、刘麟瑞先生的场合，常常会感到惋惜的是，在实行改革开放的这30年也是中国近现代史上最开明最兴旺的30年里，中国的阿拉伯语学科蓬勃向前发展的期间，他们却先后离开了我们，全国阿拉伯语教学大纲、统编教材的编写，已听不到他们的真知灼见，对外交往和学术研讨，也无法请他们参与和指点了。我们能够借助他们的，是他们言传身教的榜样，是他们矢志钻研、永不舍弃的学术精神，更有他们以国家利益为重、关注汉回民族团结和谐的崇高理念。

进入新世纪以来，随着中阿友协、中阿合作论坛的相继建立，中阿之间的官方、民间往来更趋密切和频繁，交流合作的层面也更加广泛和全面。前不久的12月2日，我们在利雅得参与中阿合作论坛第二届中阿关系暨文明对话研讨会的全体代表，曾有幸受到沙特国王和王储的接见。阿卜杜拉国王在讲到中国时说：“至于中国，她对我们大家而言，是一个亲密友好的国家，因为中国从来并且总是与真理和正义站在一起，总是与巴勒斯坦事业和阿拉伯事业站在一起。”中方主席杨福昌大使发言时指出，“当前中阿关系处于历史最好阶段”，无疑是作出了客观而准确的评价。这种局面反映在中国阿语学科方面，是阿拉伯国家对中国的阿语教学、研究、翻译工作表现出了越来越明显的关切，叙利亚提出要继续完成20世纪105种阿拉伯优秀小说的翻译出版，黎巴嫩想与中方合作，相互翻译现代著作，沙特考虑在2010年上海世博会举办前后，再向中国赠送一座阿卜杜勒·阿齐兹国王图书馆，愿意资助翻译出版包括今天大家拿到的《刘麟瑞传》和已经问世的《马坚传》在内的中方推荐的图书著作，资助中国民间伊斯兰手抄本文献的整理和研究等等。

然而，中国阿语教育的实际情况是，一方面，教学点的数量急剧上升，教授阿语专业的高校已从原来的八所，发展到了二三十所，师资已明显不足，使北大、北外、上外等高校的不少位资深教授，只得退而不休，分赴各地，去帮助承担繁重的教学工作；另一方面，国家对外语学科建设又不断提出更高的质量标准，要求科研创新出精品，培养国际化的高端人才。实际上，当前的中国阿拉伯语学科建设，正面临着加紧培养高质量教学、研究、翻译等人才的严峻任务。就此而言，继承刘麟瑞先生那种对待业务认真负责、精益求精、刻苦自励的学术精神，是值得我们大力提倡、弘扬并继承的重要资源；马坚先生开创的构建中国阿拉伯学的道路，不断丰富充实阿拉伯学科的内涵，使之朝着小学科、大内涵的方向发展，更是使学科建设跟上时代发展步伐、适应国家对外交往合作需要的必由之径。假如我们能在观念、路径和方法上认识到阿语教育先辈们留下的宝贵遗产，那么，我们就会更加团结一致、齐心合力地共同来构建具有社会主义中国特色的阿拉伯学，从而把前人的事业发扬光大。

来参加刘先生九十诞辰纪念会，我内心是很激动的。因为在我的视阈中，刘先生、马先生不仅是北大一个系、一个学校的重要人文资源，而且是我们国家、我们中华民族大家庭的宝贵人文资源。作为一名至今仍在保持对阿交往工作的教师，我常为自己曾受教于马先生、刘先生等一批回族阿语先师感到庆幸和荣耀，因为阿拉伯国家的友人们，无论是官员还是学者，都很珍视中国穆斯林贤哲们对教育、学术作出的贡献。而今，我也已步入望七之年，肩上的教学、科研任务压得很重，只能寄希望于我们的中青年学者，我愿意及时地让大家分享我得到的信息资源，一起来推动把《马坚传》、《刘麟瑞传》等有利于促进中阿文化交流的书籍进入阿拉伯世界的书市、馆藏；我还期盼着，在北大校园或阿拉伯语系的某一合适的地点，矗立起一座中国阿拉伯语学科奠基人马坚教授的塑像，使他成为北大也是中国的一个有着深厚历史、民族、文化、教育内涵的景点。

愿我们大家一起来缅怀刘先生、马先生不平凡的一生和贡献，继承他们的学术精神和珍惜汉回民族和谐团结的高尚情怀，把中国的阿拉伯语学科建设继续推向前进！

木欣欣以向荣，泉涓涓而始流[①]

——阿拉伯语学科建设30年回眸

30年前的暑假，那场“革文化命、整文化人”的浩劫，已经过去，全国处于拨乱反正、转向以经济建设为中心的改革开放阶段。教育战线继1977年恢复高考招生制度后，是年又第一次通过全国考试遴选出国进修教师。我当时虽已36周岁，人到中年才评上讲师，但总算第一次获得出国进修的机会，内心真是充满憧憬，想得最多的是怎样提高自己的专业水平。

30年后的现在，是继2007年8月代表学校阿拉伯语学科第二次申报上海市重点学科获得通过，又于11月有幸被教育部批准为国家重点（培育）学科，一直不停地在填表、制订学科发展规划，直到前几个月才完成教育部“211”工程三期阿拉伯语学科建设的发展项目。工作虽然繁杂而忙累，但内心却很欣慰、振奋，阿拉伯语学科能随着国家哲学社会科学的繁荣发展跟上时代步伐，取得进展，实非容易。我想得最多的，是如何群策群力，推动落实已制订的规划，继续提高学科的水平。

① 本文载于《阿拉伯世界研究》，2008年第5期，第3—10页；庄智象主编的《外语教育名家谈（1978—2008）》，上海外语教育出版社2008年版，第179—192页。

30年前后上述客观场景和我个人诉求的变化，在一定程度上反映出中国阿拉伯语专业的地位和任务已大不同于往昔，我的认识观念和关注目标也已随之几经移易。这里想结合这30年的一些经历、体会，对阿拉伯语学科建设、团队建设和未来的挑战与机遇，谈一些看法，藉以向同行同事们请教，并望得到专家学者们指正。

一、坚持走学科内涵发展的道路

屈指算来，阿拉伯语作为高校的一门专业，由马坚先生（1906—1978）在1946年始建于北京大学东方语言文学系，至今已有62年历史了。有关这段时期专业建设发展历程中的成绩和特点，20世纪八九十年代曾有不少教授撰有专文作过介绍，[①] 近年更有丁俊博士出版的专著《中国阿拉伯语教育史纲》，已尽可能全面地蒐集各种资料，作了客观清晰的论述和总结，这里不再赘言。我想谈及的是对专业和学科概念的思考。

我这一代人大都自进入大学起，便形成了强烈的“专业”思想。在校五年中最主旋律的教育，是要“走又红又专的道路”。“红”是指提高思想政治觉悟，“专”是要提高专业水平。到毕业分配时，同学们一般都把“服从组织分配”填为第一志愿，不太敢坚持选择特定的单位或城市，但强调一下希望“专业对口”，则是可以公开提出的合理要求，不算“个人主义表现”——这在当时可是一句足以将人打入另册的评语。“文革”结束，我像大大小小的知识分子一样，精神上顿感轻松，因为至少不再会平白无故地被指责为“白专”或“只专不红”，可以自由地读书学习了。只是，在学术道路上，仍难免会磕磕绊绊。记得我1978年秋赴开罗大学文学院进修后不久，便获悉在西方国

---

① 丁俊:《中国阿拉伯语教育史纲》，中国社会科学出版社2006年版，第9页。

家进修的教师，已有人开始攻读学位了。这立即勾起了我尘封多年的回忆：大学毕业那年马坚先生曾征询我意见是否愿读他的研究生，此事后因系里的原因未能办成。现在既然来到了埃及，何不再探询一下可能性？踌躇几日后，我便决意去会见文学院阿语系主任尤素福·侯来夫博士，当面谈一次。侯来夫教授是一位讲话风趣、生性诙谐的学者，对待我们中国进修教师一直很友善。他在详细询问我毕业的大学，现在的职称，从事过的教学、翻译、研究工作，以及我准备研究的题目后，说中国与埃及还未相互承认学历，但北京大学与开罗大学一样，是以首都命名的大学，我的情况获得文学院教授委员会的资格认可，应在情理之中。他要我让使馆文化处出一份函，证明一下我的学术履历交给他，由他帮我办注册手续。然而，当我兴冲冲地向使馆文化参赞汇报时，看到的却是他不以为然的表情，听到的是他冷冰冰的回答：“出来进修，主要目的是提高专业水平，不是为了图名声！”我其实与这位参赞并无过节，相反，我还很帮过他一些忙。比如，他好几次接待活动，都是邀我当的翻译；他到艾因沙姆斯大学语言学院作《红楼梦》的演讲，是我花了好几周时间直接用阿文撰写并代他宣读的；我观看《走向深渊》影片后写的报告，受到姚广大使肯定，从而推动了三部埃及影片（另外两部是《征服黑暗的人》和《咖啡馆》）的进口、译制。这些成绩当然都记在他文化参赞的名下。因此，他对我攻读学位的冷漠，应该不是出于个人恩怨，而是惯性思维方式使然。

1980年夏，我进修期满回国，不久就听说教育部已经在着手推行学位制。1983年10月，邓小平同志的重要题词“教育要面向现代化，面向世界，面向未来”面世，更是为学位制这项与国际教育接轨的重大举措注入了巨大的发展动力。如果说，中国高校在这30年里实现了历史性跨越，改革取得了突破性进展，质量不断提高，为现代化建设服务的能力明显增强，那么，学位制的实施和不断完善，应该是为这些成绩的取得，提供了重要的合格人力资源保障。

我虽然由于一位不懂教育的文化参赞的一句话，终于与研究生学位失之交臂，此后又囿于客观工作环境，难以重拾旧梦，从此被纳入“老人老办法”的照顾系列，然而，正是学位制在中国的全面推行，引发了我对“专业”和“学科”的关注。我从1984年起，先后担任阿拉伯语系副主任三年、主任九年。其间，重点要考虑的已不是个人专业水平的提高，而是整个系的教学科研工作。我很快就发现，与兄弟院系相比，阿语系的发展瓶颈是研究生教学，而申请研究生学位授予权，则是与学科而不是专业相联系的，亦即要根据专业所属的二级学科，是否具备规定条件，能够获得国务院学位办专家评议组的审核批准。在迄今仍在实施的国务院学位办颁布的学科目录中，阿拉伯语很有幸，被列为外国语言文学一级学科下属的二级学科。因此，我们要面对的，是一项具有规范性和考核标准的学科建设任务，而非通常意义上的提高专业水平、增强业务本领。深入一点，从专业、学科这两个词的词义看，前者强调分工分类，技能性、职业性要求明显；而后者则是指“按照学问的性质划分的门类”，是指（不包括生产部门的）“学校教学科目”，或者有别于技术性科目（术科）的知识性科目。[①] 可见，学科建设的内涵要比专业建设更丰富、更宽泛，要求也更高、更严。

中国的阿拉伯语专业在20世纪五六十年代，曾培养出一批又一批优秀人才，为新中国的对阿拉伯国家外交外事作出了重要贡献。但从师资队伍、教学教材、科学研究、图书资料等现代高校学科必备的软硬件要素看，毕竟相去甚远。我在北大五载，尽管老师们教学认真负责、尽心尽力，同学们学习刻苦自励、勤奋向上，但阅览室里的阿文图书报刊实在少得可怜，同学们自己拥有的大都只是一两本影印词典和几本油印教材而已。至于教师们的翻译、科研工作，则既有随时被扣上“资产阶级名利思想”帽子的危险，又因刊物、出版社为数极少而鲜有发表的机会。要说学术活动，只能练“术”，加强一些听说读写

① 中国社会科学院语言研究所词典编辑室:《现代汉语词典》，商务印书馆2002年版（增补本），第1650页、第1429页。

译的技能训练，难以谈“学”，因为不管是史是论，总得拥有较充足的参考书才行。这种状况直到20世纪80年代才有明显改观。那时的中国阿语界可谓是热气腾腾，一片繁忙景象。教育部在也门办了萨那、塔兹等技校，每年要高校派翻译教师去上课，埃及艾因沙姆斯大学中文系的研究生导师，也主要由中国阿语教师承担，另外还有相当数量的阿语教师被借调到中国各大公司在阿拉伯国家承担的各种工程项目去从事翻译。留在国内的教师，尽管上课、编教材忙得不可开交，但仍积极地与科研机构、媒体、文化部门的同行们一起，写论文，翻译阿拉伯优秀的文学文化作品。那十年中国书市上的阿拉伯译作之多，可谓空前。[①] 特别值得一提的是，那时教育部还及时组建起了全国外语教材编审组——即现在全国外语专业教学指导委员会的前身，并推动建立了各外语的教学研究会，从而大大加强了各高校阿语专业间的交流和合作。同时，与阿拉伯语专业发展相关的，如全国中东学会、阿拉伯文学研究会、翻译家协会等一些民间研究机构也相继成立。这些体制和机制上的变化，为阿拉伯语学科的语言、文学、文化、国情和翻译等研究方向的发展，提供了重要的活动平台和空间，成为推动阿拉伯语学科建设必不可少的客观有利条件。

大家知道，冷战结束是以苏联解体作为标志的，对中东阿拉伯地区而言，其伴生的历史性事件，则是90年代初的海湾战争。我也在海湾危机爆发（1990年8月2日）前后，开始越来越多地参与到中东研究的各种学术活动之中，常常得在研讨会上发言，对外做报告，撰写时评、论文、专著等。当时，阿拉伯地区局势动荡，中国在当地的工程项目骤减，阿拉伯语人手已不那么“吃紧”；随着中国参加国际版权组织，翻译出书门槛提高，包括当代阿拉伯文学在内的外国文学著作曾在改革开放初期的红火热销，也风景不再；加上从1993年起，高校开始试点，转而实行交费上学制度，上外阿语专业率先从五年制改为

① 朱威烈:《站在远东看中东》，上海外语教育出版社2000年版，第79页。

四年制，实行学期学分制，为便于毕业生就业，又设计了双语（阿语英语）和中东经贸两个专业方向。现实环境的这种种变化，推动着我不时地思索，中国阿拉伯语教学和科研事业的发展空间究竟在哪儿？

1996年1月起，我离开了任职十多年的阿语系负责岗位，转到上外新组建的社科研究院任职。这在上外，可算是一项重大举措。因为对中国外语院校而言，重视科研、强调科研工作的重要性，都非易事，无论是教师个人的意愿，还是环境氛围、配套制度保障等主客观条件，与综合性大学、师范类大学、政法类大学或财经类大学比，均明显存在距离，常会让人感到"曲高和寡"，困难重重。社科研究院设在上外附中一幢小高楼的9层、10层，条件简陋，被人戏称为"上外的西伯利亚"，但我发现，院内人员大都很有抱负、积极向上，他们有的要求攻读学位，有的申报国家、省部级项目……几年共事下来，便逐渐形成了和衷共济、团结奋斗的局面。我在院里，除了继续培养阿语研究生、担任《阿拉伯世界》（后改名为《阿拉伯世界研究》）主编外，主要关心的是科研工作，如组织申报省部级、国家社科基金项目，申报博士点，也常参与省部级的项目评审、成果评奖。这些工作实践使我在两方面的意识大为增强，一是问题意识，即应做什么样的课题，国家、教育部和上海市需要学术界研究怎样的理论和现实问题；二是规则意识，即必须认真厘清科研项目申报、评审、结项、评奖等一系列明确的规范性要求。世纪之交，有两件事对我影响很大。一是1999年起教育部开始在部属高校中组建人文社会科学的重点研究基地。当时的社政司领导来沪与校领导商谈后，确定上外申报的是以阿语博士点为支撑的中东研究所。第一次筹备后申报，不符合改革要求，材料被退回；第二次学校动了真格，才于2000年秋通过专家组评审，年底获教育部批准。中东研究在教育部的学科分类中，属于国际问题研究。同类重点研究基地，还有吉林大学东北亚研究中心、厦门大学东南亚研究中心、南开大学APEC研究中心、复旦大学美国研究中心、华东师大俄罗斯研究中心、四川大学南亚研究中心等，实力都很强。因此，中东研究所的研究重点，必须集中在国际问题领域，而不是传统的阿拉伯语言、阿拉伯文学研究——那主要由上外东方语学院阿语系的教师承担。二是我所在的研究院，原已设有国际关系硕士点，办有专业刊物《国际观察》，经过一段时间的规范化建设，当时已在着手推动申报国际关系学科博士点的工作，2001年第一次因故受挫，2003年第二次申报时，我虽已被免去兼任的院长之职，专任中东研究所所长，但填表内容仍以中东研究的成果为核心和支持，终于获得了通过。

见微知著。申报中东研究基地和国际关系学科博士点的经历，从大处看，是反映了在党和国家高度重视发展哲学社会科学的大形势下，教育部对推动学科交叉性、综合性发展趋势的准确把握和及时引导；从具体学科负责人和科研人员的角度看，是深切感受到了从国家需要和学科发展的趋势出发，重视学科内涵的不断丰富和合理扩充，才是推动学术进步、符合时代潮流大方向的工作重点。

二、重视学术团队的建设

阿拉伯语是22个阿拉伯国家和地区的官方语言，是联合国确定的六种通用语言之一，也是全球十多亿穆斯林的宗教语言，但从中国当前的现实和未来的发展需要看，阿语毕竟不可能达到像英语、日语、德语、法语、俄语等大语种那样的社会需要程度，也不可能无限制地扩大办学点和招生规模，即便是从中国与阿拉伯国家交往的实际情况看，对阿语的工具性功能需求，也明显超出对它的专业性、学术性需求。因此，中国的阿拉伯语学科一方面仍应继承发扬马坚、刘麟瑞、纳忠等先辈们垂范后人的优良师德和学风，扎实地掌握专业语言、文学、文化的基本功和基础知识，继续在非阿语国家中保持一流水平，培养出一批又一批种子选手；另一方面，则要不断加强和发展阿拉伯问题研究的科研队伍，其中既要有通晓阿语、能阅读阿拉伯语文献资料、用阿语与对方交流的人员，也要有深谙国际关系、历史学、宗教学、经济学等其他学科的专家，唯有相辅相成、形成合力，才能产出有质量、有特色的学术成果。

我第一次申报教育部项目是在1985年的国家“七五”规划期间，起先报的题目是“阿拉伯文学史”。我从开罗大学进修回来，没有带回什么“大件”，因为按当时规定，出国进修教师待遇同留学生，第一年每月的生活补贴是10元人民币，第二年因反应强烈，涨到40元/月，这点收入当然不可能去奢想电视机、冰箱之类的“指标”。我最自豪的是带回了重60公斤的一纸箱书，其中以文学类图书居多，有好几种权威性和时代性都很突出的阿拉伯文学史著作，因而自忖有些资料文献方面的优势。没想到申报后不久，即接到评审组组长、北大陈嘉厚老师的电话，称同一课题出现“撞车”，另一所大学也报了，他们的课题组员有一位正教授、五位副教授，而我只是一名副教授，课题组成员又都是年轻讲师，希望我改报一个课题。我心里虽然不服气，但还是听从了陈老师的意见，重新酝酿讨论，改报了“中东文化研究”，包括“阿拉伯语发展史”、“阿拔斯文化”、“古埃及文化”等几种子课题。那一年，上外有四个项目中标，另外三个是英国文学史、德国文学史和陈中耀老师的“阿拉伯哲学研究”。我们的课题后来都产出了成果，有论文，有专著，顺利结项。到90年代，因为迟迟见不到阿语教学必需的阿拉伯文学史著作，上外的蔡伟良、周顺贤教授遂于1998年出版了《阿拉伯文学史》，北大仲跻昆教授在新世纪又出版了《阿拉伯现代文学史》，获得了教育部2006年哲学社会科学优秀著作一等奖，填补了这一领域的空白。此是后话。对我个人来说，也许正是因为当时主持这个教育部重大项目，才开始形成团队意识，并有了开展团队科研活动的实践。

中国阿语学科建设最具标志性的亮点，是教育部高教司领导并委托高校外语专业教材编审委员会（后改名为高校外语专业教学指导委员会）阿语组和全国阿语教学研究会，从1986年11月起着手制订的

《高等学校阿语专业基础阶段阿语大纲》，和1993年9月起开始制订的《高年级阿语教学大纲》。这两份大纲集聚了北大、北外、上外、对外经贸大学、二外等主要高校的阿语教师，他们在认真总结中国阿语教学的实践、借鉴其他语种教学经验的基础上，经过多年的调查、评估，反复的分析和研究，才最后定稿，于2000年年底由北京大学出版社出版。我曾多次主持并参与研讨会，深感这两个大纲编写组工作认真负责，大局观和钻研精神均很突出，最终产品确实体现了他们事先设定的“科学性、先进性、可行性和可操作性”[①] 的目标。我们在与阿拉伯国家与西方国家有关阿语专业院系的交流过程中，可以明显感受到这两份大纲是很值得称道的学术成果，它反映了改革开放30年里，中国阿语学科堪称一流的外语教学水平，也是中国阿语教师通过团队合作、协力攻关所完成的一个成功案例。

另外一个案例是我主持并参与编写的《当代阿拉伯文学词典》。20世纪80年代，是我国改革开放的发轫阶段，外国文学作品受到广大读者的青睐，阿拉伯文学译作也广受欢迎。北京、上海、南京、长沙、武汉等地出版社均十分活跃，不断向阿语工作者组稿、约稿，其中尤以李景端同志负责的江苏译林出版社最令人难忘。景端同志兼有出版家和学者两种气质，不但善于发现、发掘优秀的外国文学作品，而且独具慧眼，常能从学术视角和发展眼光规划课题。他在组织出版了一批又一批脍炙人口的外国文学作品后，又提出了出版当代外国文学词典的构想。我被委托编写阿拉伯文学词典。说实话，这可是一项难活、苦活。因为阿拉伯国家书店、图书馆虽然很多，但却找不到一本可以充作蓝本的工具书，我的印象是阿拉伯方面实际上从来没有编写过这一类的辞书。因此，我组建的团队除了阿语工作者，还邀请了俄语系的陆文昌老师。我拿出在埃及进修期间向埃及文化最高理事会索讨带

---

① 基础阿拉伯语教学大纲研订组:《高等学校阿拉伯语教学大纲》，北京大学出版社2000年版，第4、第216页。

回的一大摞阿拉伯作家、文学组织的油印资料，作为基础，又发动大家“向阿拉伯国家出版的文学史、文学评论集、文集、诗歌集甚至报刊杂志中去搜索，也同埃及、叙利亚等国的文学组织联系，取得了一些资料”。特别难能可贵的是，陆文昌老师“一页页地翻阅苏联出版的《简明文学百科》，从中摘出有关阿拉伯国家的文学词条，编译出来，我们再根据阿拉伯文的零星资料尽可能进行核对”。[①] 花了好几年时间，才完成出版。薄薄一本书，共选收了726条目，算是达到出版社要求的“条目七八百条”，但篇幅不大，仅25.6万字，不够这套系列词典规定的每种40万字标准。十多年后的新世纪初期，我在参与埃及文化最高理事会举办的几次研讨会上，著名作家邵基·贾拉勒曾不止一次建议要与我合作重编这本词典。然而，我的工作重心已不在文学领域，重编还得从国内选人将中文条目译成阿文，有没有人愿意做，我有没有时间逐条核对审校，都是问题，因而只能含糊地应对过去。这次编写文学词典的经历，留给我的感受是，开展阿拉伯领域即便是与语言有密切联系的文学研究，仅有懂阿语的专家是不够的，要想有所成就，看来还得借重、依靠其他学科的行家里手才行。

我的这种体会，在转到科研院所工作后，变得更加深切而强烈。阿拉伯学科的团队建设，一直存在着教学队伍比较整齐、规范，科研队伍则参差不齐、相对薄弱的状况。要走学科内涵发展的道路，面临的突出问题，是要加强科研队伍的建设；中东研究重点基地的发展，要达到教育部规定的科学研究、人才培养、学术交流和资料信息建设、咨询服务、深化科研体制改革五大目标，要解决的核心难题之一，也是学术队伍建设。我自80年代承担教育部七五重点项目“中东文化研究”以来，就提出过要建设中国的中东学、阿拉伯学、伊斯兰学等学科的设想，主持过与东北师大林志纯教授领导的世界古典文明史研究所研究生们的合作，编写出版《人类早期文明的“木乃伊”——古埃

① 朱威烈：《当代阿拉伯文学词典》，译林出版社1991年版，第2页。

及文化求实》[①] 一书，但却没有明确的意识，去组建相对稳定持久的中东研究学术团队，更谈不上制订规划、落实资源和确定运作机制了。改革开放30年中，我最感欣幸的是经历了教育部倡导建立高校重点研究基地，这实在是中国高校哲学社会科学发展史上的一项重大制度创新，它使大学文科教师多少年来企盼潜心从事科研、为学科发展添砖加瓦甚至尝试学科创新的夙愿，有了能够得以实现的资源和时空条件方面的保障。我所在的阿拉伯语学科和中东研究所，正是凭借了重点研究基地这个平台，在教育部社科司和学校领导的大力支持和帮助下，通过引进和培养人才，才逐步构建起了学术团队，其中有阿语专业毕业的博士教授，也有国际政治、国际关系等专业出身的专家学者，人人都承担着国家社科或省部级科研项目。虽然从团队规模、水平、贡献等方面看，还无法与文史哲、政经法那样历史悠久、积累深厚的大学科相提并论，在外语学科中，与英、俄、法、德、日等二级学科相比也存在明显差距，但聊以自慰的是，阿语学科和中东研究经过改革开放30年的努力，已经在向兄弟学科、兄弟基地学习看齐的过程中，开始步入科学发展、循序提高的轨道，并不断地在推动阿语学科与国际关系两个博士点学科的相互交叉渗透，以争取形成特色，能跻身于新兴学科行列。

三、抓机遇，迎挑战，再上新台阶

改革开放这30年，是1840年鸦片战争以来，中国近现代史上最美好的岁月，不仅仅是没有发生战争、内乱，没有人为地搞各种运动瞎折腾，更重要的是以邓小平理论、“三个代表”重要思想和以人为本的

① 汉尼希、朱威烈等:《人类早期文明的“木乃伊”——古埃及文化求实》，浙江人民出版社1988年版，第1—4页。

科学发展观为指导构建起来的中国特色社会主义的核心价值体系，深得党心、民心，使广大知识分子能够心情舒畅地学习、工作和生活，自主自在地做人、做事、做学问。抚今思昔，像我这样的老教师，能不感慨系之！48年前，我考入北大东语系，得遇名师授业，自是一件幸事；而今，我所学的阿拉伯语专业，竟能忝列国家重点（培育）学科、市重点学科，并支撑起了中东研究的重点基地，更是我青年、中年时期从不曾也不敢想象的事情。然而，俗话说“人逢喜事精神爽”，我客观上似应感到“爽”，主观上却只觉得高处不胜寒，精神压力很重。

在全国哲学社会科学中，阿语学科不论从哪个角度看，总是一个小学科。我们虽已确定要走学科内涵发展的道路，但是否真的能做大做强，能符合国家当前发展阶段正大力倡导的“创新型”、“国际化”要求？从阿语教学与研究看，全国已有近30所高校开设了阿语专业，师资队伍情况差别很大，有的高校阿语系连一名具有硕士学位的教师都没有。重点高校的教师队伍情况较好，年龄、学历、职称结构都已趋合理，但普遍存在教学负担过重的现象，要他们抽出时间研究一些语言学、文学的理论问题，还确实不易。从中东区域研究看，也仍然存在着两大明显差距。一是在研究队伍、学术成果的数量与质量、对国家的贡献和拥有的社会影响等方面，还远赶不上国内高校的美国、欧洲、俄罗斯、东南亚、东北亚等兄弟基地的水平；二是与美欧等西方国家的东方学中的中东研究、伊斯兰研究相比，在学术积累、研究方法与理论、基础研究与应用研究的结合等方面，特别是他们的区域研究中心除拥有对象国语言专家之外，还有“历史学家、地理学家、经济学家、社会学家、社会人类学家、政治学家”，还“能供作试验田，为跨学科或多学科的研究进行有益试验”，“能有效地致力于汇集各种地区的完整资料……建立社会科学和有关资料的‘世界图书馆’

（这应是指专业数据库）”，[①] 都有很多值得我们认真学习、借鉴之处。因此，阿语学科和中东研究首要的也是长期的任务，应是学习，学习借鉴国内优秀学科、兄弟高校重点研究基地的好经验、好做法，通过博采众长，以弥补自身的不足，并跟上时代发展的步伐。

我们知道，国家重点学科和重点研究基地，要想守成，静态地去追求“保住”，是做不到的。因为，中国哲学社会科学正处于发展繁荣时期，政治、经济、文化、社会等领域的新问题、新任务不断出现，迫切要求理论界、学术界及时作出回应；而教育部和省市领导部门也都会依据有关规则、标准，定期不定期地对高校学科和研究院所进行检查、考核或评估。重点的身份决不是终身制。2008年7月30日，我有幸参加教育部社科司在珠海召开的“关于实施2008—2012年高校哲学社会科学繁荣计划”的征求意见座谈会，既听到了部、司领导和与会高校领导、专家的许多真知灼见，深受启发和振奋，又明显感觉到，在党的十七大明确提出要建设创新型国家和把中国从人力资源大国建设成为人力资源强国战略看，教育部及其领导下的重点高校责无旁贷地应该发挥领头作用和骨干作用。在这份新的繁荣计划草案里，教育部社科司提出了一系列富有创新意义和前瞻性的哲学社会科学建设目标和建设内容，对学科建设和科研工作的要求更高了，创新型和国际化的导向十分清晰。这意味着，各学科和重点研究基地正面临着新一轮的发展任务，同时也已置身于新一轮的学科建设和重点基地建设的竞赛之中。从我们的实际情况看，第一期哲学社会科学繁荣计划的有些目标还未达到，现在又将面对第二期繁荣计划中更新更高的要求，心里总不免惶悚。但从大环境看，这些具体任务构成的挑战，与当前教育部已经推出的“211”三期工程、第二期哲学社会科学繁荣计划和正在制订的2020年前的国家中长期教育发展规划纲要所提供的发展机

① 联合国教科文组织：《当代学术通观·社会科学卷：社会科学和人文科学研究的主要趋势》，周忠昌等译，上海人民出版社2004年版，第195页。

遇相比，显然仍是机遇大于挑战。看来关键在于各学科负责人及其团队是否有意识、有能力、有办法抓住机遇，应对并化解挑战。当前，就重点学科和重点研究基地建设而言，单凭个人或少数人，恐怕已难胜任，重要的是得具有国际化视野，尽量做到集思广益、群策群力，并不断及时地推动体制机制性改革。

另外，要虑及的是国务院学位办的学科分类是否会有变化。2006年时，网上曾经公布过拟议中的新学科目录，现在的外国语言文学一级学科，将分划成语言学和外国文学两个一级学科。其中，外国语言与中国语言、应用语言学、社会语言学等都属于拥有博士授予权的二级学科，英语、俄语、德语、法语、日语、东方语等均降为三级学科，而阿拉伯语只是东方语下的一个分支；外国文学一级学科下面的二级学科，有英美文学、俄罗斯文学、日本文学、东方文学等，阿拉伯文学也只够得上是东方文学下属的三级学科。如此一看，阿拉伯语言文学的二级学科地位就将不复存在。但是，我们也看到，在这份新的学科目录中，国际问题研究被列为一级学科，下面二三级学科则还未确定。而且，在《国家哲学社会科学研究“十一五”（2006—2010年）规划》的附件《“十一五”时期各学科重点研究方向和重点研究课题》中，国际问题研究也是与哲学、政治学、法学、社会学等并列的一级学科。这就使我们萌生希望，中东区域研究也许会与美国研究、欧洲研究、东南亚研究、东北亚研究等一起，列为隶属于国际问题研究的二级学科。国务院学位办新的学科分类目录虽还在未定之天，但未雨绸缪，抓紧阿拉伯问题、中东问题研究，加强学术团队建设，进一步提高理论水平和政策水平，总不会有错。正因为此，我们今年申报教育部“211”三期工程的项目名称，叫“中国特色阿拉伯学—中东学建设”，设计了阿拉伯语言文学文化研究、中东—伊斯兰研究、中阿合作论坛与中国中东政策研究这样三个方向，指导思想是学科发展必须结合中国特色社会主义现代化建设的需要，必须围绕国家发展战略，针对学科发展前沿、重大理论和实践问题，统筹国内政治和国际政治两个大局，促进教学与科研、基础研究与应用研究的协调发展，使学科水平从接近到符合“服务国家目标，提高建设效益，完善制度机制，建设一流学科”的教育部标准。这项建设项目近日接到通知已获评审通过。在我看来，它就是在改革开放30年期间形成并已取得初步成绩的阿语学科和中东研究基地的一个新起点。眺望新征程，任重而道远，理想目标与现实条件之间，还有很大差距。唯望国内的同行同道特别是中青年学者能认同本文中有关阿拉伯语学科和中东研究的一些见解和设想，愿作同声之应。我期盼着大家协力同心一起来推动中国阿拉伯学、伊斯兰学、中东学建设，使之再上一个新的台阶。

四、结语

改革开放30年，是新中国抓建设、谋发展、实现和平崛起最重要的历史阶段。我一生为之奋斗的阿拉伯语学科和中东研究事业，也随同中国哲学社会科学的繁荣发展，取得了前所未有的进展。作为一名在高校工作40多年的老教师，自然经常会有一些人生感叹或人生感悟。苏轼感叹世事无定、人生短促，在《念奴娇·赤壁怀古》中感言：“人生如梦，一樽还酹江月。”现在，时代不同了，生活在为争取中华民族伟大复兴时期的中国知识分子，想来大都不会如此消极，也许说“人生如歌”或“人生如曲”要更平和与确切些。因为，歌或曲乃取决于作者想朝哪个方向去谱写，能反映人的主观意愿。我已步入老年，但还在岗在编，须仍持入世之想。我由衷地为阿拉伯语学科和中东研究的30年发展感到欣慰，但也清楚地看到，这只是这项事业的初创，要达到欣欣向荣的局面，还得仰仗一代又一代同仁们的矢志奋斗。

知难而进 磨杵成针[①]

国少华教授申报国家社科基金课题“阿拉伯语与阿拉伯—伊斯兰文化研究”获准立项，我大概是较早听到消息的人之一。当时最直接的反应，一是题目确属重要，理论意义和现实意义都很突出；二是项目涉及的内容和范围很大，像个头绪纷繁的大工程，从启动、实施到竣工，步步都有艰难。多少年过去了，其间，不时听她谈起破题布局的构思，蒐集资料的历程，或讲述化解重点难点的设想，融会研究方法的尝试。国老师的勤奋好学、执著钻研，在国内阿语教师中声名素著，难在是一贯的。31年前，国家教委在“文革”后第一次派遣出国进修教师，她与北大仲跻昆老师、我等六人同赴开罗大学学习两年。仲老师和我年龄稍长，当时就对她的好学好问，留有深刻印象。期满回国后，她在北外潜心从事语言教学和教材编写，逐渐形成了对阿语语言学的深厚积累。1997年时，我曾有幸拜读她第一个获得国家社科基金资助的项目《阿拉伯语词汇学》书稿，深感她依然保持着锲而不舍的精神，在阿语专业领域的造诣已属不凡。这一次，尽管她承担的项目超出了单纯阿拉伯语的知识范畴，需要有其他人文社会科学的学术支撑，但我却相信，凭藉她矻矻穷日的进取之心和求索态度，她是

① 本文是国少华所著《阿拉伯—伊斯兰文化研究——文化语言学视角》之序，时事出版社2009年版，第1—4页；载于《回族研究》，2010年第2期，第132—134页。

能够修得正果、如愿以偿的。

而今，看到她的项目已经通过专家评审，评价得分均高，不啻是交出了一份令评委满意的答卷。她本人的喜悦，自不待说，作为一名同行，我也深感欣喜，且很钦佩，因为将阿拉伯语与伊斯兰教信仰结合起来，阐述阿拉伯民族文化的核心价值要素，确实是中国特色阿拉伯学、伊斯兰学建设必须正视并得作出回应的任务之一。大家知道，阿拉伯语作为中国高校设立的一门专业，已有60多年历史了，它的主要功能，一是作为专业，要开设有关听说读写译技能训练的课程，并传授有关语言、文学等学科的基本理论知识；二是作为工具，通过它去了解阿拉伯国家的社会、政治、经济、历史、文化等情况，用于对内的介绍、研究和对外的沟通、交流。国少华老师在书中说："阿拉伯语是22个阿拉伯国家与地区的官方语言，是联合国的工作语言，也是世界上超过10亿的穆斯林的工作语言"，但在我国的哲学社会科学林林总总的学科和专业中，却始终被称为"小语种"、"少数语种"，是一个小专业、小学科。原因在于阿拉伯语教学科研的本身，尚未同使用它的22个阿拉伯国家与地区在国际政治和国际关系中的地位与作用、同那里蕴藏的与中国国家发展战略直接有关的油气资源和广阔市场、同语言所反映的世界最重要的文明体系之一的伊斯兰文明体系等宏大深刻的内涵，建构起有机的紧密联系来。从实际情况看，国内发表的阿拉伯国家和伊斯兰教研究的论文和专著，作者通晓阿拉伯语的并不多，而掌握阿拉伯语的学者，其科研成果则主要集中在纯语言文学领域，涉及其他人文社会科学的论著，又一般不会把语言作为研究对象。正因为此，国老师借助她的语言优势，通过跨文化交际学、文化语言学等研究方法，将语言与文化结合起来，做历史的系统的考证和比较研究，明确提出："阿拉伯—伊斯兰文化核心价值观中最基本的因素，是阿拉伯民族意识和伊斯兰教信仰。阿拉伯语是伊斯兰教的载体和阿拉伯民族精神的体现，是维系阿拉伯民族最根本的纽带，是民族文化认同的最典型标志。"这无疑是深中肯綮的判断，也是很具创新意蕴的见解。

本书的写作过程，正值“9·11”事件发生后时期。一方面是布什政府把中东伊斯兰国家列为美国全球战略的重点，接连发动了阿富汗战争、伊拉克战争，继而又提出“大中东民主倡议”，其实质是美欲挟优势军力之威，迫使中东伊斯兰国家特别是其中的主体阿拉伯国家接受西方国家的价值理念，去进行政治、经济和社会的改革，以弭除它们所谓的“民主赤字”，接受它们的制度安排；另一方面，在中东伊斯兰国家内部，宗教极端主义思潮仍在蔓延，它孳生出形形色色的恐怖主义组织，不断制造破坏社会稳定和殃及无辜民众的暴力恐怖事件。处在内外高压之下的伊斯兰国家政权，无论是出于维护自身体制和安全的需要，还是为了消除西方国家盛行多时的“伊斯兰威胁论”，都有必要正面阐述当代伊斯兰社会的价值观。与此有关的，我所见到的最具权威性文件，是2007年3月27—29日在沙特阿拉伯召开的阿拉伯峰会发表的《利雅得宣言》，它在简明扼要地概述阿拉伯民族当前面临的挑战和威胁，强调必须恢复阿拉伯的团结精神、维护阿拉伯的集体安全和推进经济、社会、发展领域的阿拉伯行动之后，作出了一系列重要决定，如认真强化阿拉伯身份，优先发展教育，开展教科文领域的阿拉伯共同行动，弘扬温和、包容、对话、开放的文化，拒绝一切形式上的恐怖主义、极端主义和各种偏激的种族主义倾向……其中，有两处醒目地提到了阿拉伯语，一处是:“阿拉伯主义并不是一个种族主义概念，而是一种统一的文化身份。阿拉伯语承担着这种文化身份的载体和遗产守护者作用，它是一种建立在精神、道德、人文价值理念上的共同文明框架……”；另一处是：要“开展广泛的阿拉伯语译事活动，加强阿拉伯语进入通讯手段、新闻媒体和因特网等各个领域和科学技术方面”。可见，在阿拉伯国家领导人的视阈中，阿拉伯语乃是他们的国家核心利益和核心价值观都不可或缺的重要组成因素，其根本原因是阿拉伯语反映了阿拉伯—伊斯兰文化的本质，是阿拉伯民族兴衰荣辱命运的历史见证。国少华老师能高屋建瓴地运用文化语言学的方法切入课题，研究语言与文化之间的相互关系，不仅有助于人们能透过纷乱复杂的阿拉伯国家矛盾、动荡、冲突、战乱等报道，较清晰地窥得阿拉伯—伊斯兰文化的堂奥，而且也会感受到，在经济全球化深入发展、国际体系处于转型过程中的当代，阿拉伯国家实际上也面临着一项严峻的共同任务，即重新确定和构建符合自己历史传统又适应时代进步的核心价值体系。从这个意义看，国老师的专著无疑是应时交出的一部力作。

本书的上编是按历史纵轴全面阐释阿拉伯—伊斯兰文化的产生、衍变和发展的全过程，包含了这一特色文化的来源和组成部分，成就和影响，繁荣、衰落和复兴等内容；下编篇幅大于上编，如果说文化语言学反映的是从文化到语言、语言到文化的双向研究，那么，拥有第四、五、六、七、八共五章的下编，不但这种双向的影响研究特点展现得较充分，而且还有以文化为背景对语言现象作出的诠释和分析。下编凸显出作者的语言教授身份——她对词汇、词语、语法、修辞的学养、驾驭和应用，这对像我这样懂得阿拉伯语的读者，自然富有启迪和教益，至少可供借鉴和参考，即便是不曾学过阿语的人，读后似也可感受到，历经一千四百多年形成并不断发展的阿拉伯语，始终与阿拉伯民族波澜壮阔又跌宕起伏的命运相伴而行，它与阿拉伯—伊斯兰文化相互交织、相得益彰的关系，既充分反映了阿拉伯人的思维方式和生活方式，又是我们了解和识别阿拉伯国家核心价值观的重要依据。

冷战结束以来，阿拉伯国家在剧烈的国际风云变幻之中，始终是热点问题的频发之地，以它们为主体的伊斯兰文明体系也越来越受到国际社会的高度关注。因此，研究、厘清伊斯兰国家的核心价值观，实际上已经成为国际问题研究学界难以回避的重要课题。我们曾经设想，从《古兰经》、圣训的原典文本着手，或通过对阿拉伯经典著作的解读，或选择几部具有影响的当代人文社会科学专著来进行分析，以尽可能全面准确地作出描述。现在，国少华老师在这一方面是走在我们前面了，她奉献给读者的这本专著，直截了当地经由语言这个文化的核心要素，展开了对阿拉伯—伊斯兰文化的阐释。这种眼光、勇气、能力和水平，不但值得肯定，而且也令人佩服。

最后，还想指出的是，国少华老师为了撰写这本专著，曾到处询问、蒐集资料，还专程到阿拉伯国家去访问，买书、复印，与教授们座谈。更难能可贵的是，她从研究工作的需要出发，花了不少时间去阅读、钻研社会心理学、宗教社会学等相关学科著作，努力使自己的阐述论证中规中矩、合乎规范。似可以说，随着这本专著的完成，国老师也实现了一次“华丽的转身”，由一位长期从事阿拉伯语言教学的教授，转向了研究阿拉伯—伊斯兰文化的学者。现在，国内学习、懂得阿拉伯语的师生中，正在不断涌现出重视并从事阿拉伯问题研究的有志之士，这是非常令人鼓舞的现象。我谨希望，本书付梓问世后，国老师和阿语同仁们能继续磨杵不辍、积微成著，为中国特色的阿拉伯学、伊斯兰学建设作出贡献。

创建传统，彰显特色[①]

——新中国阿拉伯语专业一甲子谈

新中国高校阿拉伯语专业发展建设60周年了，这是中国阿语专业走出传统宗教语言范畴，与国家政治、经济、文化、社会建设紧密结合，为中国外交、中国改革开放需要服务，正式成为中国外语教育的一个组成部分并不断拓宽学科内涵的60年。我自1960年进入北大东语系阿拉伯语科学习至今，在几近半个世纪的漫长岁月里，始终没有离开过或作为专业或作为工具的阿拉伯语。它不仅是我的学术出身、一种身份，贯串着我的教学研究生涯，而且也是我为祖国效力、为社会服务的一项事业、一个重要的工作领域。

光阴荏苒，逝者如斯。静时抚今追昔，感念之人甚多，感触之事也不少。倘若就阿语专业的发展谈点憬悟所得，结合当前实际，想到的有两点，那就是既要保持并发扬重需要、重质量的传统，又要坚持并珍视学科的交叉融合、开拓创新的特点。

中国高校阿语专业历经60年的发展，应该说已经形成了自己的传统，其突出的要点，一是始终重视适应需要，二是讲求提高质量。作

---

① 本文载于《阿拉伯世界研究》，2009年第5期，第3—9页；庄智象主编：《中国外语教育发展战略论坛》，上海外语教育出版社2009年版，第317—330页。

为高校一门新兴的外语专业，阿语教育的发轫、发展，都离不开中国外语教育发展的需要，离不开新中国建设的需要。

一、中国阿拉伯语专业的发展历程

现在，大家都已公认，中国高校设立阿拉伯语专业，乃始于“1946年，迁至云南的北京大学文学院院长汤用彤教授筹建东方语言文学系，经向达教授和白寿彝教授推荐，马坚被聘为北大教授，在东语系开设阿拉伯语专业”。[①] 至于北大为何要建阿拉伯语专业，我是近年看到《中国近现代外语教育史》才恍然的。此书在“西南联合大学”一节中，提到了时任该校外国语文学系教授的冯至先生《关于调整大学中文外文二系机构的一点意见》一文，文中同意“闻一多等提出的把中国文学系（文学组、语言学组）与外国语文学系，改为文学系（中国文学组）与语言学系（东方语组、印欧语言组等）”。冯先生说：“将来的语言至少要有两组：印支语言组与印欧语言组；如果有阿拉伯语，则须设有闪含语言组……”[②] 可见，起意、考虑开设闪含语言、阿拉伯语等东方语的，乃是源自历时仅九年（1937—1946）却在中国教育史上留下辉煌一页的西南联大，出于那些学贯中外、举国闻名的教授对中国高校外语学科建设的前瞻性创见。这也印证了季羡林教授后来的回忆：“东方语言文学系的创办，完全是因缘和合的结果。大概北大早就有建立这样一个空前未有的学系的想法。”[③] 到1946年，合乎西南联大教授和校院领导办学标准的人才终于出现。一是已在德国学成的季羡林，由陈寅恪教授向北大校长胡适、代校长傅斯年、文学院院长汤

① 李振中:《学者的追求·马坚传》，宁夏人民出版社2000年版，第104页。

② 李传松、许宝发:《中国近现代外语教育史》，上海外语教育出版社2006年版，第159页。

③ 蔡德贵:《季羡林传》，人民出版社2000年版，第305页。

用彤几位先生推荐，到北大任教；二是马坚，由汤用彤院长出面延聘，让他随同在昆明的北大师生一起抵北平，在北大东语系开设阿语专业，从而开辟了中国阿语教育的新时代。

上述阿语进入中国高校教育体制从缘起到落实的过程，反映了以西南联大教授为代表的中国知识精英的学术视野和办学理念。当时西南联大外文系的课程，以英语和英国文学为主，但也为本系和全校各系开设第二、第三外语，包括法语、德语、俄语、日语，此外还开设过梵文、拉丁文、希腊文作为选修课程。闻一多、冯至等先生提出办东方语、印支语、阿拉伯语、闪含语等设想，应该是基于他们对中国高校外语学科发展和学术研究的需要考虑，之所以能在1946年变成现实，是因为胡适、傅斯年、汤用彤等校院领导认同这种需要，给予了支持。只是阿拉伯语专业初创的几年，正处在解放战争时期，其困难和艰辛是不难想见的。

中华人民共和国成立前后，阿拉伯语专业随即出现发展机遇，这与时任中共中央副秘书长、中宣部副部长的胡乔木（1912—1992）直接有关。据季羡林教授回忆，1949年春夏之交，他收到当年清华同学胡乔木的信，说“现在形势顿变，国家需要大量的研究东方问题、通晓东方语文的人才。他问我是否同意把南京东方语专、中央大学边政系的一部分和边疆学院合并到北大来。我当时就同意了。于是，我们这个全校最小的系，一变而为全校最大的系”。[①] 季老把这个消息称为“一件天大的喜事”，“一个好机会仿佛自天而降”。对阿语专业来说，合并的结果，是形成了一支全国一流的师资队伍，使招生、教学等学科建设工作都步入了正轨，开创出一个蓬勃向前的发展局面。另一次也是季老追述的：“我的清华老同学胡乔木同志去看我。他告诉我说：‘请你转告马坚先生，毛泽东先生看了他那两篇文章《穆罕默德的宝剑》和《回民为什么不吃猪肉》，写得很好，增强了汉回两族人民的团结。请

① 蔡德贵：《季羡林传》，人民出版社2000年版，第323—324页。

你向他表示谢意。’由此可见，马坚先生在解放初期的中华民族大团结中所起的重要作用。”[①] 季老没有说胡乔木去看他的具体时间，从谈话中提到的马坚先生的两文看，前者在1951年1月19日《光明日报》上发表，后者刊登在1951年3月20日的《人民日报》上。胡乔木的口信，当在1952年全国高校院系调整之前，传达的是党和国家最高领导人的看法。用今天的视角看，是作为学科带头人的马坚教授，他的研究成果，做到了统筹国内国外两个大局，符合当时国家方针政策的需要。

从建国初期至“文革”之前，国家的这种需要，在国家领导人的讲话、指示和教育部门的规划、纲要等制度性建设文件中，都有明确突出的反映。周总理在1956年1月14日《关于知识分子问题的报告》中，提出“必须扩大外国语的教学，并且扩大外国语书籍的翻译”。[②] 这是在建国初期“全面学习苏联”、大规模发展俄语教育后出现的一个转折点，使西方语言（尤其是英语）、日语、阿拉伯语等外语教学立即受到了应有的重视。此后，为适应国家对外语师资和外交外事人才的迫切需要，周总理、陈毅副总理利用各种场合，特别是到外语院校去讲话，反复强调要下苦功夫学好地道外语，“能够讲很好的英文、俄文、法文、西班牙文、阿拉伯文或其他语文，使他们能够写、能够说、能够翻译、能够利用外语作各项学科的研究，把外国有用的经验介绍进来……把中国社会主义建设好，把中国建设成为世界上第一流的强国”。[③] 可以说，那时学习外语，属于国家急需的教育工程之一，对学生来说，也是一项重要而光荣的使命。

随着中国对外交往的迅速拓展，在国家领导人的持续推动下，1964年10月，高教部会同其他部门制定了《外语教育七年规划纲要》。这不仅在当时是一份重要的指导性文件，而且对今天的外语教

① 季羡林:《在北京大学马坚教授诞辰九十周年纪念会上的讲话》，1995年6月9日。

② 《周恩来选集》（下卷），人民出版社1984年版，第186页。

③ 李传松、许宝发:《中国近现代外语教育史》，上海外语教育出版社2006年版，第237页。

育，仍具有重要的借鉴意义。《纲要》在回顾总结新中国外语教育成绩经验的基础上，明确提出了专业外语与公共外语、学校外语与业余外语、高校与中学的语种比例与规模以及提高质量等四个方面的方针。其中的量化指标十分具体，提出的举措也很务实，从而有力地推动了各高校和各语种外语教育的制度化建设，明确了各自的任务目标和规范要求。

在这样的形势背景下，阿语专业的发展也获得了前所未有的机遇。教学点数量增加，先是1954年成立的北京外贸学院，接着是外交学院、上外、北外、解放军外语学院、北语和北二外，到1964年都设立起了阿语专业；毕业生的需求面，从外交、教育部门迅速扩展到经贸、文化、新闻、出版、科研等许多领域，始终处于供不应求的状态。为此，在上述《纲要》中，明确指出学习阿语的人数要适当增加，到1970年，全国的阿语教师应补充180人，足见国家需求阿语人才之迫切。

关于教育质量，则更是国家领导人和《纲要》等教育部文件始终予以高度关注、不断强调的重要目标。周总理指示外国语学院的办学要向“多语种，高质量”发展；陈毅副总理分管外交，对外语教育一直抓得很紧，讲话也最多。他在外语院校作报告时，提出“要学习地地道道的外语，达到文从字顺的程度”，“必须经过一番艰苦奋斗，废寝忘食，要不怕奇寒盛暑，大冷大热，都要奋斗，才能学好”，“古时候大学问家孔夫子读书‘发奋忘食’，董仲舒‘三年不窥园’，达摩祖师‘面壁九年’，我们要学习他们这种求学问的精神”。[①]《纲要》则进一步对毕业生掌握的词汇量、听说读写的能力等，作出了具体的规定。

事实上，20世纪五六十年代，折腾人的政治运动接连不断，哲学社会科学还根本谈不上什么解放思想、繁荣发展，只有外语教育可算

---

① 李传松、许宝发:《中国近现代外语教育史》，上海外语教育出版社2006年版，第223、第241页。

是其中得天独厚的一枝，原因是国家对外关系的迅猛发展急需通晓外语的人才。尽管当时的需求主要侧重在技能方面，但对外语学科的基础教学毕竟具有巨大的推动作用。阿语专业的发展也因此在起步阶段就奠定了扎实的语言基本功基础，并形成了重视国家发展需要、重视教学质量的良好传统。“文革”前，我在北大上学，对教师们的敬业负责和同学们的刻苦好学，一直留有深刻印象。之后与其他高校的师生们来往，获悉的情况也基本相同，“急国家所急，想国家所想”，“练好基本功，掌握地道外语”，是当时阿语专业的普遍价值取向，也是中国高校阿语专业传统中的重要内涵。

这种传统即便是在狂风恶浪的“文革”期间，也仍然沿袭了下来。那时，多亏周总理还在，他凭藉自己的世界眼光和国家责任感，不仅千方百计竭尽全力保护、保存了“文革”期间毕业的9500余名外语毕业生中的大多数，而且抓住了我国恢复在联合国的合法席位和尼克松访华两件大事，直接推动了部分外语院系恢复招生和派遣留学生的工作。

我在那时，曾教过1972年起开始招收的工农兵学员和办在安徽凤阳的外语培训班。他们入学时，我正在法汉词典组翻译《阿拉伯马格里布史》，不归系里管。听说是第一届工农兵学员曾向系里反映，要求我去上课，系里看到第二届两个班又将进校，人手确实较紧张，遂把我调回系里。工农兵学员学制三年，其间包括下乡下厂劳动，整段整段的政治学习，实际学习专业时间还不到二年半。然而，他们大都很好学，也很尊重老师。我教工农兵学员的第一年，正碰上大批重业务、轻政治的所谓“修正主义思想回潮”。班里有个学生把我当作对象，去向系里告状，还准备贴大字报，结果遭到全班同学的痛斥和阻止。我至今对当时受到的这一难得的保护心怀感激。接着，我时隔五年后，又再次赴凤阳干校，任务虽仍是去走“五七”道路，接受贫下中农再教育，但主要是去教第一届培训班。同学们的热情真诚，特别是他们求知若渴、发奋用功的精神风貌，是我难以忘怀的。尽管干校条件简陋、劳动也紧张，但这些不到20岁的青年人，没有人抱怨叫苦，没有人懈怠厌学，因为他们知道，国家需要阿语人才，需要他们学好本领为国家效力。整整一年，我一个人要教各种课，精读、泛读、语法、会话……要编选教材，包括下煤矿劳动的辅导读物，课余还带领他们翻译了一本外文社委托的连环画《江防图》。虽然忙累，但很愉快。同学们知道我第一次下干校时因十二指肠溃疡穿孔，做过胃大部切除手术，对我很照顾，也没有人批评我“白专”或“修正主义苗子”。70年代的工农兵学员和培训班学员学习时间明显不够，学习重点只能放在听说读写的技能方面，然而，他们学得很刻苦，语言基本功不错，其中有的毕业后又出国深造或攻读学位，成为专家教授，也有的历经实践锻炼，担负起涉外部门的重要职责。因此，在这些阿语学生身上，仍然反映出服从国家需要，不断追求向上的良好传统。

改革开放的30年，是阿语专业进入规范化建设的重要阶段。学制、教学大纲、课程设置、教材编写等教学的主要环节都不断深化完善；教学研究会、教学指导组的组建，对各校的阿语专业发展，更发挥着重要的交流协调作用。阿语专业作为外国语言文学的二级学科，基本跟上了英语、俄语等同类学科的步伐，拥有了自己的硕士点、博士点，出现了博士后流动站，不少教材、论文、专著获得了省部级奖项。这些成绩的取得，应该是与阿语专业师生始终保持着适应国家发展和学科建设需要、保持着“百尺竿头，更进一步”的精神分不开的。

二、新中国阿拉伯语专业发展成就和特色

中国阿语专业教育队伍已经历了几代人。一般来说，以马坚、纳忠、刘麟瑞等为代表的20世纪三四十年代留学埃及爱资哈尔大学的老师是第一代先辈，他们艰苦奋斗，开创基业，悉心传授所学，倾力扶植后学，居功至伟，可称楷模；第二代是新中国培养的20世纪五六十

年代的一批优秀师资，如陈嘉厚、邬裕池、余章荣、李振中、归运昌、张甲民、杨孝柏、仲跻昆、孙承熙等，他们坚持教书育人，敬业奉献，与老一辈教师一起，培养了一批又一批国家急需的阿语人才，是那个时代的中坚力量；“文革”及改革开放时期毕业的阿语教师，是目前各校阿语专业的掌门人和教学骨干，其中部属重点高校的教师队伍，年龄结构、学历结构和职称结构都较合理，大都具有留学背景，视野开阔，充满活力，不但承担着今日教学科研的重任，而且肩负着未来铸造辉煌的使命。面对时代的进步和学科的变化，这一代阿语教师在推动阿语专业发展的过程中，既会有机遇，也得应对挑战，重要的是要正确识别、甄选阿语专业60年来已经形成的传统，不是照搬照抄过去的一切做法和制度，而是应秉承和发扬适应国家发展需要、努力提高教学科研质量的理念和精神，这是前人在实践中凝聚而成的经验，是值得我们珍惜并发扬光大的宝贵财富。

之所以要突出强调中国阿语专业历史传统中的亮点，是因为阿语专业与其他外语专业一样，当前都面临着建设中国特色、中国风格和中国气派的理论体系和教材体系的任务，坚持重视需要和重视质量这样的传统，无疑是建设中国特色阿语学科的重要组成部分之一。

探讨外语学科的中国特色，基本出发点，历来都是洋为中用。蔡元培说：“今后学人须具有世界知识，世界日在进化，事物日在发展，学说日新月异。”他之所以学日语，是他主张以日语为了解西方的桥梁，“因为日本翻译的西书很多，而且书价贱，能读日文书，则无异于能读遍世界新书”。[①] 在办学指导思想上，当年的西南联大提倡的是通才教育，主张加强基础知识的传授和基本技能的训练，以适应社会的需要。西南联大三校（北大、清华和南开）外文系的老师，一个共同的特点是中外文双修，大都享有学贯中西的声誉。顺便说一句，在

① 李传松、许宝发：《中国近现代外语教育史》，上海外语教育出版社2006年版，第223、第128页。

那时，印度哲学、历史、宗教、文化，也属西学之列，学贯中西亦即今日的学贯中外之谓。他们不但能娴熟地讲授外语专业的语言、文学等课程，有自己的教材、专著，而且不少人还精通中国的哲学思想、文学文化，能作中外作品、作家的比较评析，并且结集成书。吴宓（1894—1978）教授的一段话，很能代表当时外语教育的理念："外文系的学生不应满足于掌握的西方语言文字，还应了解西方文化的精神实质，了解西方思想的众多流派，并且对中国的文学、文化也要有相当的修养和研究。"这也许可以看成是开创了中国外语教育精英培养模式的先河。

在新中国60年的外语教育史上，周总理、陈毅副总理曾多次指出，外语专业要抓住三个基本功：政治思想基本功、语言本身的基本功和文化知识的基本功。在当时政治运动频仍的情况下，他们仍强调要教学生懂得外国文化、文学、历史、地理等知识。因为随着中国对外交往的迅速发展，除了要把外国的信息、情况等及时翻译介绍进来，还得准确地把中国的政策主张、成绩成就等传播出去。外事工作者若上述三项基本功不过硬，显然很难胜任工作。到了改革开放时期，党和国家领导人把科教兴国放在优先发展的战略地位，提出要学习和吸收人类文明的一切优秀成果。江泽民主席1993年4月在海南大学讲话中说："要吸收世界各国的先进科学文化知识，就必须懂外文。"在党的十七大报告中，胡锦涛主席在"推动社会主义文化大发展大繁荣"一节里，更进一步提出要"推动我国哲学社会科学优秀成果和优秀人才走向世界"。这就对外语教育提出了更高的功能性要求，外语既是专业，又是工具，是中国了解世界、实现洋为中用的工具，又是实施"走出去"战略、增强中国在海外软实力的必备条件。而在实践中，外语教育其实已经开始与文、理、农、工、医、政、法、财、经、管等学科不断地在交叉融合。这实际上是中国国际地位提升后，国家发展的需要，也是国内哲学社会科学经历了多年繁荣发展后，对外语教育学科提出的新要求、新任务。

三、对新中国阿拉伯语专业在新世纪的发展展望

进入新世纪以来，阿语专业的发展之快，颇有些出人意表。据悉眼下已有二十多所高校建立了阿语系，在校生多达千人，堪称盛况空前。这种数量增多、规模扩张的现象，无疑反映了“中阿合作论坛”建立五年多来中阿新型伙伴关系的全面发展，也表明了社会对阿语人才的需求在上升。但我们也应看到，设立阿语专业的高校，情况很不相同，其中有部属高校，地方“211”大学和一般地方高校，也有民办院校。遵照温家宝总理在《百年大计，教育为本》一文中提出的高等教育办学理念：“从长远看，我们不仅要不断扩大高等教育的规模，满足群众对高等教育的需求，更重要的是要提高高等教育质量，把提高高等教育质量摆在更加突出的位置”；“高校办得好坏，不在规模大小，关键是要办出特色”，[①] 各校的阿语专业恐怕都得从本身的情况出发，明确自己的目标和角色定位，在彰显特色的过程中，逐步实现分类转型。

依我浅见，当前的高校阿语专业，大致可分成两类。一类是创建阿语专业已长达四五十年的高校，它们大都是部属高校或“211”大学，亦即重点大学，师资、图书资料、课程、教材、学位点、对外交流等资源较充足，理应承担“提高”的重任，重点培养高校师资、高级翻译或复合型人才（如双语、阿语加专业等）。是否能像前述西南联大那样，开展精英教育，出拔尖人才、一流人才、创新人才？这取决于在未来对学科布局、专业设置、教学方法进行改革的过程中，阿语专业及所在高校能否借鉴国外先进经验，结合我国实际创造性地加以运用，做到学术发展与人才培养的紧密结合。

大家知道，解放初期“学习苏联后重点发展单一的外语学院”，当

---

① 温家宝：《百年大计，教育为本》，《解放日报》，2009年1月5日。

时是出于应急需要，但“单一外语学科的外语学院在发展上存在着一定的缺点和困难”，[①] 最主要的是缺失人文通识课程，不具有综合性大学内各学科之间的相互补充和交流，因而很难实行通才教育。好在国内的几所老牌外国语学院，从20世纪八九十年代起就已陆续向多科型大学发展，并依照自己的优势和特色，建立起了研究机构，今后若随着教学与科研的结合不断深化，是有可能首先在研究生培养层面逐渐接近精英教育模式的。只是，与其他外语专业相比，目前阿语专业的制度性建设尚显滞后，如水平考试的开展远落后于其他语种，且程序性规范也还有待完善。事实上，水平考试和题库建设是中国特色外语教育在完成全国专业外语基础阶段和高年级教学大纲之后，积极推出的又一重大步骤。它不仅关系到教学方法的改革和教育质量保障体系的构建，而且也有利于减轻教师负担，使他们能有较充裕的时间去从事一些科研工作。对重点高校的阿语专业而言，本文前面提到的“国家需要大量的研究东方问题、通晓东方语文的人才”一段话，尤应值得重视和铭记。因为，阿语专业在中国哲学社会科学的广博门类中，总是一个小专业，但作为一个大国，我们面临的研究在国际体系转型和国际格局变化中，作用和影响均趋上升的阿拉伯问题，却已越来越显迫切和重要，其内容和领域也越来越丰富和广泛。因此，统筹兼顾阿语教学和阿拉伯问题研究，无疑是承担中国阿语教育的重点高校责无旁贷的任务，也是必须彰显的重要特色之一。

第二类是近年才设立阿语专业的高校，其中有地方高校、“211”大学，也有民办院校，它们办学目的大都是基于中阿经贸往来日趋频繁，看好阿语毕业生就业市场；也有的是为满足回族等少数民族地区学习了解伊斯兰宗教文化的需要。这类学校的招生人数，增长得很快，可能已超过了前一类高校，但办学条件各异，水平也参差不齐。我没有调查，只能谈点希望：一是加强师资队伍建设。阿语毕竟是国际公

① 李传松、许宝发:《中国近现代外语教育史》，上海外语教育出版社2006年版，第203页。

认的难学语种，20世纪五六十年代若不是靠马坚、纳忠、刘麟瑞、马金鹏等一批饱学之士的认真引领和严格把关，又岂能培养出一批又一批合格乃至优秀的毕业生，及时满足国家的需求？听说有些高校聘有已退休的资深教授任教，这无疑是尊重知识、尊重人才的表现，因为这些老教师——其中有我的老师、同学和同辈——都拥有数十年的教学经验，语言基本功打得很扎实，能继续为阿语专业培养人才作贡献，实乃功德之举。但返聘老教师毕竟是稀缺资源，可遇而不可求。从长远计，各校还得关注在编师资队伍的结构和质量。当前，似应认真考虑控制规模和办学点了，以便腾出手来，好好抓一下队伍建设，特别是要高度重视青年教师的培养，应尽可能为他们提供进修、深造或攻读学位的机会。马坚先生曾多次比喻说，学生要舀一碗水，教师得有一桶水；学生要打一桶水，教师得有一井水。因为只有“名师”才能出“高徒”。前些年，西南一所大学办了几年的阿语专业戛然而止，只怕就与师资队伍不无关系；二是希望新办阿语专业，在当前和今后一个阶段，能扎扎实实地加强专业技能训练。学好一门外语，并不容易，要达到听说读写译五个方面的全面发展，更得勤学苦练，不下硬功夫不行，阿语尤其如此。中国外语教育历经60年的发展，走过了一段卓有成就的道路，联合国教科文组织承认中国的外语教育是世界第一流的。[1]这也包括阿语专业在内，许多阿拉伯国家的专家学者都承认，中国的阿语水平在非阿语国家中名列前茅。可以说，从第一代阿语教师开始，语言实践应用能力强，就一直是中国阿语教师的特色之一。他们除了课堂教学，还经常担负各种各样的口笔译工作，且胜任愉快。这与他们平时注重拳不离手、曲不离口的专业能力训练是分不开的。现在高校硬件都很好，但愿学风教风不慕虚荣、不尚浮华，而是沉静踏实，注意保持专业的传统特色，着重提高质量和绩效，以造福国家，惠及学生。

① 李传松、许宝发:《中国近现代外语教育史》，上海外语教育出版社2006年版，引言第8页。

四、结语

行文至此，忽闻中国东方学的大掌门人季羡林先生仙逝。他在我心中，始终是执掌治学方向之舵、把握学术智慧之珠的东方学奠基人，我们的阿语专业教学、阿拉伯问题研究，当年就都是在他领导的北大东语系里建立发展起来的。2007年12月，北大举办“刘麟瑞先生诞辰九十周年纪念会”，拿到刘慧编写的《刘麟瑞传》一书，还是季老的亲笔题签。而纵目阿语学界，去年，北外的资深教授纳忠先生也已归真，他是早年留学爱资哈尔大学、为新中国创建阿语专业的元老之一，也是第一代阿语教师中最长寿的一位。现在，回顾新中国阿语专业的60年，追思那些曾经领导过阿语专业建设、直接参与培养阿语人才的先贤先辈们，我们不但要永远铭记他们的人格魅力、学识魅力和作出的贡献，而且也应珍惜和发扬他们创建的专业传统，保持和彰显阿语专业的特色，争取在新的历史阶段，再有所创新，有所进步，使我们的阿语专业更好地为社会主义祖国的现代化建设发挥应有的作用。

坚持走学科内涵发展的道路[1]

上海外国语大学的阿拉伯语专业自2007年11月被评为国家重点（培育）学科以来，东方语学院阿拉伯语系的老师们无论是对待教学还是从事科研，主动性和热情都有新的明显增强和提高。这本经过他们认真筹划、组织编写的论文集，反映了他们主动联合系外、校外的中青年同行，从自己的专长和兴趣出发，读书思考、勤奋笔耕的历程，反映了他们与时俱进，开拓视野，决心走发展学科内涵道路的实践。这种符合重点高校重点学科发展趋势的积极变化，令人深受鼓舞。我在这里，谨衷心地表示祝贺，希望他们坚持下去，不断提高质量，逐步形成自己的特色。

我在上外这所文科大学任教已45年了。一个深切的体会是，高校社会科学的学科发展，往往得适应两种需要：一是国家经济社会发展的需要，二是学科自身建设的需要。前者是后者的前提条件，后者要符合前者的变化，为前者服务。阿语作为高校的一门专业，像外国语言文学的其他专业一样，在新中国建立以来的很长一段时间里，确定的培养目标主要是翻译工作者，亦即能从事外交外事、外经外贸和对外文化交流等方面的口语或文字翻译干部，因此，对外语的听说读写

① 本文是严庭国主编《阿拉伯学研究》集刊第一辑之序，华东师范大学出版社2009年版，第1—3页。

译的技能要求十分突出，培养出来的是一批又一批外语基本功扎实、实践能力出众的外语人才。这是新中国外语教育的重要特色和优良传统，始终值得我们珍惜和继承。

实行改革开放政策以后，中国的高等教育开始逐步进入正轨。1980年秋，我从开罗大学进修两年后回国，向当时王季愚校长汇报她在我出国前的嘱托：了解一下国外高校的教育体制、课程设置等情况。记得我当时话讲得比较重，说“只有技能训练、没有专业理论课的学校，不是大学，只是普通的语言培训学校”。事后，心里颇有些紧张和不安，怕是否又会被指责为“翘尾巴”、“只专不红”，也怕会伤了这位深受师生爱戴的资深外语教育家的感情。不料，第二天具体安排座谈会的人事处长告诉我，王校长听完我们三位“文革”后首批出国进修教师的汇报后，感到很高兴，认为今后办学就是要用这样的留学人员！王校长是老革命、老干部，当然比我们懂政策，懂国家发展的需要。她的表态，实际上预示着外语专业的学科建设，将不会仅囿于语言技能，而将向专业知识、理论和研究方法等方向发展。

改革开放政策的全面实施，标志着中国社会的转型，这也极大地推动了中国人文社会学科建设的变化。我的经历中有两件事至今留有深刻印象。一是20世纪80年代中期，我有幸拜识了国内世界史的耆宿、东北师大的林志纯教授，了解到他为创办世界古典文明史研究所，请了多位欧美专家来讲授埃及学、亚述学、赫梯学等源于中东的古代文明，从象形文字、楔形文字等教起，逐步引领学生研读历史、文学、艺术、宗教、科技等领域的专门知识。林老的创举，我内心是很认同的，因此不但鼓励系里的青年教师远赴长春，攻读林老主持的世界古代史研究生学位，而且还感到北大季羡林教授创建了几十年的东方语言系科，也有可能进入建设中国东方学的前景。只是，在商品经济大潮涌动的当时，古代文明毕竟离现实太远，是文科中的“象牙塔”，精神号召力和物质支持力都不足。后来听说，林老的世界古典文明研究所在经费、毕业生就业等方面都曾经历了一段很艰苦的时期。

二是几乎同一时期，上外胡孟浩校长继承王季愚老校长的遗愿，励志改革，勇于开拓，决心把单科性的外国语学院建设成为以外语为特色的具有多种应用文科门类的大学。我当时除担任阿语系行政负责职务外，还是院务委员会的教学科研组组长，曾受胡校长委托，与教务处处长麦毅强同志一起开展校内调研，参与了上外“七五”发展规划的制订工作。胡校长锐意改革的实践，跟上了中国经济社会转型期的时代发展需要，是上外发展史上具有重大创新意义的一页。从那时起，上外在外语学科基础上，通过挖掘师资潜力，开展国际教育交流和合作，自己培养和从外引进等多种渠道，逐步形成了经贸、新闻传播、法律等学科的师资队伍，并构建起了相应的院系。这在全国外语院校中，可谓是开创了转型的先河。对我而言，则是加深了对外语工具性功能的认识，意识到了建设中国特色东方学应重视把掌握对象国的语言文化与研究它们的政治、经济、社会等应用性明显的学科结合起来，亦即要走小学科大内涵的发展道路，才能符合国家改革开放的需要。但那时，我的主要精力还是集中在加强阿拉伯语学科的自身建设方面，首先得成为硕士点、博士点，不然会被视为“不务正业”，遭致物议。

我的记忆中，中国哲学社会科学的春天是从1995年江泽民主席提出“要在实现中国社会主义现代化的伟大事业中，加强自然科学和社会科学的紧密结合”后开始的。不久，他又将这种“紧密结合”高度凝炼地归纳为“四个同样重要”，即“在认识和改造世界的过程中，哲学社会科学与自然科学同样重要；培养高水平的哲学社会科学家，与培养高水平的自然科学家同样重要；提高全民族的哲学社会科学素质，与提高全民族的自然科学素质同样重要；任用好哲学社会科学人才并充分发挥他们的作用，与任用好自然科学人才并发挥他们的作用同样重要。”他明确指出：“我们实施科教兴国战略，包括自然科学和社会科学两个方面。”这样从国家发展战略的高度，突出强调文科亦即哲学社会科学的重要性，定性定位之高、之全面，可谓前所未有，中国哲学社会科学的建设即缘此而进入了一个繁荣发展的新阶段。

伴随“四个同样重要”决策问世的，是中国东方学的奠基人、一生淡泊名利、潜心治学的季羡林教授，作为哲学社会科学的代表性学者，受到了党和国家领导人的高度重视和肯定，成为教育界、学术界乃至全社会的楷模。那时，正值我转任上外社会科学研究院院长之职，对上述政策调整和舆情变化，感受特别强烈，只觉得方向清楚，学有榜样，已是春和景明，一片新气象，真到了可以认真读书钻研做学问的好时代。那些年，我的主要工作就是组织研究人员申报国家与省部级课题，规范研究生教学和筹划申报有关专业的博士点。20世纪末，教育部推出哲学社会科学建设的重大体制性改革创举——组建百家重点研究基地的工作，开始分批实施，上外在2000年12月获准成立隶属于国际问题研究领域的中东研究所，由我任所长。至今，我在这个崭新又充满压力和挑战的岗位上已工作了十年，一直是如履如临，不敢懈怠，因为要把国家发展的需要和教育部的有关要求，落实到基地建设的各项具体工作中去，事事都有难度。比如，每年的常规性工作之一是要制订两个基地重大课题题目，就都必须密切跟踪国际和地区形势的变化、中国外交政策的走向和中国中东研究的发展需要，并准确了解国内研究人员的实际能力，才能确定下来，然后呈报教育部获准后开展招标。光这一项任务，即非易事，需费时费力认真对待，方能顺利实施。

多年的实践，使我越来越感受到认真学习和掌握党和国家有关哲学社会科学发展方针政策的重要性。进入新世纪以来，中共中央《关于进一步繁荣发展哲学社会科学的意见》、教育部《关于大力提高高等学校哲学社会科研研究质量的意见》等重要文件陆续颁发下来，2007年10月15日胡锦涛总书记在党的十七大报告中，又提出了“繁荣发展哲学社会科学，推进学科体系、学术观点、科研方法创新，鼓励哲学社会科学界为党和人民事业发挥思想库作用，推动我国哲学社会科学优秀成果和优秀人才走向世界。”这些重要文件和指示精神，对中国的阿拉伯语学科和中东研究的发展和建设，联系都十分紧密。比如，创新意识、培养精英（一流人才）、产出精品（优秀科研成果）、思想库作用（提供决策咨询建议）、走向世界（提高国际化水平）等要求，对我们的教学研究工作，都具有很强的针对性。就此而言，东方语学院阿语系老师们群策群力完成的这本论文集，应该说是在中国哲学社会科学的繁荣发展阶段，遵循党和国家的发展需要，结合重点学科的建设标准作出的一次有益尝试，也是通过学科交叉融合探索学科创新、迈向中国特色阿拉伯学新兴学科建设的重要步伐。

严庭国院长嘱我作序，却之不恭，思之再三，只能就自己的亲身经历谈点感受，不敢说有多大启迪作用，但望同行的中青年教师和莘莘学子能珍惜哲学社会科学大发展大繁荣的大好时光，继续奋发努力，写出好论文、好作品，为学科建设不断作出新贡献，并也以此自勉。

弥足珍贵的历史记忆[①]

李振中教授6月来沪，参加我的一位博士研究生论文答辩，临行交下他撰写的留学埃及的回忆录，并嘱为序。我作为他的学生，又是此事创议者，自不敢推诿。这里不揣谫陋，试略陈管见。

李振中老师是新中国建立后，有幸遴选为首批去阿拉伯国家的留学生，是中国阿拉伯语教育史上，继20世纪三四十年代赴埃及爱资哈尔大学学成归来的马坚、纳忠、刘麟瑞等学者之后，新一代阿语专家中一位杰出的回族代表人士，也是亲历中国特色的人文外交、在埃及见证中埃建交实践过程的阿语教师之一。他从自己这几重身份出发，在书中真实、确切、细腻地描述了从1955年留苏预备生转为赴埃及留学生，到1961年开始在北大执教的五六年岁月间，他的亲眼所见和亲身感受，史实清楚具体，文笔生动感人，确是一本可读可赏的上乘之作。

李振中老师的经历之所以值得记录下来，是因为他的人生际遇颇有奇特之处——他从留苏预备生转为赴埃及留学，从一心想读电机专业变成学阿拉伯语，而且这种转折还是周恩来总理坚持“钦点”的结果，这在中国阿语教师队伍中，可谓是独此一例，很具传奇色彩。

① 本文是李振中所著《尼罗河畔的回忆——新中国第一批留埃学生纪实》之序，世界知识出版社2010年版，第18—24页，载于《回族研究》，2010年第1期，第188—190页。

这本回忆录透过一个深受学校老师和领导信任、身居社会主流的青年学子视角，较准确地反映了20世纪50年代学生、教师的思想和中国高校招生制度等情况。当时的中国社会，一方面是理想主义盛行，人们崇拜英雄模范，愿为新中国建设献身，能自觉或不自觉地服从组织的需要，接受世界观的改造；另一方面，是高度突出政治，事事处处都讲家庭出身、个人政治面貌等条件，正如书中一开始就交代明白的，连高校专业和高中毕业生政审，都分成“一般、机密、绝密”三类。因此，李振中老师若不把自己的家庭背景和高中表现细作描述，就不符合那时的现实，也违背了偶然寓于必然的规律。当然，更重要的还在于他的回族身份和生逢其时——他的人生转折，恰好发生在新中国外交史上打开对阿拉伯、伊斯兰国家建交局面的重要关头。作者身上具有的上述主客观条件和当时中国的时空背景，是他此后的人生经历和开展学术生涯的基础，也是本书的历史和学术价值所在。

这里，再稍微补充讲几句有关中埃建交前的情况。

1955年9月初，当高中毕业生李振中抵达首都北京时，二战后举世瞩目的万隆会议已于当年4月成功召开。中国周恩来总理途经缅甸前往印尼，在仰光6国会议和万隆亚非29国会议期间，他与埃及的纳赛尔总理（1954年11月14日任代总统，1956年7月7日当选总统）已有过多次接触和深入交往，达成了许多重要共识，之后，周总理便一直在运筹帷幄，具体布置推进中埃正式建交事宜，并酝酿掀起对亚非拉外交的高潮。

回顾中国外交60年的经验和成就，都会看到，中埃建交不仅在新中国外交史上具有开拓创新意义，而且也是中国特色外交的一个成功案例。新中国建立初期的1952年4月30日，周总理在一次我国驻外使节会议上，全面阐述了当时的外交方针和任务。在构建什么样的外交阵线部分，他也谈到了伊斯兰国家，说：“伊斯兰国家，我们同它们关系较少，影响也小，工作可以逐步进行。”但周总理的“逐步进行”，并非消极等待，而是一直以他外交家的睿智眼光，密切关注着中东局势变化，并审时度势开展工作，及时提出积极主张。在万隆会议上，周总理对纳赛尔说："1924年，当我从欧洲回国途径苏伊士运河的时候，埃及刚刚摆脱保护国的地位，几乎整个非洲大陆还处在帝国主义的黑暗统治之下。1954年，当我在日内瓦会议期间途径开罗的时候，埃及人民已经推翻法鲁克王朝，阿尔及利亚人民正在酝酿反抗殖民统治的武装斗争，整个非洲处在暴风雨的前夕。"正是那次在开罗停留期间，周总理向埃及报界发表谈话说："中国人民一向同情埃及人民的斗争，我愿借此机会向埃及人民表示敬意。"此后，1954年12月，埃及曾通过印度驻华大使探询派遣外交官的可能性。周总理鉴于埃及受到美国的压力，还想保持与台湾的官方关系，制定了"善待多等，多做工作，水到渠成"的方针，在坚持建交原则的同时，先发展经贸和文化关系。

在参加万隆会议的国家中，伊斯兰国家与地区有埃及、苏丹、利比亚、突尼斯、阿尔及利亚、摩洛哥、叙利亚、也门、伊拉克、黎巴嫩、约旦、沙特，还有印尼、巴基斯坦、伊朗、阿富汗、土耳其，以及代表巴勒斯坦地区的耶路撒冷穆夫提，总数超过与会国一半，它们大都对新中国的意识形态、社会制度和宗教政策等缺乏了解或存在误解。为此，周总理在发表大会主要讲稿后，又作了针对性明确的补充发言。这篇本着和平共处五项基本原则精神、结合中东国家存在的疑虑阐发"求同存异"中国理念的讲话，立竿见影地改善了会议气氛，被誉为"在亚非会议上发挥了扭转乾坤的伟大作用"。纳赛尔明确对记者说："我喜欢他的演说。"伊斯兰国家各代表团也纷纷与周总理互动交往，从而明显地增进了相互的了解和友谊。在此期间，中国代表团中的宗教事务顾问达浦生大阿訇和担任阿语翻译的刘麟瑞先生，也功不可没。周总理在补充发言中，曾特别提到"中国代表团中就有虔诚的伊斯兰教的阿訇"。他与纳赛尔的会谈，是刘先生当的翻译。刘先生是穆斯林，埃及爱资哈尔大学的留学生，是埃及代表团成员、宗教基金部部长艾·哈·巴库里的学生，而达浦生阿訇则是巴库里的校友。

这不但当时就让纳赛尔十分高兴，指示巴库里多与中方接触与交流，而且也肯定给周总理和中国代表团留下深刻印象，感受到了伊斯兰教和阿拉伯语在中东政治生活和国际关系中的重要作用。这恐怕就是李振中老师书中说“当周恩来总理知道在赴埃的八名师生中，连一名穆斯林都没有时，觉得很不合适”的原因，总理甚至还预作安排，考虑到了埃方也许会让作者和温良两位回族同学到爱资哈尔大学学习宗教的可能性，足见他对伊斯兰国家国情的重视。

周恩来总理早在1953年12月31日接见印度政府代表团时就指出，“新中国成立后就确立了处理中印关系的原则，那就是互相尊重领土主权、互不侵犯、互不干涉内政、平等互惠（后改为平等互利）、和平共处的原则”；在1955年的亚非万隆会议上，他又倡导了求同存异精神。在我看来，和平共处原则和求同存异精神不但是中国特色国际关系理论和外交学最重要的基础，而且也是我们当前研究中国人文外交，特别是对广大伊斯兰国家外交的最不可或缺的宝贵资源。大家知道，人文是指人类社会的各种文化现象，欧洲文艺复兴时期的人文主义思潮，主张的是思想自由和个性解放，肯定人是世界的中心。因此，我们今天建构人文外交概念，理应结合中国的社会主义核心价值体系，从以人为本的核心原则出发，在国际关系中弘扬民主、和睦、协作、共赢精神，尊重差异、包容多样，在践行独立自主和平外交政策的过程中，理解并尊重对方国家的民情、主流人文理念和生活方式。就此而言，李振中老师的这本著作，就提供了许多周总理在这一方面身体力行、率先示范的例证。周总理除坚持在赴埃留学生团中安排一名回族教师、两名回族学生外，还对京剧团赴埃演出文戏、武打戏发表审定意见，指示让中国赴埃留学生参与欢送埃及新闻记者代表团的宴会，明确要求留学生到埃后“一定要尊重当地的风俗习惯和宗教信仰”，对外交、外贸干部指示说：“要想立住脚，首先是尊重别人，态度诚恳，才能取得对方的信任；尊重是相互的，但我们要积极主动，因为我们是大国……绝对不允许有大国沙文主义，更不许对人家指手画脚，说三道四，干涉人家内政”，等等。他的这些指示和要求，不只是为了提高涉外人员的思想认识，而且也是明确的行为教育，即要求建立起中国外交的行为规范，直到今天，仍很富有教益，值得我们铭记和弘扬。这些内容，我想也是本书所具有的现实意义之一。

在我当年北大学习时的青年教师中，李振中老师是常令我感念的一位。说实话，学界并不比官场单纯，教师或干部的行为方式、处事风格，往往是与他（她）的政治处境、职位等级、学养高低和成就大小相联系的。记得李老师到北大任教时，堪称集诸长于一身：他英姿焕发，风华正茂，更令人歆羡的是他的政治业务条件：党员、留学生，一口流利的阿语，丰富广博的阿拉伯文学文化知识，又是回族，因而不但深受系党政领导的赏识和器重，而且与马坚、刘麟瑞等资深回族教师也很投合融洽。然而，他却不矜不伐，待人接物总是充满善意和热情，平易亲和，坦诚率直。更难能可贵的，是他始终保持着一名正直正派学者的独立见解。在这本回忆录中，从他对国内反右斗争和留学旁听生制度发表的看法，对埃叙两国合并成立阿联的“欠妥”分析等，都可对他的这种品格窥得一斑。对此，在他回国执教的漫长教学生涯中，熟悉了解他的同事、学生、朋友，相信也都会有同感。

李振中老师是马坚先生在世时十分信赖的年轻同事，也是一位把阿拉伯语教学和伊斯兰研究视作毕生事业的回族教授。他勤于钻研，著述译作甚丰。1980年，他发表的《阿拉伯埃及近代文学史》，应该是中国第一本从阿语直接译出的阿拉伯文学史著作。另外还有他独立或参与出版的许多译作，如《开罗大学》、《科威特简史》、《东方文学作品选》、纳吉布·迈哈富兹的《三部曲》等。他主编的《阿拉伯哲学史》，乃是国家社科基金“七五”规划重点项目。20世纪90年代，他受马坚教授夫人马存真老师和白寿彝教授委托撰写的《学者的追求·马坚传》，于2000年出版，更是一本对中国阿拉伯语教育史、回族人物研究、中国与阿拉伯国家文化交流史等各领域，都具有重要意义的著作。而今，李老师又终于把他珍藏在记忆中的历史经历真实地陈述出来，真是一件幸事，因为只讲时尚，不重史实，总非治学之道。我谨希望李老师在保重身体的前提下，仍能不辍笔耕，继续把1961年之后既斑斓多彩又富有启迪的学术生涯写出来，为今人和后人贡献出新的珍贵史料和独到见解。

我与译事[①]

年届七旬，一面得继续前行，一面想梳理一下自己的教师生涯。特别是进入69岁以后，先是罹疾开刀救治，去岁5月又遇家慈仙逝，身心俱遭重创。两次住院和在家休养期间，历历往事时时萦绕脑海。个人经历主要是工作，大致包括教学、科研、编辑和翻译等几个方面，治丝而棼，必须先理出个头绪来。许多事单靠印象只怕会流于空泛，须凭物证方显真实。寻思再三，感到拙译虽然零散，但都还在手边，较易先作归纳。由此萌发了编选这套译作集的初衷。

事有凑巧。2011年1月中旬，上海翻译家协会举行会议，为我和几位学人颁发中国翻译协会2010年11月的证书。我的一份上面的文字是“朱威烈同志长期从事翻译工作，成绩卓著，特授予资深翻译家荣誉称号”。我随即发表感言，一是向推荐方、评委会表示由衷感谢，二是殷殷期盼上海和全国的翻译学术机构，继续为更多的优秀中青年翻译工作者脱颖而出，进一步发挥学术平台作用。

说我“长期从事翻译工作”，是事实，因为近半个世纪来，工作中始终包括翻译，不是自己译，就是组织支持同行、学生翻译，从不懈怠，迄今依然；“成绩卓著”是一种嘉许，但也是相对而言，若要与

---

① 此文是《岁月留痕：朱威烈译作选》（四卷本）的自序，宁夏人民出版社2013—2015年版；载于《阿拉伯世界研究》，2012年第5期，第3—17页。

自己师长和国内大家比，论学术功底、业绩，毕竟还不可同日而语！只是这句话让我感慨系之，一方面是勾起了我对“译事艰难”的感喟，这种艰难不是当下翻译学界对理论、方法、能力培养等内涵问题的讨论，而是我个人对改革开放前翻译环境的苦涩回忆；另一方面，又让我深感庆幸，遇上了改革开放这三十多年的和平发展岁月，得以孜孜于专业工作而不受无端指责，不遭无妄之灾，这才多少积累起了一些成果，而今竟有幸受到中国译协的表彰。

时光似水，岁月留痕。编这套译文选对我，自不无敝帚自珍之嫌，但也确是想立一存照，留个纪念，或作一镜鉴，以期把今后的翻译组织出版工作做得更合理有序，更符合时代发展的需要；对读者，则盼有一点参考作用，多少了解一些我这一代翻译工作者的曲折坎坷和甘苦，增进一些对阿拉伯国家史地、文学、艺术、社科等方面的局部知识。若是，则于愿已足。

翻译需要实践

凡外语工作者怕都很少会不关注翻译。我在北大东语系阿拉伯语专业学习5年（1960—1965），全班30名学生，其中2名朝鲜留学生，13名中央单位委托培养生，15名本科生。那时国家正大力开展亚非拉外交，同学们都知道学习阿语是因为国家需要翻译人才。我是本科生之一，前程未定，不免常会念及将来工作。从东语系历届毕业生就业情况看，多数是到国家部委担任外交外事翻译，少数从事教学、科研或文字翻译工作。同学们当然都向往到外交第一线工作。但这首先取决个人的政治条件：家庭出身、社会关系、是否党团员、干部等等。我的同学大多在这方面具有优势，而且当时业务考核较严，学习跟不上的本科生就留级、换专业或转系，委培生则退回原单位，毕业时全班仅剩18人（2名出国留学），凡能坚持下来的同学成绩多半很好。我自忖比较现实的前景，是分配去大学或外文出版社那样的教学或文化单位工作，科研单位不太可能，因为班里已有5名同学是中科院哲学社会科学部（今中国社科院）委培生。这样看来，笔译将必不可免。倘若当教师，北大东语、西语、俄语三系的教授就是榜样，他们几乎都是教学、翻译并举，都有自己的译作。那时，阿语教研室主任马坚教授正在译《阿拉伯通史》；副主任邬裕池老师在《世界文学》期刊上发表了埃及迈哈穆德·台木尔的短篇小说《成功》；刚从埃及留学归国的李振中老师给我们上阿拉伯近现代文学史课，用的讲义就是他在译的邵武基·戴伊夫的《阿拉伯埃及近代文学史》。从我上述考虑可以看出，不论是到外事部门还是从事教学研究工作，内容都离不开翻译。在高校任教，就更不可避免地会受到前辈外语教授们的传统影响，自觉不自觉地走上一条从翻译起步并始终关注翻译的治学道路。

学习专业外语，对外语基本功亦即听说读写译的要求很高，其中的“译”包括口译和笔译，更是听说读写四会能力的综合体现。要想不断有所提高，必须通过实践锻炼，逐步得到社会认可。然而，20世纪60年代，担任口译要看机会，笔译就更难，个人想翻译一点什么，社会环境十分严酷，不是上级交付的任务，自己去投稿，那就是资产阶级名利思想。我因为在学期间译过一本书，受到过批判，不但没有能加入共青团，而且毕业后到上外任教，还被北大来沪串连的红卫兵指责为“资产阶级反动权威”马坚先生的接班人、白专典型。我因此没有也不可能参加任何造反派组织。操场上高音喇叭叫“革命群众开会了”，没有人来通知，我决不会擅自去参加，因为是否够“革命群众”资格，不是可由我决定的。那时，教研室承担有援外任务，我也从不作非分之想。但算还有“一技之长”，常会被派去接待各种访沪的阿拉伯代表团当翻译，其中，贸易团居多，也有议会团、工会团、巴勒斯坦党派团等。1969年起，为对外宣传毛泽东思想，我被选派到上海电影译制厂去为《南京长江大桥》、《熊猫》、《白毛女》等影片翻译和配音。1975年第二次下安徽凤阳五七干校，去外语培训班教阿语三年级时，带领学生翻译了一本外文出版社委托的连环画《江防图》。1976年4月，系里第一次派人去广交会当翻译，让我“开头炮”，接触到了科威特、也门、巴林、利比亚、叙利亚、伊拉克等许多国家的客商。

这些翻译实践活动，次数较多，涉及面广，使我在令人窒息的高压政治氛围中得以稍喘，能继续接触业务，而且对于扩大自己的视野、锻炼提高口笔译能力，都颇有裨益。我到80年代上半期，还担任过阿拉伯国家部长、议长、总统、国王等高级代表团访沪活动的主译，在应对忙碌紧张的主宾交流沟通过程中，依靠的仍是当年当“小翻译”时练就的强记、复述等能力。

学术翻译始于史地著作

我真正较规范的译事，始于20世纪70年代初——中央下达了翻译各国历史、地理的任务，上海承担的是翻译非洲区域国别史。其中北非阿拉伯国家部分大多为英法文专著，只有一本阿拉伯文著作《阿拉伯马格里布史》，通过学校教革组（教务处）分配给了我。为什么挑中我，当时我想不外乎两种可能：一是北大参与其事的老师推荐了我；二是上外日阿语系革委会认为我不适合“抓革命”，但可以“促生产”，比如上课、当代表团翻译、为电影配音等，译书自然也可以。我拿到书后连夜翻阅，发现不要说译，就是要读懂也非易事。那是一本考证类史学专著，通篇引经据典、旁征博引，里面涉及的人物、事件、史地和社会宗教等专有名词都很陌生，书后列出的参考书目，我也从不曾在上外资料室、北大东语系资料室或其他图书馆里见过。这并不奇怪，因为国内那少得可怜的中西交通史史料，内容均译自英法德俄等文本，即便是涉及阿拉伯、北非的零星记述，其出处也不包括阿拉伯文典籍。因此，我只能反复研读、到处查询，尽量找到一些线索资料作为依据。阿文参考书目中难译书名，自己译出后总感到不太放心，便写信向北大刘麟瑞教授请教。上海市非洲史翻译组负责人鉴于各种文本中都遇到了阿拉伯、伊斯兰的人名、地名、专有名字的译法问题，为求统一，要我给承担非洲史翻译的人员——其中大多是著名翻译家——作一个有关阿拉伯人名、地名译法的讲座。这就迫使我去查《辞海》、《世界知识年鉴》等工具书资料及已出版中文世界史等图书中的线索，尽可能根据新华社译名表、世界和国别地图册及约定俗成等原则，确定一些相对合理的规范。我写出初稿后，仍怕有不虞之患，又通过正式渠道由北大李振中老师转给马坚教授，他用红笔作了修改并提了一些看法，再由上海市转给我。这是我初出茅庐第一次学习写学术文章、作学术报告。

我的译书工作，前后花了一年多时间。起初主要靠晚上，因为系里政治学习、下乡下厂实在多，根本无法集中精力。学校过了一段时间终于让我转到《法汉词典》编写组去上班，这样白天也可以专心翻译。其间，为赶进度，系里曾加派过一位教师来协助我，时间不长便因故退出，我将他的译稿全部奉还，坚持一人译到底。

那段时间，是我第一次从事学术著作翻译工作。原著虽算不上经典著作，但它涉及的内容却大多引自最负盛名的阿拉伯鸿篇巨制。按我的中阿文功底和知识积累，要达到当时上级规定的“准确、通顺、易懂”翻译标准，不啻是啃一块硬骨头，必须要花大力气、下苦功夫。原著中没有生动的故事、有趣的情节，从头到尾都是资料梳理、考证推论，但我却从中领略到这位师从法国东方学家的埃及年轻学者做学问的方式，窥探到一些阅读理解阿拉伯经典著作的门径。这对我以后鼓励葛铁鹰老师在《阿拉伯世界》（现名《阿拉伯世界研究》）期刊上开设“天方书话”专栏，发表阿拉伯经典著作中有关“中国”的论述，以及组织国内教授翻译《悬诗》、《历史绪论》等阿拉伯经典著作，可以说有着直接的因果关系。现下重读自己当年的译文，直译、硬译痕迹明显，文字也不无稚嫩、生涩之处，这恐怕是努力追求“准确”的结果。不过，就我今天的认识而言，翻译国外作品特别是学术性著作，还是应尽可能保持原汁原味，切莫随意添枝加叶，造成本来面貌的扭曲。

翻译这本历史著作，寂寞而且艰辛，所幸小环境还不错。《法汉词典》编写组的领导金丹同志，是位经受过“文革”初期残酷迫害后复出的老革命，待人接物既有水平和气度，又充满体贴，善解人意，我到外地去探望妻子，按规定是12天，他会额外多批准几天，令我终生难忘。同在编写组翻译法文版《摩洛哥史》的张裕禾老师，是北大校友，西语系1960年毕业生，生性鲠直，也善于思考，很有主见，还爱好音乐。他因为1963年翻译了一本德彪西的音乐评论集《克罗士先生——一个反对“音乐行家”的人》，受到姚文元的批判，“文革”一开始就“靠边站”。他有阿拉伯、伊斯兰的问题就问我，我也常麻烦他从法语《拉罗斯大词典》里查有关专有名词的释义，平时闲谈，共同语言很多。翻译后期，市里非洲史翻译组指定大名鼎鼎的别林斯基、车尔尼雪夫斯基和杜勃罗留波夫著作翻译专家包文棣同志来做我这本译作的责编。他为人谦和，极有涵养和责任心，曾要我帮他安排听一些阿语课，以了解一下阿语的表述风格和特点。领导、同事、责编都相处愉快，成了我在那阴郁沉闷年月里一段弥足珍贵的时光。《阿拉伯马格里布史》中译本1975年9月由上海人民出版社出版前，怎么署名是由系领导决定的，为了避免突出个人，用的是翻译组名字。这是特定历史条件下的做法。现在收入译作选重印，算是还原事实。

我翻译地理专著，是缘由在西北大学伊斯兰教研究所工作的老同学黄运发的抬爱。我在“文革”期间，诚惶诚恐，唯求自保，很少主动与外界联系。我只是在去南京探望岳父母，有机会见在南京解放军外语学院工作的北大同学符福渊时，才获悉一些他赴陕西探亲路过西安时了解到的黄运发近况。运发是我们班里为人正直、勤奋好学的同学之一。他在西北大学工作，图书资料少，用阿语的实践机会也不多，但硬是凭着他个人的刻苦钻研，业务成绩和水平都令我们感到钦佩。

正是由于福渊的牵线搭桥，我与运发有了通信联系。他接受的是翻译苏丹、埃及两国的地理专著任务。苏丹地理有原著，埃及的专著则要求译者提供。运发好意，把苏丹地理著作的第一章自然地理分给我译，他自己译人口地理和经济状况两章，并负责索引、参考书目以及全书统稿。为统一全书的地名，运发还特地寄来了一张苏丹原版地图的大蓝印图，对我帮助很大。《苏丹》一书于1978年12月由陕西人民出版社出版，署名仍用“西北大学伊斯兰教研究所翻译组”，反映了当时的社会风气还不允许个人署名。

我1978年出国去埃及前，运发托我物色一本埃及地理专著。我在开罗大学进修，课余跑得最勤的就是书店，可就是找不到一本中规中矩的埃及地理专著。最后买到一本《埃及的现状和发展》，作者是一位埃及工程师，书的内容是描述到2000年埃及应有怎样行政区划、人口布局、城乡发展、文化教育和旅游发展，发表后受到萨达特政府的重视和肯定，其中的现状资料有翻译价值。另外一本是《埃及的西奈史》，里面的“土地”和“居民”两章，属地理范畴，也符合要求。我回国后将书交给运发，请他统筹。他最后决定由他用译编方式处理埃及的现状和发展部分，另再加入反映自然风光、城乡建设、名胜古迹、旅游胜地和工农业发展情况的图表，西奈部分则让我翻译，全书由他统稿编辑。此书于1983年4月由陕西人民出版社出版，署名为黄运发、朱威烈，可见风气已开，不必事事均冠以集体之名了。现收入我译作选的“西奈的土地和居民”一章，内容至今似仍有相对稳定性，但愿能对读者有一些参考作用。

我翻译史地著作，一是当时国家封闭已久，确实需要了解国外情况，组织专业人员翻译不具有明显意识形态倾向的史地著作，看重的是它们的资料作用；二是北大的老师、同学和校友都还记得我，而且时时处处提携我、帮助我。“文革”期间我落寞失意，处在人生低谷时是这样，在改革开放三十多年里，我在评职称，申报课题、博士点，推进学科建设的过程中，更是得到他们的真诚关照和鼎力支持。这是我一生不敢稍忘的师门恩情！

文学译作数量居多

翻译史地著作，我虽有兴趣，但毕竟所在学科名称叫阿拉伯语言文学，翻译文学著作才是题中应有之义。因此，我的译作中文学译作就相对较多。不过，体裁主要是小说，其中长篇只有两部。现在入选的两卷，便各以一部“担纲”，一卷加上埃及纳吉布·马哈福兹的一个中篇；另一卷中则用黎巴嫩努埃曼的短篇和纪伯伦的文学随笔附丽。以下按时序对文学译事的背景和经过作一追溯。

我大学毕业时就想从事阿拉伯文学教学和翻译。译小说是旨趣所在。记得1965年秋，我刚到上外任教，曾译过一个短篇《英国人的枪》，寄给《世界文学》。第二年3月接到编辑部的用稿通知，不料一到夏天“文革”狂飙骤起，天下大乱，从此便无下文，我也不敢再贸然问津文学翻译。

从“文革”结束到国家正式提出拨乱反正，经历了一段过渡期。1976年随着“四人帮”倒台，出国标准已出现松动。在也门技校任教的北大老师多次向国家教委反映，点名要我去工作。1978年，系领导要我赴也工作，我呢，也想解决长达十多年的夫妻分居问题，用“援外人员”名义，将妻子调入上海。不久，国家教委又下达了遴选出国进修教师的任务，办法是全国统考，三取一。系里遂改变决定，要我参加考试，另派他人赴也任教。我在考取并知道将赴埃及开罗大学进修后，即去拜访已任上海译文出版社社长的包文棣同志，申报了一个翻译选题，即埃及曾任文化部长的优素福·西巴伊的小说《回来吧，我的心》。此书，原是北大高我一班的谢贻明回沪省亲时借我读过，他在国际广播电台工作，每每会有新书可阅。这本书分上下册，我两个晚上一气读完，印象深刻，以时代大变迁（纳赛尔革命）为背景的小说，我一向比较喜欢，当时就想译。“文革”结束后即同包文棣商量过。他告诉我有一条规定：译国外作品要等作家盖棺论定后才行，不然出书后万一他有什么反华反共反社会主义言论就很麻烦。1978年《参考消息》上刊出了西巴伊在塞浦路斯遇刺身亡的消息，我这才下决心写选题申请。记得出国的箱子里放了几百张500字的稿纸，占了很大一块空间。阿文版书到开罗就买到了。两年不到时间，除了听课，与教授、作家谈话和使馆人员的接触交流，大部分节假日和余暇，不是读书读报，写点小文章，就是译这本书。

这次出国前，在中国社科院外文所工作的同学郅溥浩让我译四篇黎巴嫩努埃曼的短篇小说:《不育者》、《杜鹃钟》、《又一年》和《贝克阁下》。我到开罗大学之初的一个阶段，住在大学城宿舍，邻室都是年轻大学生，年龄差距大，也就无甚谈兴，很快就抽空将稿子译出，托回国的人捎回。由溥浩编选、组织翻译的《努埃曼短篇小说选》于1981年由外国文学出版社出版。我译的最少，四篇中有两篇溥浩自己也译了，署了两个人的名字。这是我第一次正式发表文学译作。《回来吧，我的心》是1980年回国后交稿的，上海译文出版社积压的名家名著译作多，任务繁忙，编辑时间也较长，译稿付梓成书已是1983年了。那时已经实行稿费制。到译文社去领稿费，包文棣社长告诉我，7元一千字，巴金的译作也是这个标准。我自然很高兴，相比自己每月的工资，这可是很大一笔钱!

20世纪80年代是外国文学翻译空前繁荣时期。长时间的文化封锁禁锢，读者对文学文化的需求已如饥似渴，对国外作品尤其好奇，各类作品都很畅销。其间，我印象最深的是南京《译林》期刊，它在传统的外国文学作品发表和出版中心北京、上海之外异军突起，并迅速崭露头角。主编李景瑞同志视野开阔、很有前瞻性、开拓性。他不受西方经典名著翻译的局限，而是着眼于现当代，多区域、多国别文化，是否所在国有影响的畅销书等要素，把时代性、文学价值和市场反应等结合起来考虑，确定选题。我回国后不久即被他列入中青年译者队伍，邀请去扬州参加研讨会。1981年年初他专程来校，当着校领导的面，要我主编一本《阿拉伯文学专辑》。我当时担任阿拉伯语言文化研究室主任，第一次可以出面组织京沪的同行同事参加译事了。这本专辑以郭黎老师译的一个中篇小说《走向深渊》为书名。那是我在开罗时向使馆文化处写报告推荐的一部埃及影片，因为受到姚广大使的重视，作了批示，不但借来影片在使馆放映，而且迅即向国内建议让中国电影进出口公司派团赴埃考察。其结果是中方进口了三部影片:《走向深渊》、《咖啡馆》和《征服黑暗的人》。埃及影片从20世纪50年代起，就给中国观众留有深刻印象，口碑甚好。像法婷·哈玛姆女演员主演的《我们美好的日子》、《忠诚》等，几乎家喻户晓。我回国后发现《走向深渊》等影片也已经为人们所熟知。在这本文学专辑里，我撰写了《漫话埃及现代小说》一文代替前言，同时收入了我早已译就的《卡尔纳克咖啡馆》，亦即影片《咖啡馆》的原著——那是第一届工农兵学员张道文毕业后去伊拉克留学，1976年回国后送我的。我到湖南岳阳云溪去探亲，妻子白天到工厂上班，我就坐在宿舍门口的小方凳上译完了埃及大作家纳吉布·马哈福兹这本1974年的新作。译林编辑部的效率极高，1981年年初组稿，同年10月《走向深渊——阿拉伯文学专辑》就出书了。我以笔名元鼎发表的这个中篇或许可算是最先进入中国书市的纳吉布·马哈福兹作品之一。1988年，他荣获诺贝尔文学奖。翌年5月，我到埃及亚历山大大学访问，在文学院作演讲，当地记者要走了讲稿在报上发表，用的题目是:《朱威烈教授说：我们了解纳吉布的价值，早在他获诺奖之前》。这件事到至今还有影响，今年3月埃及驻华使馆文化处向每一位翻译研究过纳吉布·马哈福兹作品的中国学人颁奖，我也忝列其中。

自此，李景瑞同志与我们的联系渐趋密切。1982年，我应约翻译了埃及优素福·乔海尔的《鸦片》，发表在当年《译林》第2期上。接着，郭黎翻译了黎巴嫩大作家纪伯伦的《折断的翅膀》寄给《译林》。责编汪永標同志亲自来沪要我校对润色，郭黎也希望我能帮助修改。

这项校改工作，重点不在判断理解的对错，而是要尽量体现出堪称阿拉伯文坛一绝的优美的纪伯伦风格。1983年正值纪伯伦诞辰百周年纪念，此文在《译林》第2期上作为首篇刊出。之前景端主编急电嘱我赶写一篇评述《纪伯伦和他的〈折断的翅膀〉》，同期发表。景端同志后据社会反响热烈，又要我组织选编一本《折断的翅膀——纪伯伦作品选》，由江苏人民出版社1984年7月出版。其中的《奇谈录》是反映纪伯伦人生感悟的文学随笔，既有诗意又寓哲理，由我与王伟翻译。从文学价值和社会影响看，纪伯伦的作品一直备受阿拉伯文坛和世界文学界推崇，丝毫不逊于纳吉布·马哈福兹。翻译20世纪阿拉伯文学，埃及作品自然是重点，但若少了黎巴嫩纪伯伦的著作，也会缺失平衡，感到遗憾。

1984年，湖南人民出版社出版了我与吴茴萱合译的一个长篇：埃及穆斯塔法·阿明的《初恋岁月》。起因是我从埃及回国后，在国际广播电台工作的吴茴萱正要赴埃常驻，想在工作之余译一本书，要求我推荐一本合适的著作。茴萱是我到上外任教最先接手上课的二年级3班学生，到京工作后跟我的老校友谢贻明等关系不错，我理应帮忙。我告诉他，我在开罗留学生俱乐部看过一部《初恋岁月》影片，是反映20世纪三四十年代埃及社会大动荡的爱情故事，作者是埃及大报《今日消息报》前主编，在当地新闻界享有盛名。但我临回国前，身上已无钱买书，建议他到埃后可买来一读。这个选题后被湖南人民出版社的康曼敏女士知道，立即列入了出书计划。康曼敏是我北大东语系的小师妹，她大一我大五，“文革”结束后曾到上外来进修。她是位事业心很强的责编，北京、上海来回跑，广泛组稿，出版了许多阿拉伯文学名著译本。吴茴萱的译稿寄到她处后，她曾转给我阅。1983年起我花了好几个月时间重译了一稿，于1984年12月出版发行。

由于康曼敏的努力推动，湖南人民出版社名声鹊起，成为继江苏译林之后又一个出版阿拉伯文学译作的重镇。湖北的长江文艺出版社1984年遂也来向我组稿，要求编一本阿拉伯小说选。这一年日阿系分开独立建系，我开始担任阿语系行政工作。为加强系里教师的翻译实践，我尽量组织本系老师参加，北京方面用了仲跻昆老师的一篇译稿，是黎巴嫩努埃曼的《两个造反者》。选集中，蔡伟良老师翻译的《旧伤的隐痛》系沙特赛义德·阿卜杜·拉乌夫的短篇，应可视为最早介绍给中国读者的沙特现当代文学作品之一。当时来组稿的长江文艺社负责同志非常强调作品要惊险、好看，能吸引读者，我只得选了一篇侦探小说《蒙面人》。那是讲述埃及情报机构反以色列间谍和走私贩毒罪犯斗争的一个中篇小说，作为市场卖点，由我与徐凡席合译。全书共8篇小说，加上我写的前言，约33万字，书名叫《蒙面人——阿拉伯小说选》，于1985年交出版社。但整整拖了三年，译者们拿到样书已是1988年7月了。那时，外国文学译作品种和数量已经很多，读者的新鲜感已过，书市对阿拉伯文学的需求也趋下降，这本小说选的印数为1.1万册，与此前动辄四五万册的盛况比，相差很远，出版社能否保本，我就不得而知了。

艺术社科翻译尚需努力

80年代，阿拉伯文学翻译书籍数量急增，许多出版社均不设专职阿语翻译，译者怎么写，就怎么出；不设核对原文程序，质量全凭译者的水平和责任心。我有一次到北大去见刘麟瑞先生。他拿出一个译本及原著，指着里面的相关页给我看说："阿文这么长一整段，译文只有'光阴似箭，日月如梭'八个字就对付过去了？"我听了也很感叹。那时的翻译风气已显浮躁，听说有的译者自夸一年能译一百万字，质量如何，真的只有天知道；有的文学期刊上刊登了我已发表的短篇小说，标题与译文一字不改，署名却换了他人。刘先生的话更增强了我淡出文学翻译转向其他领域的想法。

记得在学期间，曾帮马坚先生整理、誊写过几章《阿拉伯通史》

译稿。马先生有一次说,《阿拉伯通史》的作者菲利普·希提还有一部《叙利亚史》也值得翻译，问我今后打算译什么。我当时是北大合唱队指挥，马坚先生他们都知道，就回答说,《阿拉伯通史》像本百科全书,《叙利亚史》也不会好译，如能译一点阿拉伯音乐史、艺术史，就很不错了。我这么说，马先生自也信然。埃及进修期间，没见到书店里有音乐史的书，但买到了两册《中东艺术史》。

也是机缘凑巧，回国后不久便认识了上海人民美术出版社的叶文西先生。他是位画家，正在负责外国艺术史、美术史等专著的组稿工作。他的妻子王义琏老师在上外俄语系工作。夫妻俩均较我年长，为人敦厚爽朗。一次见面时，听说我有翻译《中东艺术史》的打算，立即热情地要我报选题，着手翻译。这本书的翻译难点，一是要查核历史、艺术的专有名词，中文已有多种译法的，得选用相对合理的译名；二是翻拍插图工作由译者负责，遇到不清晰的，得从其他艺术类的中外文图书中去查找同一作品，予以调换，真是既费力也费时。幸运的是，此书的责编刘明毅先生，不但文字功底深厚，而且乐于助人，他经常主动从人美社馆藏的其他版本里查找图片，花了不少功夫。郭黎对艺术也有兴趣，我就与他合译了《中东艺术史·古代》，于1985年出版。

现在收入这本译作选中的《中东艺术史·希腊入侵至伊斯兰征服》，原著是1989年我去埃及亚历山大大学作校际交流时，中国驻亚历山大市总领事吴德成同志送我的。吴德成（后任中国驻苏丹大使），也是校友，与前文所述的谢贻明同班，素有书卷气。我1980年起担任《阿拉伯世界》(现名《阿拉伯世界研究》)期刊主编，就承蒙他多次从国外赐稿。他在埃工作期间，还编著出版了两本书。他送我的这一本其实是作者尼阿玛特·阿拉姆所著《中东艺术史》的第二册，我以前不曾买到，而且也不知道。那时我工作已经十分忙碌，但见书的篇幅不大，还是挤出时间译就，于1992年出版。至于第三册《中东艺术史·伊斯兰时代》，断断续续大约已译了十多万字，几近一半，其间还收到作者同意转让中文版版权的函，但终因无暇静下心来，花整段时间译完。至今，每打开书橱看到那一整叠译稿，总是深感汗颜。

中国于20世纪90年代正式加入国际版权组织。从此，但凡要译现当代作品，必须持有作者或出版部门的版权转让证明。阿拉伯文学翻译的热潮随之趋冷。我个人则从1990年海湾危机爆发起，把关注重点逐渐延伸到了中东问题研究和国际关系方向。就翻译工作而言，总想推介一些阿拉伯国家有代表性的学术著作；1993年亨廷顿的文明冲突论出现后，伊斯兰文明成为国际关系学界关注的一个重要行为体，我呢，也希望组织全国的阿语力量，翻译出版一些阿拉伯经典著作，让国内学界和读者能直接了解博大精深的伊斯兰文明文化。

2000年5月，埃及驻华大使努曼·贾拉勒博士邀请我赴京，会见埃及教育部长侯赛因·卡米勒·巴哈丁博士，并当面接受委托翻译他的专著《无身份世界中的爱国主义——全球化的挑战》。巴哈丁博士风度翩翩，谈吐文雅，任职教育部长一职十多年，是一位资深高级官员，也是名副其实的学者。他在书中主要讲述埃及应如何应对21世纪全球化的挑战，埃及和阿拉伯国家在世界科技革命中怎样维护自己的国家身份和民族属性，怎样以教育为本推动现代化发展等，观点鲜明，分析也很深入，是一本很有代表性的阿拉伯学术著作。这本书的翻译，得到了教育部国际合作与交流司的批准和资助。我让我的第一位博士生王有勇参与了翻译。紧赶慢赶，总算在贾拉勒大使2001年9月离任前，由上海外语教育出版社出版。2002年秋，中国教育部长陈至立访埃，将中译本作为礼品面赠作者，受到了他的好评和感谢。

《十字路口》也是巴哈丁部长的著作，也是通过埃及驻华大使、驻沪总领事转来样书和转让版权函件。我呢，也再次请示教育部国际司获准，让我的另一位在读博士生丁俊参与翻译。此书的写作时间是在“9·11”事件发生之后，作者已经深深感受到阿拉伯世界和伊斯兰世界与发达国家、新兴经济体之间正面临着一道“文明和科学的鸿沟”，察觉到国际上的霸权主义和强权政治乃是滋生极端主义和恐怖主义的根源之一。他为处在十字路口的阿拉伯民族指明的出路是："改革"，理由是"改革作为在这个急剧变化的世界里，适应时代变化和新型国际关系的一种必需，它不仅是我们应该接受的现实，而且应当成为我们处理当前和未来各种问题的纲领"。结合2010年冬肇始于突尼斯，继而席卷几乎整个阿拉伯世界的动荡剧变，我们都不得不佩服多年之前巴哈丁博士已经作出的充满前瞻性的理性思维和判断。

此书于2005年4月出版。5月，我出访叙利亚、黎巴嫩、约旦、埃及和沙特五国。前三国是作为中阿友协代表团负责人去进行学术交流；在埃及，是与仲跻昆、国少华、杨言洪和葛铁鹰四位教授一起接受埃及高教部长颁发的表彰奖；去沙特则是应费萨尔国王伊斯兰研究中心之邀，去作个演讲。我在埃及的活动，均由埃及前驻上海总领事阿卜杜勒·法塔赫·安泽鼎联系安排。他当时任埃及外交部人事司司长。颁奖仪式之外，他还让我会见了即将赴华任职的新大使和新总领事。更令我难忘的是，他把已经退休的巴哈丁博士请到外交部与我会面，使我有机会当面送上《十字路口》样书。巴哈丁依然精神矍铄，彬彬有礼。他一面在中译本扉页上题词回赠，一面告诉我，他还想写一本新书，待出版后再找我帮忙。2006年春，我又去出席埃及文化最高理事会为世界10位学者举行的颁奖表彰会，再次与已准备出使古巴的安泽鼎大使见面。他带来了巴哈丁博士的问候，还说："部长阁下想见你。"但直到安泽鼎大使送我上飞机，再没谈起会面之事，可能是巴哈丁的新书还未写好，也可能是有其他不便之处。我没有问。

这本《艺术社科卷》，名称有些牵强，因为尼阿玛特的《中东艺术史》没有译全，巴哈丁的专著也仅两本，不过是社会科学中的沧海一粟。我其实只是想表示我曾涉及过这些领域的专著翻译，尽管既不广也不深，略窥门径而已，但今后还想继续作些努力；同时也希望国内阿语同行特别是中青年学者能重视翻译阿拉伯人文科学和社会科学的专著。我的老师们当年已经从单纯翻译研究宗教典籍走向了历史、文学、游记等书籍的翻译，我们这一代和更年轻的阿语工作者们理应继承传统，以更广阔的视野、更广泛的涉猎，把阿拉伯的经典名著、现当代政治、经济、社会、文化等领域的精品力作翻译过来，介绍给中国的学界和读者。这项工作，已经直接关系到我国国际问题研究和区域国别研究的水平，因为，把研究的视角与资料仅限于中国和大国，缺少了对象国的视角与资料，往往很难做到准确、客观和全面。

当前，随着文化建设工作受到国家前所未有的重视，中国哲学社会科学"走出去"计划正在全面推进，翻译工作又将迎来一个繁荣发展的新时期。我在有幸躬逢其盛的今天，回顾审视自己的译事，既有欣慰，也不无缺憾。欣慰的是这本译作选中的合作者，除黄运发、郅溥浩是我的同窗好友，其他几位如吴茴萱、郭黎、王伟、王有勇、丁俊等都是我的学生，而今他们中有的移居国外，事业有成，更多的在国内奋斗，早已有了自己的译作、专著，成为教授级专业人员，教育部优秀中青年人才。他们对当年师生合译的培养方式均持积极评价。遗憾的是，因受精力所限，自己的或组织同行开展的阿拉伯经典著作翻译和现当代的人文社科作品翻译，进展不快，跟不上形势发展，还不能在中阿文化交流过程中充分展示。

迟暮之年，虽无伏枥之志，但也不想抱残守缺聊自喜，只要可能，总还望为继续推进阿拉伯著作翻译摇旗呐喊，再尽绵薄。

这套译作选，我谨拜托宁夏人民出版社付梓玉成。该社领导和李秀琴主任等各位编辑已帮助出版了我在与阿拉伯国家交往中带回组织翻译的两本著作:《穆妮拉——科威特短篇小说精选》和沙特玛哈公主的《欢痛》。他们热诚敬业、认真负责的工作态度，给我留有深刻印象。我希望而且相信，他们为推动和发展中阿文化交流正在发挥越来越重要的作用!

我更要感谢宁夏回族自治区王正伟主席俯允为拙译题签。两年前，我有幸参加宁夏"中阿经贸论坛"学术研讨会，见到正伟主席并交谈。他的礼贤下士、虚怀若谷令人如沐春风。此后又读到他的文章、论著和词赋，更感到他虽不像先师马坚、刘麟瑞先生那样终身在高校执教，却同样儒雅渊博，是一位学者型领导人，也是当代回族同胞中的爱国英才。拙译能获正伟主席墨宝，虽有借光增色之想，但就我一生经历而言，也是为了赓续自己与回族学者的情缘。

十年铸一剑　俯仰不愧怍[①]

——祝贺李振中教授《历史绪论》译作问世

今年5月，宁夏人民出版社寄来《历史绪论》校样，附言转达了李振中老师嘱托为序。7月中旬在京与会，李老师特来我下榻的宁夏大厦小聚，再次叮嘱我勿忘。其实，此项译事因我而起，自不容推诿。十年多前，我所在的中东研究所组织教育部重点基地重大课题时，由葛铁鹰教授主持的"阿拉伯经典著作翻译与研究"项目中最难译的伊本·赫勒敦的《历史绪论》，就拜托给了李老师。岁月不居，光阴荏苒。我间或会向铁鹰打听一下李老师译事的进展，获悉已完成三分之一，或已过半或三分之二，总很感佩，并不敢催。因为这项译事在中国译界，公认为是拓荒之举——懂阿拉伯语的前辈从不曾涉足，通晓西文、俄文或日文的国内学者也没有先事铺垫，留下吉光片羽的参考；而且内容宏富，篇幅巨大，文字古奥，即使阿语功底娴熟的专家，怕也很难攻克那一道道人名、地名、历史背景和学科知识的关隘；更何况，李老师是孤军奋战，没有助手，没有团队，不用电脑，只凭手写笔录。这么多年来，他重然诺，言必行，行必果，呕心沥血，持之以

① 此文是李振中译作《历史绪论》之序一，宁夏人民出版社2015年版，第1—4页；载于《阿拉伯世界研究》，2013年第6期，第3—7页。

恒，直到今年交稿后，才得以稍喘，去做了去除眼睛白内障手术。毕竟译事浩繁，伤神也伤眼啊！

面对李老师的皇皇巨作，只得不揣浅陋，谈点感想。

翻译出版《历史绪论》中文版，意义确实重大。伊斯兰文明是当今世界最重要的文明体系，也是包括中国在内的国际社会都高度关注却又不太深明就里的体系。原因是它历史悠久、影响深远广泛、博大精深的知识体系涵盖现代国际学界流行的人文科学和社会科学的各个学科门类，具有共性，同时又由于地理、生存生活方式、社会结构、观念信仰和历史遭遇等因素而具有明显的独特性。在国际社会相互依存度不断上升、人类命运共同体的意识日益普及的过程中，加强加深对伊斯兰文明的了解和理解，无疑是各国特别是大国不容忽视的任务。

中国研究伊斯兰文明的历史，历时几百年，研究者基本都是穆斯林，主要为回族学者，着重在经训教义阐释。20世纪50年代起，随着国家积极开展亚非外交，工作需求增多，研究队伍结构遂发生变化，形成了由教学、翻译、研究、出版等领域的国家部门主力团队。实行改革开放政策这三十多年期间，是文化繁荣发展阶段，发表出版的伊斯兰文化文明的研究成果，堪称丰硕。以马坚先生为代表的《古兰经》翻译、译注约二十种，《布哈里圣训实录》译作两种，纳忠先生在翻译出版艾哈迈德·爱敏《阿拉伯—伊斯兰文化史》后，又编写了《阿拉伯通史》，而由中国伊斯兰教协会主席苑耀宾先生任总主编的《中国伊斯兰百科全书》（1994年四川辞书出版社出版），更是里程碑式的鸿篇巨制，至今仍是我们重要的学术参考。之所以仅举以上几种为例，是因为依愚拙见，倘欲稍深一步了解伊斯兰文化文明，总当以经（《古兰经》）、训（“圣训”）、法（沙里亚法，伊斯兰教法）、史（历史典籍）为其大端。其中，经、训的翻译与研究，已具基础，而伊斯兰教法因入世性强，与现实政治密切相关，且争论也多，在国内展开翻译与研究，只怕未必合时宜。历史部分则由于中国与阿拉伯国家之间已于

2004年建立了合作论坛，“文化交流和文明对话”是论坛的重要机制之一，有这方面的现实需要和学科建设需要。李振中老师这部译作的问世，应该说是恰逢其时，同时能满足这两种需要。

《历史绪论》的作者伊本·赫勒敦（1332—1406）是中世纪阿拉伯的旷世奇才，纵观14世纪下半叶的欧洲和中国的明初，就学术大家而言，恐无人可与之比肩。他20岁起就当官，从政和外交活动西起安达卢西亚（今西班牙南部）的格拉纳达，东到开罗、大马士革，一面饱经宦海浮沉，一面潜心研究著述，内容涉及历史、哲学、逻辑学、教法学、数理化、医学以及诗歌等，惜大多未能传世。保存下来的只有《阿拉伯人、外国人、柏柏尔人的历史纲要和殷鉴》，一共七卷，分成三个部分。这在本书译者“自序”第4—6页中有清楚说明。李老师译的是第一部分，也是最具学术理论意义的绪论。阿拉伯学者称伊本·赫勒敦是“伊斯兰划时代的史学哲人”，近世欧洲学者尊他为“人类历史哲学和社会学的奠基人、先驱”，都是根据这篇绪论内容得出的结论。

我对《历史绪论》的翻译出版，由衷地感到敬佩和欣喜。从微观上说，它实现了中国阿拉伯语学界数十年来的一个夙愿，填补了中国伊斯兰研究特别是史学研究的一块重要资料空白，对构建中国特色的中东研究知识体系（或曰认知领域），提供了一部重要的经典参考；从宏观上看，它立足于批判、考证、逻辑推理、比较研究的论述方法，结合国家体制和权力结构、社会形态和变迁、经济资源和谋生手段以及人文科学和自然科学的分类等丰富而具体内容，阐释了作者的世界观、文明观和伦理观等，后人将此提升到历史哲学和为社会学奠基的高度，是把伊本·赫勒敦的思想、经验和观念视为了国际公共产品、人类社会的共同财富。就此而言，相信这部译作对中国的史学、哲学、社会学等学界人士，也一定会有所裨益。

李老师依据阿文本、参考英文本，尽可能忠实、明白、流畅地译成了中文，并详细地做了大量的注释，治学之严谨，真正做到了一丝不苟。尤其值得指出的是他为这部译作写的“自序”，那是为了回应课题规定的“翻译与研究”的要求，篇幅很长，是一篇力作，也是我迄今读到的国内有关伊本·赫勒敦及其《历史绪论》阐述最全面、分析最有深度的论文。李老师视野开阔，对中外文史哲知识理论的学习和钻研有长期的积累，他将《历史绪论》中的历史观、哲学观与中华文明和欧洲古典文明作了一个分析比较，多从规律、特点着手梳理，对他主张的当今世界主要应分为三大文化体系——西方基督教文化体系、中东阿拉伯伊斯兰文化体系和东亚儒释文化体系——提供理论支撑，并在中阿文化体系的横向比较基础上，提出了七个“都是”，包括“伟大民族的主体”、“历史悠久”、“地域”、“和平”、“统一”、“韧性”和“书法”。这些表述论证无疑是他数十年思考研究的结晶，是他学术成果中的代表性观点和主张，对我这样的中国阿拉伯语工作者或阿拉伯国家学者，都具有明显的启迪意义。

当前和今后，加强与阿拉伯国家的文化交流和文明对话，将始终是我国“扎实推进公共外交和人文交流”的重要内涵之一。中国外交部亚非司领导获悉李振中教授的这部译作即将问世，已同意列入中国—阿拉伯国家合作论坛中方秘书处的支持项目。这清楚地表明，翻译出版《历史绪论》是一个符合国家对外交往需要的项目。李老师尽管年事渐高，但仍走在前面，为我们作出了榜样。半个多世纪来，我对李老师一直心怀敬重。人品上，他狷介鲠直，与人为善，不说违心的话，从无逾矩之举；学问上，总是孜孜不怠，实事求是，不喜浮泛炫耀，但求真知灼见。这部《历史绪论》译作，是他历十年辛劳磨砺而成的宝剑，也是他对中国学术界的重大贡献。孟子曰：“仰不愧于天，俯不怍于人。”李老师像马坚先生、纳忠先生等优秀的穆斯林学者一样，是一位品行学识都俯仰无愧的学者。

这是李老师继《学者的追求·马坚传》、《尼罗河畔的回忆——新中国第一批留埃学生纪实》之后，第三次命我作序。所愧者，今夏上海酷热，35℃以上的高温日长达40余天，而《历史绪论》的篇幅又多达近百万字，实在不及细阅，只能凭印象和粗略翻阅信笔写就。挂一漏万、言不及义之处肯定难免，这篇小序谨权充是李老师的一名老学生献上的一份敬贺心意。

2013年8月

下篇　研究论述

看《克莱默夫妇之争》之后[1]

1980年，我还在埃及的时候，从当地报上看到评介美国影片《克莱默夫妇之争》的文章，知道该片获得了1979年美国奥斯卡金像奖的五个第一奖：最佳影片、最佳导演、最佳电影改编、最佳男演员和最佳女配角。我怀着“百闻不如一见”的想法，偕同朋友去开罗市中心的雷迪奥电影院看了这部影片。埃及的电影院分等级，客满的情况不多。但是票价昂贵的首轮电影院雷迪奥放映此片以来，竟是盛况空前，场场座无虚席。故事从乔安娜对丈夫特德不满、坚决离家出走开始，就一直紧紧扣住了观众的心弦。银幕上出现的是一幅幅美国生活的真实图景，情节很紧凑。最后，乔安娜虽然胜诉了，却决定把孩子留给特德。她要求上楼去看看儿子。进电梯前，她一面用手揩去脸上的泪痕，一面问特德：“我脸上怎么样？”特德回答说：“很漂亮。”乔安娜带着微笑进了电梯，影片结束了。但是观众却没有马上离座，似乎还在等待着什么。这种反映表明，克莱默夫妇的故事无疑已经留在他们的心里，他们将会有相当一段时间去回味和品评它了。

同年夏天回国以后，不仅看到《译林》应读者的要求及时发表的《克莱默夫妇之争》的小说译文，而且还时常听到周围的人们对这部作品的议论。那么，究竟是什么原因，使得这部影片轰动美国影坛并且

① 载《外国文学研究》，1980年第3期，第131—133页、第94页。

博得西欧、日本、东南亚乃至埃及观众的好评呢？

拿影片与小说原著比较，小说较为冗长、琐碎，时间的跨度长达五年，人物的活动范围大，除了纽约，还有火岛、佛罗里达等地，故事中穿插的次要人物也多，结构就不无松散、拖沓之处。而影片则把情节环环相扣，发展自然，时间缩短成了18个月，人物的活动舞台都在纽约，大量的次要人物和枝节内容被删去了。应该说，影片既保持了小说原著的基本面貌，又溶铸进了改编者和导演刻意烘托的主题，从思想、艺术上说，都提高了一步。影片《克莱默夫妇之争》的成功之处很多，这里试采撷一二。

首先是真实。故事、人物感情都真实可信。过去美国拍摄的影片，大多是英雄加美人，尤其是西部牛仔片充斥影坛。后为了招徕观众，大量拍摄色情、凶杀题材的影片，荒诞甚至丑恶，艺术上也无可取之处。近年来，风气有些转变，以家庭以及宗教为主题的影片开始不断问世。这类描写普通人的遭遇、生活气息浓郁的作品，可以说是对美国文艺传统的一个突破。特别是当今的美国社会，家庭解体现象一如洪水，难以阻遏。据统计，1979年美国的离婚率即高达百分之二十以上，每年有将近一百万儿童受到父母离婚的影响。克莱默夫妇为什么要离婚，父母离婚后孩子怎么办？这些是美国也是世界上许多国家的普通人所关心的问题。从这一点出发，也就不难理解，这部作品为什么拥有数量众多的读者和观众了。

故事的主人公特德·克莱默是一个杂志广告的推销员。为了生活——保住职业，获得晋升，维持中等家庭的物质生活水准——他把全部时间和精力都放在为老板设计广告、兜售生意上，而对家庭——妻子的需求、抚养教育独生子比里的责任，完全置之度外。回到家里总是只顾谈论自己的业务，根本无心倾听妻子向他诉说家常和她内心的感受。妻子乔安娜想出去工作得不到丈夫的支持，家庭中又没有她所要求的那种乐趣，在忍无可忍的情况下，她毅然离家出走了。从特德身上，反映出了一个只知挣钱、以为钱能为家庭带来一切的人物典型。他们夫妻的分离，不是由于财产问题，也不是因为丈夫或妻子有了外遇，故事借用乔安娜出走后给儿子比里的信把原因归结为是她“必须在这个世界上找些有趣的事干”。其实，这个貌似平常的离婚事件说明，把金钱当作万能的美国社会制度已经扼杀了人之常情、天伦之乐。人们在阅读或观看这部作品的时候，对于造成美国家庭渐趋崩溃的矛盾是那样的普遍与深刻，必然会产生深刻的印象。

除了故事的本身源于现实生活的土壤、具有真实可信的特点之外，特德、乔安娜和比里等人物也都刻划得恰如其分。读者或观众通过这些人物的活动，可以感受到作品中充满着以情感人的魅力。例如，乔安娜走后，特德第一次面临着领孩子的难题。比里吃晚饭不听话，挨了爸爸的打。临睡前，他生怕爸爸会把他当作一个坏孩子也离家而去。这里，有一段特德向儿子吐露衷肠的陈述：

“妈妈离家出走的理由，比里，据爸爸想……那是因为长时期来，爸爸总是想让妈妈成为某一类型的人，爸爸认为她应该成为某一类型的妻子……可是，你妈妈却不是这样的人……完全不是这样的人。长时期来，你妈妈一直要使爸爸幸福，当她觉得她做不到的时候，她就想告诉爸爸。你懂么？可是爸爸不听她的话。我太忙啦……我净想自己的事。因为我认为自己幸福了妻子必然幸福。可是我内心深处总觉得你妈妈是非常痛苦的。她是因为爱你所以才勉强耽在家里。她所以耽不下去了……就因为她对我再也忍受不下去啦。比里，原因不在你，原因在爸爸啊……”

一个七岁孩子的幼小心灵对这些话自然是似懂非懂的，但是比里被父亲沉重追悔的真情打动了，他流着泪，对父亲说：“爸爸……我爱你呀。”看到父子间第一次建立起了真挚的感情，有谁会不深受感动呢！

当比里在公园里玩耍不慎从攀登架上掉了下来，特德双手托着浑身血迹的儿子，发疯似地在街上奔跑……拦车；到了医院，他不顾医生的劝阻，坚持儿子动手术时自己在旁陪着。人们从他的表情上可以看出，比里的喊痛声，使他这个当父亲的心如刀割。作品就是这样步步深入地推出父子连心、情感深切的镜头揭示着感人肺腑的慈父之爱。因此，在乔安娜重新出现，要求领走比里甚至不惜诉诸法庭的时候，人们已经站在特德的一边，情不自禁地在为特德有可能败诉、被迫与比里分开而担忧了。

影片《克莱默夫妇之争》的结构，颇有值得称道的地方。它的头尾运用了对比呼应的手法。一开始是乔安娜不顾丈夫的劝阻坚决出走，流着眼泪进电梯下楼，结尾是乔安娜回来放弃了领走比里的要求，在丈夫的目送下，拭去泪痕进电梯上楼；开始是特德对家务活一窍不通，在厨房里手忙脚乱，鸡蛋都煎糊了，比里在旁看着，脸上露出不以为然的表情，结尾是父子俩在厨房配合默契，特德煎鸡蛋动作熟练，比里看着父亲，脸上带着信任的微笑；开始是邻居苔尔玛进来想为乔安娜的出走辩解几句，结尾是苔尔玛为宽慰特德来访，为他们父子即将分离洒下了同情的眼泪。

然而，故事真实、情节感人、结构出色等优点是否就构成了《克莱默夫妇之争》一鸣惊人、连获五个第一奖的全部因素呢？我看并不尽然。反映美国家庭崩溃的作品不光是这么一部。在我看过的为数很少的影片中，An Unmarried Woman和The Champion两片也是反映这个现实问题的。An Unmarried Woman讲述美国一个三口之家，夫妻感情一直很融洽，不料有一天，丈夫突然在路上对妻子说，他另有所爱，他觉得挺对不起妻子，可是又不能老憋在心里。妻子本是个正派人，听了丈夫的话顿感恶心，就趴在路边呕吐起来，接着是大段描写这个妇女怎样开始置家庭伦理道德于不顾，过起所谓“解放了的妇女”的生活来。阿拉伯文把片名译为《解放了的女性》，是掌握了这部针砭时弊的影片主旨的。这个故事给人的印象是，家庭的概念在美国已很淡薄，男男女女似乎都应该去追求个性的充分解放。The Champion（《冠军》）说的是一位曾称雄拳击场的冠军与妻子离婚后，独自抚养着自己的儿子，父子感情甚笃，儿子就叫父亲“冠军”。妻子改嫁给一位科学家，未再生育，因为思念儿子，乘着游艇前来探望他，把他接上船去玩，送给他玩具，并希望前夫能放弃孩子，让她收养。然而拳击家不同意，他决心让孩子得到幸福，起初赢了一匹马，送给孩子，但是他们这匹心爱的马在赛马中死了。拳击家又不顾年纪，执意重返拳坛，去赢一笔钱来给儿子买幢房子。他找到了旧日的经纪人，打了最后一场拳赛。格斗非常激烈，他好不容易才取得了胜利，但由于身体极度衰竭，一回到休息室就死了。这时，他的儿子、前妻都赶到室内，见状悲痛异常，儿子边哭边叫："爸爸……您到死也是冠军啊！"这部影片情节动人，催人泪下，反映的也是夫妻分离造成的悲剧。

举这些例子是想说明，《克莱默夫妇之争》之所以获得大奖、在世界各地引起反响，并不仅仅因为它反映了美国家庭的解体，也不只是拍摄高明的缘故。我总觉得，这部影片感人至深的地方是编导者给了成千上万个为家庭分裂的难题所苦恼、担心着的美国和西方观众以一种希望。

请看影片成功的一场戏：在法庭上。

特德和乔安娜为了争取领养儿子，成了被告和原告，持有完全敌对的立场。但是，旧日的夫妻之情也并没有骤然间就变成刻骨的仇恨。导演和演员都较好地掌握了这种心理和感情的基础。特德和乔安娜各自聘请的律师是那样的精明、厉害，他们发出接二连三的追问，问题是那样尖刻、冷酷。特德的律师通过紧逼追问，迫使乔安娜承认自己是个凡事失败的女人。这使特德对乔安娜产生了同情之心，他悄悄地对律师说："用不到逼得她这么凶啊。"而乔安娜的律师在质询特德的时候，也是不择手段，连特德私下告诉乔安娜儿子摔伤的事也端了出来。乔安娜对此深感歉疚，质询一结束，她就走到特德的身边，竭力解释并请求他原谅。

法庭上的交锋是十分激烈的，影片让特德发表了长篇讲话："……今天最重要的问题是为了我们的孩子，为了比里，应该怎样做最好……好的家长必须以经常不变的心情，必须有很大的耐心，必须能够倾听孩子的话，即使是不愿意听，也必须做得好像在倾听一样，要满怀爱情……”他描绘了他与比里每天的生活，强烈地呼吁乔安娜“请不要这样做吧，不要让这孩子再次遭到不幸吧！”这里，人们看到，乔安娜被特德的话打动了，他们之间出现了一个显而易见的共鸣点，那就是双方都怀着对孩子的爱，母亲爱儿子，父亲也爱儿子，夫妻分开了，他们对儿子的爱仍然是那样热烈、深挚。律师们咄咄逼人的质询，反倒沟通了特德和乔安娜感情上的交流。

接着，影片又插入了一个镜头：特德的邻居苔尔玛告诉他，她在为特德出庭作证以后，有可能与已经分手的丈夫查理言归于好。

影片将近结束时，特德理好了儿子的行李。他告诉比里，妈妈是爱他的，他和妈妈在一起生活将是快乐的。乔安娜来了，她好不容易止住了哭泣，对特德说：

“今天早晨起来之后……我一直在想比里的事。这孩子早晨醒来……在我给他画着飘浮的白云的房里醒来……要是我那里也能画些白云就好啦。因为……这样一来，可以他醒来时时感觉到在家里一样……我到这里是想把孩子带到家里去的啊，可是我想到，他现在就是在家里啊——”乔安娜克制不住，伏在特德肩上哭起来：“怎么办，我是多么爱这个孩子啊！……”乔安娜的话，同样刺痛着特德的心。

在同样痛苦的心情中，两人拥抱在一起……

人们可以看到，这对离了婚的夫妻出于对孩子的爱，又找到了共同的语言，还怀有一致的感情。读者和观众都会觉得，他们何必再分开呢，他们应该重新结合起来，这对孩子、对他们自己都要更好一些。我想，编导者正是这样寓希望于故事的结尾之中，引导观众这样去想的。片子结束了，观众却并无压抑沉闷之感，而是有些欣慰，因为他们看到了这对夫妻有破镜重圆的希望。

大家知道，在阶级社会中，文学的阶级功利主义的特点是始终存在着的。《克莱默夫妇之争》把美国家庭解体这种日常生活现象，当作描写的对象，当然是具有社会意识形态、表现作者的倾向的。编导者通过独具匠心的艺术手法，紧紧地巧妙地拨动着父爱、母爱这根感情的琴弦，去感染人们，指望爱子之心能成为解决家庭解体难题的灵丹妙药，取得神效。因此，《克莱默夫妇之争》受到美国和西方报刊的推崇和统治阶级的好评，似乎也是一件理所当然的事了。

简述比较文学的产生[①]

比较文学是中国一门新兴的学科，近些年来，在西方和阿拉伯各国的文学界则受到了越来越大的重视，已成为大学文学院高年级的必修课之一。

印度著名诗人泰戈尔于1908年谈到过比较文学的人文学使命。他说："我应邀来谈谈英文中称为comparative literature的比较文学。我想要阐明的只是一件事，如同土地并非各国人民所拥有的一块块地的面积总和，土地只有在耕种者和农民的掌握下才能有所出产。文学也一样，它不是各位作家的手笔所塑造的文学作品的总和，尽管我们中间有许多人用我所称为的农民看待土地的方式，在考虑文学。我们应该把自己从这个狭窄的天地里解放出来，应该努力把每个作家的作品视做一个整体，把这个整体看做是世界人类的创造的一个组成部分，并通过世界文学来看待这种世界精神的现象。我们现在是这样去做的时候了。"

不过，泰戈尔的这段话，说的仅仅是比较文学使命的一个侧面。目前，西方和阿拉伯国家中研究的比较文学，已涉及民族的、国家的、艺术的和人类的全面概念。

每一个了解欧洲文学史的人都知道，欧洲文学始终朝着两个方向

① 本文载于《外国语（上海外国语学院学报）》，1981年第3期，第54—58页。

在运动，一是超出，即超出本民族语言的范围，以接触其他民族的文学，不是去影响它们便是去汲取它们的成果；二是回来，也就是回到自己的本身，消化所汲取的养料，借以丰富自己、完善自己、更新自己的文学形式，在形象的艺术和人文方面奋力崛起。各国文学的复兴时代，都具有这种特色。拉丁文学仰仗它对希腊文学的模仿而兴起，意大利和西班牙文学曾在复兴时代的欧洲文学中独步一时；法国文学在古典主义时代的作用与影响有口皆碑。而18世纪末叶，在欧洲文学中名列前茅的则是英国文学和德国文学。到了近代，各国文学间的相互渗透、彼此合作，更加显而易见。可以说，一个有成就的作家或者文学批评家，如果不了解别国的文学而想写出令人信服的文学作品或文学批评来，那是难以想象的。

阿拉伯的民族文学，也有它的复兴和独占鳌头的时代。它在古代，曾受惠于希腊文学和波斯文学。到了中世纪，它与欧洲文学有了接触，用它在诗歌、骑士和爱情小说方面的文学题材，滋养了欧洲文学。以后，在文艺复兴时代和浪漫主义时代，两者之间交流不断，伊斯兰文学出现了许多崭新的领域。近代，阿拉伯文学与欧洲文学关系密切，它啜饮欧洲文学新兴流派的源泉，在艺术和人文方面，刻意求取完美。

比较文学另一个重要意义，在于它深刻地发掘着民族文学和世界文学创新时的实质和倾向。此外，比较文学又是现代文学评论不可缺少的基础，往往必须通过比较文学的深刻研究来证实现代文学评论的原则，探索世界文学进程的实质，并揭露艺术的和人文的文学真貌，以及各民族文学之间相互合作的情况。因此，甚至有人把现代文学评论称为比较评论。

不过，我们必须注意的是，发展本民族的文学，乃是每个从事比较文学的人的出发点和归宿，我们既不应对外国文学一概排斥，也不应该本末倒置，如果原想去河边汲水，结果却沉溺水中，那岂不是事与愿违了吗?!

比较文学首先在欧洲出现、形成它的概念，并分蘖出研究门类。

最早的一种文学影响另一种文学的现象，是希腊文学对罗马文学的影响。公元前146年，罗马人虽然打败了希腊人，但是在哲学、文化、思想等方面，却成了希腊文化的模仿者和继承人。罗马文学或称为拉丁文学的批评家们为了振兴自己的文学，提出了以后在文艺复兴时代出现的模仿理论的核心思想。不过，他们的模仿与亚里士多德主张的阐述总的艺术与自然界之间关系的模仿是两回事。贺拉斯（公元前85—5年）在《诗艺》中号召："追随希腊人的典范，昼夜不停地潜心加以研究。"罗马文学批评家奎利恩（Quintillian，35—96年）在解释这门对直到古典时代的文艺批评家都具有深远影响的理论方面，跨出了长足的一步。他对模仿作了一些总的规定：1. 模仿是作家与诗人不可缺少的艺术原则之一；2. 模仿并不容易，它要求从事模仿的作家或诗人具有特殊的如同临摹大自然一样的才华；3. 模仿不是抄袭原作的词句，而应当着眼于它的主题和方法；4. 模仿希腊的作家须选择自己胜任愉快的典型，有能力去粗取精，尽量模仿优秀的作品。当时，拉丁作家们一方面注意模仿希腊的前辈大师，另一方面又保留了自己的传统，因此可以说，这种模仿理论为罗马文学带来了繁荣，成了今天研究比较文学中的一个重要组成部分。

到了中世纪，特别在1395—1453年期间，欧洲各国文学具备了共同的因素，它们的倾向部分地得到统一，相互之间的关系渐形密切。这表现在两个方面，一是文学中宗教色彩浓厚，宗教人士是统治者，基督教的精神进入文学作品之中，拉丁语不仅是教会的语言，而且也成了科学和文学的语言；二是把当时许多民族文学统一起来的骑士色彩。对这个时代的比较文学研究领域，应当是寻找影响各民族文学倾向的总的因素，不管这些因素是来自基督教，还是来自阿拉伯东方。可是，这项工作并未能在那时开展起来，而一直留到近代，在文学史和文学批评的研究出现之后才着手进行。

文艺复兴时代的作品，冲破了中世纪宗教色彩严重的文学，带有强烈的人文主义倾向。作家、诗人们都很重视模仿理论，注意仿效希腊与罗马的前辈。意大利文学的兴起，同与希腊文学和罗马文学的接触是分不开的。如彼特拉克（1304—1374年）和薄伽丘（1313—1375年）两人对罗马文学都有较深的研究和造诣。彼特拉克称西塞罗（Marcus Tullius Cicero，公元前106—前43年）和维吉尔（Publius Vergilius Maro，公元前70—前19年）是古典学问的“两只眼睛”；而薄伽丘的《十日谈》则是通过古代罗马作家的行文、风格来表现反对禁欲主义，主张民主、平等思想的题材。到了15 世纪中叶以后，意大利更是形成了一股探讨亚里士多德的《诗学》和贺拉斯的《诗艺》的热潮，出现了保守和革新的两派，他们的对峙、辩论，一直延续到17世纪。

这里特别值得一提的，是法国亨利二世时代的七星诗社的作用。七星之一的多拉关于文学模仿理论的教学活动，可以说是最早的卓有成效的比较文学研究。

上述的模仿理论，在17世纪与古典主义时代渐趋完整。古典主义者把古希腊、古罗马推为典范，认为模仿理论的基础有两点，一是竭力推崇希腊和罗马的文学遗产，藉以借鉴；二是必须尽力超出被模仿的典型作品。他们主张，从事模仿的作家和诗人要注意三个原则：首先要挑选典型的作品，对这部作品的内容辨清真伪，因为古人也是人，也会有对有错；其次，模仿要符合时代的条件，古人也是为他们的时代而创作的；最后是不模仿使用本国语言的作家作品。这种模仿理论与比较文学的研究是有关系的，它说明，绝对的纯粹是不存在的；所有的文学作品和文学流派，都受到过影响；正确的模仿，有助于丰富本国的语言。

在古典主义时代，法国文学代表了欧洲的最高水平，文学家们不仅从古代希腊和罗马的文学和历史中去寻找题材，反映自己的思想感情，而且也受到非古典的其他民族文学的影响。到了18 世纪，欧洲各国之间来往密切，文学作品的翻译活跃起来，文学研究开始越出一个民族的疆域。这些，都是形成比较文学研究的客观条件，但是，直到

18 世纪末，大多数的文学史研究者，还只是停留在叙述作家生平、罗列作品的水平上，他们的分析，仅限于追溯词源、解释修辞词义。即使像伏尔泰（1694—1778年）这样在欧洲文学启蒙运动中占有突出地位的作家，曾经研究过莎士比亚，他的《扎伊尔》明显地受到《奥赛罗》的影响，他还在读了《赵氏孤儿》之后，写出了悲剧《中国孤儿》，然而，他的文学评论却并未涉及各种文学作品的历史渊源，没有从内容和技巧方面去阐述相互影响的关系，而且不注意产生作品的社会条件等因素，而这些，恰恰是比较文学的核心内容。

比较文学一直在等待着，到了19 世纪，它终于瓜熟蒂落，首先在欧洲的法国问世了。这是因为19 世纪出现了浪漫主义运动和科学的发展这两大倾向。浪漫主义作家们从他们强调主观精神和要求个性解放的角度出发，强烈地反对古典主义文学的创作原则，雨果喊出了“艺术自由”的口号。浪漫主义派分析文学作品，是把它们视为作家在自己特定环境中的活生生的实践，他们注意阐述作品与作者的环境、性格、阶级和他的其他文学作品之间的联系，作品的艺术特色，作家在这部作品中如何受到前人的影响，以及作品对浪漫主义者们自己的影响程度。这种观点，事实上与近代文学史和近代文学批评是息息相通的，对比较文学的产生具有直接的影响。这里，必须介绍一下法国的史达尔夫人（Madame de Stael，1766—1817年）和圣·佩甫（Sainte-Beuve，1804—1869年）两人的作用。史达尔夫人的《文学与社会制度的关系》一书，猛烈抨击古典主义创作法则，反对用固定不变的清规戒律去衡量文学作品。她主张采取历史比较的方法，从产生作品的社会环境中去理解和说明作品的特征，她在介绍德国文学的同时，特别注意指出德国文学与法国文学之间的相似处和不同点。她主张文学批评应建立在哲学基础之上，认为每个具有发达而自由的文学的国家里，文学批评都离不开哲学，因为哲学代表着孕育和伴随着文艺发展的思想潮流。这乃是近代文学批评的一个基本观点，也是比较文学研究的一个分支。

圣·佩甫是法国著名的文学批评家，也是世界近代文学批评的奠基人之一。由于圣·佩甫的缘故，文学批评第一次成了一种文学体裁。他把批评家放在作家的地位上，说文学批评应“教会别人怎样去阅读”。他对文学作品的分析，虽然没有超出法国民族文学的范畴，但他通过对作家生活细致入微的观察，去辨明作者的文化素养构成成分，应归入文学的世界思想意识形态家族的哪一家。这种方法，恰恰正是比较文学的精髓之一。

在浪漫主义运动中涌现出来的以史达尔夫人和圣·佩甫为代表的文学理论家们，积极主张研究外国文学的原著，研究作品与社会、作品与作家之间的关系，使文学批评朝着正确的方向前进。这些，对比较文学的产生都具有影响，但是，比较文学的终于问世，却还是仰仗于科学的发展。

19 世纪是近代的开始，蒸气与电力已广泛使用，并在社会科学上形成了一种崇尚科学、对事物好追根刨底的风气。这一切，在文学上的反映，是人们开始认为文学创作和文学批评应该遵循科学的纲领，凭借空幻理想的浪漫主义文学逐渐失去了它的群众，揭露贫困和不幸的现实主义终于在19世纪30年代之后诞生了。

在那些笃信科学的文学家中，有一位名叫艾尔内斯特·雷南（Ernest Renan，1823—1892年）的人，他的作品有两个基本思想，即坚信科学，坚信现象的辩证法。他在1855年发表《闪族语系的通史和比较提纲》，其中有一句对比较文学的产生具有深刻影响的话。他说：“人的觉悟可以被认为是成千上万种觉悟为着一个共同的目标，汇聚在一起的结果。”文学批评家们开始探索各种思想的根源，探索个人和国家的文化形成过程。

比较文学的产生是19 世纪的欧洲科学家们在探索真理、深入研究的过程中，运用比较方法的成果之一。在它出现之前，先有了“比较生物学”、“比较立法学”、“比较语言学”等。

法国作家埃德加·基内（1803—1875年）在他的哲学和历史著作

中，浪漫主义倾向突出，但他却深刻感受到从事比较研究的必要，他说:“我倾向于用另一个比现代文学更普通的名字，以彻底摆脱古代。人们已经在用‘比较法律学’，难道就不可以叫‘比较文学’或诸如此类的沿着这条道路前进的名字吗?”他后来于1842年在一所学院教南欧文学，很注意解释欧洲各国文学中的普遍倾向，阐述各国文学彼此之间的联系。与他同时代的许多人也是这样做的，这些人是比较文学的先驱者和奠基人，其中最享盛名的有三位法国文学批评家，他们是泰纳（Taine）、加斯东（Gaston）和勃吕纳吉（Brunetiere）。

泰纳（Hippolyte Taine，1828—1893年）的全部理论都建立在两个原则上。1. 自然因素与集合起来促进人类发展和持续进步的心理因素，是相互影响的；2. 科学研究一定会影响文学和艺术。

他在他的《英国文学史》序言中，把各民族的文学、艺术特点归结为三个渊源。一是种族。它是造成思想作品各不相同最有力的因素。二是环境，任何一个种族都必不可免地会受到在那里生活的地域环境、社会条件的影响。三是时代，泰纳称之为moment，亦即指导力量，从一国民族的文化遗产中去汲取要素，或解释为历史文化遗产对当代的影响。当然，他的种族、环境和时代三大要素决定文学的理论，是不充分的。不过泰纳扩大了文学研究的领域，跳出了民族文学研究的传统范围，在实践中，他的著作中收有把英、法文学做比较的例子，这一点颇值得推崇。总的来说，泰纳是个过渡性人物。有人认为，与其说他是个文艺批评家，毋宁说他是个哲学家。

加斯东（1839—1903年）是《中世纪法国诗歌》、《中世纪法国文学》等书的作者，他在文学题材和研究方法上，借助了当时业已出现了的对神话和民间传说的比较研究，通过他所说的 fabliau（韵文故事）来论证东方文学对西方文学的影响。加斯东断定，两种民族文学中出现同样体裁的故事，决不可能是偶然的巧合，必定存在着历史的渊源，但是他无法肯定，而只是相信，那是通过十字军战争，把东方流传的许多故事带到了西方，形成了韵文故事的核心。不过韵文故事对东方或阿拉伯的故事作了一些结构上的和艺术上的处理，按照法国的风俗习惯加以调整，使人毫不怀疑这些故事的法国根源。

加斯东的学生约瑟夫·贝迪埃（1864—1938年）在研究了韵文故事两卷集后，站出来反对他的老师。约瑟夫认为，所谓韵文故事这样的小品，属于民间文学性质，由于它们的简单、质朴，各民族都会产生类似的故事情节，谈不上影响他人或受到影响。约瑟夫的理论，证明他阅读广泛，见解深刻。他提出的看法新颖有趣，而且颇为可信。

这里需要重点讲述一下的，是法国的勃吕纳吉（1849—1906年）。他一生受达尔文的进化论影响殊深，欣赏17世纪的古典主义文学，反对为艺术而艺术的文学主张。他认为，进化论应当运用到文学中去，进化论必将会导致民族文学与其他文学之间的比较研究。他曾仔细地分析各类艺术作品及其性质，发现它们彼此之间存在着许多联系，由想象的形而上学的性质，逐步向现实主义的性质发展。例如绘画，最早的作品中，神话、宗教色彩鲜明，接下来大多属于历史性的题材，然后是反映人与周围环境的现实主义作品。处于原始状态的人们是刻画不出他们身边人物的。勃吕纳吉指出，文学作品之间存在着相似之处，又有明显的外来特点，他的结论是，一种文学体裁往往是另一种文学体裁的先导，为后者的产生准备了条件。他提出了一系列的问题："各种文学体裁是如何诞生的？它们得以产生的时间与空间的条件是什么？它们为什么各具特色、互不相同？又是如何像生物一样发展的？各种文学体裁凭借什么力量才克服了有害于它本质的因素，吸收并利用了各种有益于自身的因素？造成这些文学体裁衰落的因素是什么？一种文学体裁是怎么转变为另一种新的文学体裁的？……"面对这些问题，勃吕纳吉主张，文学家们必须超越本民族语言的范畴，去研究其他民族文学的原著，比如研究法国历史小说，就不应当忽略英国文学对法国文学的影响。

勃吕纳吉虽然被认为是竭力提倡比较文学及其研究的重要人物，但他在实践上过于死板。此外，勃吕纳吉认为文学体裁犹如动物族类一样进化演变，这也是许多人所不能接受的。

总的来说，由于泰纳、加斯东、勃吕纳吉等人的研究，比较文学的概念终于在19世纪末叶到20世纪初期这个阶段中，广泛地流传开来，出现了瑞士学者马克·莫尼埃所研究的从但丁到莎士比亚的文艺复兴史、丹麦作者乔治·布兰茨所著的《19世纪欧洲文学的总潮流》、英国学者桑茨·伯里写的《欧洲文学时代》。这些作品都涉及欧洲文学的各个时代，叙述了各国文学之间的相互影响，却都并不完整。真正被誉为比较文学之父的是J. 泰克斯特。他是勃吕纳吉的学生，曾潜心研究了各国文学之间的关系。他在阐述各种思想概念发展的时候，注意指出随着各民族的发展和社会状况的不同，这些思想概念的发展也不尽相同，并很重视把文学作品与社会生活联系起来分析。他说："在形成欧洲文学的日子里，各种文学批评当然将成为世界性的。届时，智慧的联系将变得坚实、根深蒂固，并将超越国家的疆域——如果这些疆域还存在的话，用精神纽带把各民族连结在一起，像中世纪似的，为整个欧洲缔造出同一种社会精神来。"

综上所述，我们从比较文学产生的过程中可以看出，比较文学研究的是文学遗产，它的思想性和艺术性及其形成的过程，研究当时的历史条件和社会环境，研究鉴赏力及其发展，社会生活和社会状况，民族及其倾向，要分析文学活动的根源、效果，研究文学遗产与外界的关系，一种文学体裁或题材如何在某一国产生，怎样对其他民族文学发生影响或受到其他民族文学的影响，等等。

比较文学这门课是国外大学文学院的公共必修课，开展对这门课的研究，无疑会进一步促进本民族文学的发展。

它山之石，可以攻玉[①]

——代前言

亚非国家和地区的对外开放、它们成功的经验和受挫的教训，对把开放和改革定为基本国策、正在加快社会主义现代化建设的我国，无疑具有重要的借鉴意义。

第二次世界大战以后，广大的亚非地区掀起了波澜壮阔的民族解放运动。亚非各国相继取得了独立以后，都面临着发展本国民族经济、实现经济独立以巩固政治独立的任务。它们审时度势，权衡得失，几乎先后都走上了对外开放的道路。否定闭关锁国，奉行对外开放政策，可以说已是当前亚非国家一股不可逆转的历史潮流。

对外开放为势所必然，但在实践过程中，又是困难重重，风险不断。是否成功，受到各种客观的、主观的因素制约。认真地研究与我国同属第三世界的亚非国家对外开放的经验教训，实事求是地加以分析，得出科学的结论，以便自己能够避害趋利、避短扬长，是从事亚非问题研究的人员一项重要的工作。

浙江省当代国际问题研究会和上海市国际关系学会亚非研究会经

① 本文载于朱威烈、方光明主编：《亚非国家的对外开放》，上海外语教育出版社1988年2月版，第1—4页。

过多次联系，积极筹备，于1986年10月在杭州召开了“亚非国家对外开放经验和教训”学术讨论会。与会代表，除浙江、上海有关单位的研究人员外，还有北京、四川、湖南、广西等地的专家、学者。他们中，有的长期从事亚非问题研究，积累了大量材料，不少人近年到过国外，实地考察，耳闻目睹，收集有第一手资料。所递交的论文，有观点，有理论，有实例，有分析，包括历史的借鉴和现实状况的论述，涉及经济、政治、文化等领域，覆盖面也广，从东亚国家和地区、东盟、缅甸、印度，直到波斯湾、中东、撒哈拉沙漠以南非洲。会议主要围绕三个专题进行讨论：对外开放对亚非国家和地区政治、经济、文化的影响，亚非国家和地区对外开放的经验教训，我国如何借鉴这些经验教训。代表们的发言，热烈而紧凑，会议领导小组经过整理归纳，认为要搞好对外开放，包括我国在内的亚非国家和地区都要注意正确处理好以下十大关系：

一、实行对外开放与完善内部机制的关系；

二、加速经济增长与促进政治、经济、文化均衡发展的关系；

三、吸引外资与引导、调节、管理外资的关系；

四、引进技术与加以消化、吸收、改造的关系；

五、加强同世界经济的联系与建立独立的民族经济体系的关系；

六、发展生产与调节消费需求、改善分配制度的关系；

七、引进来（引进资金、技术、人才）与走出去（利用本国人力、智力、财力积极参加国际竞争）的关系；

八、发展经济与调整本国产业结构的关系；

九、“南北”交往与“南南”合作的关系；

十、城市先进地区开放与农村落后地区开放的关系。

许多代表都强调，对外开放，要追求政治、经济、文化等领域的平衡发展，争取社会全面进步的整体效益。综观历史，亚非国家从近代史上被西方列强用炮舰轰开国门的被迫开放，到当代顺乎现代化建设潮流的主动开放，随着从殖民地、半殖民地转为独立国家，它们对外开放的性质已发生了根本的变化。当前的对外开放是一项系统工程，各国间经济、思想、文化上的交往，是一个双向的、复杂的流动过程，要从整体上加以把握，依靠正确的政策去引导。如果只顾一端，忽略其他，必然遗患无穷，导致失败。马克思、恩格斯早在1848年《共产党宣言》中就已指出，由于资产阶级开拓了世界市场，“过去那种地方的民族的自给自足和闭关自守状态，被各民族的各方面的互相往来和各方面的互相依赖所代替了。物质的生产如此，精神的生产也是如此。各民族的精神产品成了公共的财产”。这里，明确地把精神文明的交流同物质生产的交流，放在同等重要的位置。也就是说，我们在经济对外开放，引进外国资金、先进技术，加强物质建设的同时，必须重视吸收外国——东方的和西方的——优秀文化，抓好精神文明的建设。本书多篇论文涉及这方面的内容。这对于引导人们从理论的高度去理解对外开放，从宏观上加深对物质文明建设和精神文明建设的密切关系和对外开放渐进性的认识，显然是有裨益的。

应当指出，经济对外开放对本国的政治体制都会形成合理的不合理的、或多或少的冲击，对此，应有足够的重视。有的国家开放了，未能及时地调整政策，或本身缺乏承受能力，外来的冲击波使错综复杂的社会矛盾激化，酿成社会动乱和政权更迭，如菲律宾、伊朗的情况便是如此。就我国而言，从1979年的《中华人民共和国中外合资经营企业法》到1986年《国务院关于鼓励外商投资的规定》等一系列法令、措施，以及党的十二届六中全会通过的《关于社会主义精神文明建设指导方针的决议》，都充分说明我国的对外开放和全面改革，是有领导、有步骤、有方向、有原则的，社会主义制度具有高度的自我完善和发展能力，我们要建设的，是具有中国特色的社会主义现代化。因循守旧、固步自封或用资产阶级自由化来阻碍干扰当前的改革和开放，那就从根本上违背了四项基本原则，违背了建设高度发展的社会主义商品经济、社会主义民主和社会主义精神文明的战略目标。

本书汇集了三十多位专家、学者的研究心得，提出了不少有价值的见解和建议，可以供我们参考，有助于我们深思。国内专就亚非国家和地区对外开放立论，辑录成书，这恐怕还是第一次。我们希望，这本集子在撷取亚非国家和地区对外开放之长，力矫封建主义、资本主义之弊方面，能起到应有的社会效益。

应该说明一下，本书研究的亚非国家和地区，是包括了南朝鲜、我国的台湾和香港等地区在内的。

王任重副委员长在百忙之中为我们题写了书名，我们由衷地表示感谢。

本书的出版，得到上海外语教育出版社的大力支持，陈和丰、金应忠、潘光、蔡志云、冯颖钦等同志审阅了部分文章，在此统致谢忱。

1987年1月于上海

从文化战略视角 看季羡林先生的学术思想[①]

季老的学问，博大精深，既有专业方面功力深厚的鸿篇巨制，又有涉及文化学、伦理学、社会学等许多学科门类的精辟论述。我自揣浅陋，不敢妄评。这里，谨想从建设具有中国特色的社会主义文化或代表先进文化发展方向的角度，谈一点对季老学术思想的管窥蠡测，请各位专家学者指正。

20世纪80年代末90年代初，世界形势发生了巨变：冷战结束，两极体制告终。十多年来，国际社会包括发达国家和发展中国家的观察家们，一直在关注和讨论国际格局是单极化还是多极化，经济全球化是利是弊，以及文化究竟是走向一体化还是多元化。

文化因素之所以成为备受国际学术界瞩目的重要层面，实是时势使然。雅尔塔体制的崩溃，使国际格局处于从一度失衡向多极化格局过渡的历史阶段。一方面，原先被掩盖的矛盾得以陆续彰显，不时发生的民族、宗教冲突，已严重到酿成流血事件甚至局部战争的状态，反映出不同文化间矛盾激化的程度；另一方面，冷战的结束丝毫不表明持续近半个世纪的冷战思维模式也随之成为历史，事实上，并未淡

① 本文是应《文史哲》主编蔡德贵教授邀请，参加山东大学百年华诞暨“季羡林学术思想研讨会”上的发言，载于《文史哲》，2002年第1期，第30—32页。

化的各种意识形态，换用价值体系、文明体系等概念依然争论不息。欲占据全球主导地位的美国，从实力出发，在政治、经济和文化等各个领域，都竭力推行霸权主义。在包括意识形态、民族、宗教、传统文化等精神价值观念在内的文化范畴，矛盾与斗争依然尖锐存在，“冷战意识”非但没有销声匿迹，反而屡见不鲜，既毋庸掩盖也无法淡化。顽固地在文化领域中坚持双重标准的现象，在美国的对外文化战略中，表现得尤其淋漓尽致，必须引起我们的高度重视。

从国际范畴就文化关系发表的突出言论看，大致有二，一是美国塞缪尔·亨廷顿教授发表在1993年夏季号《外交季刊》上的《文明的冲突》，他认定西亚北非的伊斯兰教和东亚的儒家学说是苏联解体后西方所面临的最大威胁：二是我国著名的东方学家季羡林教授90年代中期提出的“上下五千年，纵横十万里，东西文化的变迁是‘三十年河东，三十年河西’”，文章主旨是强调东方文化与西方文化的联系和互动，东方文化在新世纪中所起的作用和应占有的地位。从文化研究角度看，亨廷顿教授虽然提出了国际环境中文化因素日趋上升的重要命题，但他文章的立意，只是出于狭隘、偏激的政治战略或民族主义情绪，强调西方文化的优越性和特殊性，贬低或排斥异己的文化类型，将彼此间的差异绝对化，似乎各文化类型间只有矛盾和对抗，而没有相互补充、融合的另一面。这种新的“冷战话语”，反映出西方文化与其他文化间的不平等关系，是借文明冲突或文化冲突为由贯彻霸权主义国家的政治意图，谋求它自己的经济利益。简而言之，他是想指明，经济全球化必然或者应该导致文化一体化或称文化西方化亦即美国化。事实上，亨廷顿教授沿袭了长期流行的西方中心论文化观，他既不可能客观公正地描述东西方文化的交往史，也不敢或无力正视新世纪不同文化类型间正常的互动关系和平等交往的价值基础。

季先生的文章既反对“欧洲中心主义”，反对民族歧视，也并不张扬“东方中心主义”。他针对近几百年来，西方文化产生的弊端颇多，如环境污染、大气污染、臭氧层破坏、生态平衡破坏、物种灭绝、人口爆炸、新疾病丛生、淡水资源匮乏等，认为这些弊端产生的根源，与西方文化的分析思维方式有紧密联系，拯救之方，就是弘扬以综合为基本思维方式的东方文化，反对“征服自然”的口号，主张“天人合一”，即人与大自然做朋友、不做敌人。不过，他也明确指出，我们最重要的任务是学习、了解，因为我们中国人自己也并不全了解中国、了解东方、了解东方文化。季老从文化比较研究着手，阐明东西方文化的差异，以探索与人类和世界未来有关的重大问题，寻找解决问题的途径。这在包括中国文化、印度文化和阿拉伯伊斯兰文化等主要体系在内的东方文化处于相对弱势的世纪转换时期，在全球化的各种观念、符号、象征、形象大都由西方意义的生产体系所制造，中国与大多数发展中国家处于被西方主导的全球化体系“接纳”或“拒绝”的历史阶段，不啻是一声巨响，一声反映正直的东方学者发自肺腑、充满睿智卓识的呐喊!

改革开放二十多年来，季老怀着强烈的振兴中华民族文化的历史使命感，对文化、文化交流、文化比较、文化建设和发展等各个层面，发表了大量时代性、前瞻性和学术性都十分鲜明的演讲、论文、考证、散文、随笔，其中在文化分类、东西方文化的主要特点，以及如何发扬我中华文化审时度势兼收并蓄的传统，通过“拿来”和“送去”这样的方法，一砖一瓦地构筑起21 世纪中华民族先进文化，一直让我这样的门生弟子深切地感受到季老的论述，具有重要的指导意义和战略意义。

季老说:“东西文化之分，古已有之，于今为烈而已。”季老把中国文化、印度文化和阿拉伯伊斯兰文化归入东方文化体系，把自古希腊、罗马至今天的欧美文化称为西方文化体系，无疑比古波斯人和阿拉伯人当时的分类更全面、更具学术性、也更能为今人所用。这样的文化分类法，建立在学术上正本清源、厘清东西方文化价值观念基础上，包含着思维方式、处世哲学、行为规范、道德标准等一系列的评价体系，对爱与憎、真善美与假恶丑、正常与荒谬、正义与非正义等社会行为和现象的价值取向。就方法论而言，季老说："东方主综合，西方主分析。"也就是说，东西文化既有相通之处，也有差异，因为两类文化是在不同的自然环境和经济条件下形成的，在相对分离、各自发展的社会里，自成天地，各有千秋。季老的观点，是客观公允的科学论断，没有敝帚自珍的孤芳自赏，也不带有一风压倒另一风的武断。我以为，季老的立足点十分明朗，即在当前实际上是以西方文化为主导的经济全球化过程中，中国文化所承袭的直观、类比的形象思维方式，重"守一"和"齐一"，用简约、笼统的语言概括自然与社会的传统，同西方文化倾向具体性、精确性，逻辑思维严密和刻意求异的传统相比，在追求创新的目标导引下，已感受到压力，正处在中西文化激烈撞击、努力融合、寻求发展的时期，这就迫切地需要把善于综合与善于分析的方法结合起来。

大家知道，这种综合与分析方法的结合，亦即要做到中西贯通，殊非易事。因此，季老又明确提出，"最重要的任务就是学习，就是了解。"我这一代人，大都已到了"耳顺"之年，论对国外文化的了解，虽有一点著述，但只是一鳞半爪，论对国学——中国文化的积累，更是不敢望季老的项背。因此，建设社会主义中国的文化，不知中国文化的"己"，也不知国外文化的"彼"，始终只能是空口说白话。重学习，中外一致，古今皆然，贯穿我国文化建设全过程的，首先应该是学习和了解。

季老在文化交流和文化建设上，一直坚持鲁迅先生倡导的"拿来主义"。他说："对西方文化……今天我们仍然拿来，只要拿得不过头，不把西方文化的糟粕和垃圾一并拿来，就是好事。"历史地看，世界上的主要文化，包括中国文化、印度文化、阿拉伯伊斯兰文化和西方文化，都不是在与外界隔绝的环境中孤立地成长发展起来的，而是在与外来文化不断交流、碰撞和冲突中，不时吸收异己文化的成果而进一步丰富、壮大的，前提是吸收异己文化观念和社会行为，必须要被主体民族内化为心理世界的内在尺度，符合主体民族赖以进行活动的心理准则。可见，季老的学习主张，旗帜鲜明，具有明确的原则性，即要做到“以我为主，为我所用”。

特别有新意的而且是季老最近还在提倡的，是他的“送去主义”。这些年，因工作关系，我经常会有机会参与与国外的学术交流和文明对话。说实话，我每次都有一点“骄傲”，感到我们对国外的了解，要比他们对中国的了解多一些，但更多的是一种困惑：怎么能让更多的外国人真实地了解我国，我们的国情、思维方式、是非观念、道德标准……？这种陌生，不仅造成了文化沟通和理解上的困难，而且已不时造成政治、军事、安全上的误判。我们研究阿拉伯伊斯兰世界的专家学者，已经译成出版的《古兰经》大约有十三四种版本，近年大江南北一窝蜂地出《一千零一夜》，也不知有多少版本，可是，阿拉伯方面的不少成名学者有印象的中国文化著作，仍只有北大已故马坚教授三四十年代在开罗出版的《论语》。近年，埃及、摩洛哥等不少国家都希望与我国开展翻译项目，即各方推荐一些有代表性的著作，译成对方的文字，在对方出版。季老倡议：“为了全体人类的福利，为了全体人类的未来，我们有义务要送去的，但我们决不会把糟粕和垃圾送给西方。”这确实是适应时势和未来需要的呼吁，是一项宏大的文化规划，一要对中国的优秀文化著作进行整理、筛选，二要组织翻译队伍和筹集资金。除了今后我们还必须仰仗季老这样学术界泰山北斗人物的登高呼吁，各地文化机构与各高校恐怕也得把此当作一件长期的战略任务，尽心竭力地去落实，以期集腋成裘、聚沙成塔。

在当前经济全球化的形势下，东西方都有人在侈言经济全球化必然会导致文化一体化。但是，世界上客观存在的多元文化，都是通过长期的积累、沉淀形成的，它们因各民族文化的价值观念体系存有不会迅速消失的差异和分歧而得以确定，具有相对稳定性。尤其是植根于悠久历史和灿烂文明的民族文化，即使因主客观原因在某一个历史阶段处于弱势，也不会被异族的强势文化完全吞噬或同化。因为从整体上看，这类文化所塑造的民族性格，优点长处总是多于缺点短处，常能自强不息，不甘人后，使民族国家得以存续千百年而不衰，屡遭外敌入侵而不亡。另一方面，民族文化又充满差异，不断变移，具有兼容性。它吸收、增加新文化，非但不会削弱固有文化的发展，反倒会使固有文化的积累和传播有所扩大。因此，文化的差异、矛盾和冲突，只要处理得当，完全可以通过交往、对话逐步取得谅解。古代出生在山东的孔子说："君子和而不同。"意思是说，要承认"不同"，在"不同"的基础上形成"和"，即和谐、融合，能使事物得以发展；当代也是出生在山东的季羡林教授进一步倡导在中西方文化的交流过程中，设定我们的文化战略目标、研究方法和实施手段。这对我们身处信息时代，在十分频繁的文化交往中，积极地吸收各国优秀的文化成果，更新自己的传统文化，做到洋为中用，推陈出新，同时坚持改革开放、与人为善，把我们文化中的精华送出去，做到中为洋用，共同发展，无疑是有益、有利、且富有成效的高瞻远瞩之举。

在人文社会科学领域，可以说已形成了"季羡林学派"，在东方文化研究方面，则可称为"季氏东方学"。如何梳理、归纳、研究并发扬光大之，恐怕得仰仗山东大学、北京大学、复旦大学这样的综合性大学。以上刍议，只是想提出一个认识季羡林学术思想的视角，旨在抛砖引玉，求教各位，不当之处，敬请批评。

《国际文化战略研究》绪论[①]

20世纪80年代末、90年代初，随着柏林墙倒塌、苏联解体、海湾战争等一系列事件的发生，世界形势发生了巨变：冷战结束，两极体制告终。十多年来，国际社会包括发达国家和发展中国家的观察家们，一直在关注和讨论国际格局是单极化还是多极化，经济全球化是利是弊，以及文化究竟是走向一体化还是多元化。本文旨在将当代国际关系的研究从政治、经济领域延伸到文化领域，以期适应国际关系发展的客观现实，并为构筑我国的文化战略提供一些个案的分析与研究。

文化因素之所以成为备受国际学术界瞩目的重要层面，实是时势使然。雅尔塔体制的崩溃，使国际格局处于从一度失衡向多极化格局过渡的历史阶段。一方面，原先被掩盖的矛盾得以陆续彰显，不时发生的民族、宗教冲突，已严重到酿成流血事件甚至局部战争的状态，反映出不同文化间矛盾激化的程度；另一方面，冷战的结束丝毫不表明持续近半个世纪的冷战思维模式也随之成为历史，事实上，并未淡化的各种意识形态，换用价值体系、文明体系等概念依然争论不息。欲占据全球主导地位的美国，从实力出发，在政治、经济和文化等各个领域，都竭力推行霸权主义。西方国家始终在利用“自由”、“民主”、“人权”等本身内涵界定存有分歧的价值观，不断打压发展中国

① 本文载于朱威烈主编的《国际文化战略研究》，上海外语教育出版社2002年版，第1—11页。

家，在整个90年代愈演愈烈。对此，邓小平同志曾作过明确的表述："我希望冷战结束，但现在我感到失望，可能是一个冷战结束了，另外两个冷战又已经开始。一个是针对整个南方、第三世界的，另一个是针对社会主义的。西方国家正在打一场没有硝烟的第三次世界大战。"可见，在包括意识形态、民族、宗教、传统文化等精神价值观念在内的文化范畴，矛盾与斗争依然尖锐存在，"冷战意识"非但没有销声匿迹，反而屡见不鲜，既毋庸掩盖也无法淡化。比如，西方国家自己大力取缔、镇压邪教，却反对中国打击反科学、反人类的"法轮功"邪教；它们长期标榜公平竞赛、体育与政治相分离的奥林匹克原则，但对中国申办奥运会，却又借口人权、宗教自由等千方百计地加以阻挠。这种顽固地在文化领域中坚持双重标准的现象，在美国的对外文化战略中，表现得尤其淋漓尽致，必须引起我们的高度重视。

从国际范畴就文化关系发表的突出言论看，大致有二：一是美国塞缪尔·亨廷顿教授发表在1993年夏季号《外交季刊》上的《文明的冲突》，他认定西亚、北非的伊斯兰教和东亚的儒家学说是苏联解体后西方所面临的最大威胁；二是我国著名的东方学家季羡林教授在90年代中期提出的"上下五千年，纵横十万里，东西文化的变迁是'三十年河东，三十年河西'"，文章主旨是强调东方文化与西方文化的联系和互动，东方文化在新世纪中所起的作用和所占有的地位。从文化研究角度看，亨廷顿教授虽然提出了国际环境中文化因素日趋上升的重要命题，但他文章的立意，只是出于狭隘、偏激的政治战略或民族主义情绪，强调西方文化的优越性和特殊性，贬低或排斥异己的文化类型，将彼此间的差异绝对化，似乎各文化类型间只有矛盾和对抗，而没有相互补充、融合的另一面。这种新的"冷战话语"，反映出西方文化与其他文化间的不平等关系，是借文明冲突或文化冲突为由贯彻霸权主义国家的政治意图，谋求它自己的经济利益。简而言之，他是想指明，经济全球化必然或者应该导致文化一体化或称文化西方化亦即美国化。事实上，亨廷顿教授沿袭了长期流行的西方中心论文化观，他既不可能客观公正地描述东西方文化的交往史，也不敢或无力正视新世纪不同文化类型间正常的互动关系和平等交往的价值基础。

季羡林教授的文章既反对“欧洲中心主义”，反对民族歧视，也并不张扬“东方中心主义”。他针对近几百年来，西方文化产生的弊端颇多，如环境污染、大气污染、臭氧层破坏、生态平衡破坏、物种灭绝、人口爆炸、新疾病丛生、淡水资源匮乏等，认为这些弊端产生的根源，与西方文化的分析思维方式有紧密联系，拯救之方，就是弘扬以综合为基本思维方式的东方文化，反对“征服自然”的口号，主张“天人合一”，即人与大自然做朋友、不做敌人。不过，他也明确指出，我们最重要的任务是学习、了解，因为我们中国人自己也并不全了解中国、了解东方、了解东方文化。季老从文化比较研究着手，阐述东西方文化的差异，以探索与人类和世界未来有关的重大问题，寻找解决问题的途径。这在包括中国文化、印度文化和阿拉伯伊斯兰文化等主要体系在内的东方文化处于相对弱势的世纪转换时期，在全球化的各种观念、符号、象征、形象大都由西方意义的生产体系所制造，中国与大多数发展中国家处于被西方主导的全球化体系“接纳”或“拒绝”的历史阶段，不啻是一声巨响，一声反映正直的东方学者发自肺腑、充满睿智卓识的呐喊！

由此可见，研究各国文化战略，探索各类文化的发展趋势和命运，虽然不能不作政治、经济的考量，但首要的任务则应从学术上正本清源，厘清东西方文化的价值观念体系，否则难免成为张冠李戴的无稽之谈。

我国2000年版《辞海》对“文化”的定义，是在国际社会出现“文化热”后修订过的。本书论述的主要是其狭义部分，即“精神生产能力和精神产品，包括一切社会意识形式；自然科学、技术科学、社会意识形态。有时又专指教育、科学、文学、艺术、卫生、体育等方面的知识和设施”。学者们研究时，会从不同视角、不同层面对文化进行细分，作出自己的归纳和结论，虽不一律，却并不脱离上述义项的范畴。

一般来说，人际交往，本质上就是文化。因为人在社会化的过程中形成了自己的价值观念体系，在与作为异己文化的载体——外国人的交往中，又不可避免地发生价值取向的比较、碰撞或融合。所谓价值取向，是讲一种文化对爱与憎、真善美与假丑恶、正常与荒谬、正义与非正义等社会行为和现象的认定。价值观念体系虽然看不见，摸不着，处于无形，但却无时不在，无处不在，对文化群体具有规定性和指导性的作用，实际上是人们行为的准则，思维的方式，处世的哲学，道德的标准，以及评价事物的体系，是这个文化群体的集体无意识，民族性格的基础。

我们一般把中国文化、印度文化和阿拉伯伊斯兰文化归入东方文化体系，把自古希腊、罗马一直到今天欧美的文化称为西方文化体系，或叫基督教文化体系。东西方文化之间既有共通之处，也有差异。当前，在实际上是以西方文化为主导的经济全球化过程中，深入了解中西文化的主要特点和差别，对悠久的中华文化扬长避短，推陈出新，应是十分必要的。

以中西文化价值观念的核心坐标区分，首先是人与自然的关系。中国哲学一直把“天人合一”视作包括大传统和小传统在内的一切思想体系的出发点和归宿。对“天”和“天人合一”，学术界有各种诠释和争论，这里不妨取其最简扼易懂的释义和说明:《荀子·天论》称:“列星随旋，日月递照，四时代御，阴阳大化……是之谓天”，意即泛指物质的、客观的自然;“天人合一”则是强调“天道”和“人道”，“自然”和“人为”的相通、相类和统一的观点。中国人传统把“天”看作自然，主张“天人合一”，亦即主张人应顺从自然规律，追求与自然的和谐统一。即使是今天，为求发展到处都强调要把握机遇的时候，人们也仍然视“机遇”为“天时、地利、人和”，认为“谋事在人，成事在天”。

西方人则不同，他们受基督教“原罪说”的影响，一生为赎罪而奋斗，致力于改造自然，将人与自然相分对立，认为人处在支配、征服自然的位置，解决人生问题强调个人作用。尽管中国人和欧美人都认为世界是由物质组成的，都是由两个相反相成的要素构成，如阴阳、天地、水火、日夜……但中国的思维方式强调世界的组成部分相互依存，构成了矛盾的统一体，即所谓"万物皆一"；而西方则认为世界的组成部分是对立、并存的，相互独立。可见，我们强调统一，西方强调对立。与此相关的是认识论。中国人或东方人认识自然，靠直觉或直观思考，把个人、自然、社会看成一个统一体。"学习"一词按中国《说文解字》和《辞海》的解释，意为"觉悟"、"效法"，把主体与客体、认识与道德论相融合，人和自然合二为一，因而人们在认识自然的过程中，往往重视统一，容易忽略差异与对立。而西方从古希腊开始，就形成了以"求真"为目的的文化取向。认识自然规律，始自假设，运用分析方法验证假设，全过程中注重逻辑推理和差别对立。就思维方式和社会行为而言，中国人通常重内省，追求内心世界的平和，身心与环境的相适应，历来把"知足常乐"、"宁静致远"等当作至理名言；行为上主张适可而止，不走极端，尊崇中庸之道。而西方人则偏重外向追求，通过发展和改造世界以获取利益，赢得个性自由；在待人接物方面，性格外露，喜抗争，好冒险，习惯沿袭要么肯定，要么否定的推理方式。

中西文化传统上的这些差异，是在不同的自然环境和经济条件下形成的，在相对分离、各自发展的社会里，各有千秋，自成天地。一千年前，中国北宋时期文化繁荣，曾高居全球榜首。但在"世界成为一个小村庄"，全球化导致高科技、知识经济迅猛发展的现在，中国文化所承袭的直观、类比的形象思维方式，重"守一"，和"齐一"，用简约、模糊的笼统语言概括自然与社会的传统，同西方文化倾向于具体性、精确性，逻辑思维严密和刻意求异的传统相比，在追求创新的目标导向下，已感受到压力，正处在一个中西文化激烈撞击、努力融合、寻求发展的时期。

中西文化的另一个分野，表现在行为规范上。中国文化崇尚集体取向，主张“先人后己”，“先天下之忧而忧，后天下之乐而乐”，把家庭和国家利益置于个人利益之上。所谓“修身齐家治国平天下”，是由近及远，推己及人，进而包括家庭、国家、天下，显然是把“做人”放在首位，反映了农业文化强调处世做人，重视人与自然的和谐，协调人与人之间的关系。这既不同于三大一神教的发祥地——中东地区的沙漠文化，也有别于西方源于古希腊的开放性海洋文化——西方文化强调个人奋斗，追求个人自由、个人享受，偏重于追求世界本体，以认识自然和客观世界，那是一种重在“做事”的个人取向。怎么取长补短，将“做人”与“做事”协调起来，中国著名美学家朱光潜先生曾提出“以入世的精神做事，以出世的精神做人”，无疑是一个容易被大多数中国知识分子接受的观念，也体现了中国文化审时度势、兼收并蓄的特点。

再有，是中西方文化在追求稳定和追求变异上的差异。中国人千百年来一直致力于实现温饱型经济，人心怕乱、怕变，向往和平、统一、稳定，视安居乐业为幸福。中国文化通常总是在保持稳定的前提下，求生存、求发展、求进步的。而西方文化则不然，始终不断地坚持求变、求新，为追求财富、地位和机会，冲破传统社会秩序出人头地的人，一直被西方社会视为“英雄”。

中国人的求稳和西方人的求变，在当前全球化形势下，人类的互动程度越来越高，联系越来越密切，已都有一些变化。中国人在继续强调“先公后私”、“急公好义”的同时，开始注重维护个人应有的权益，法制建设正渐趋完善。“不患寡，患不均”的绝对平均主义概念，已被要求机会均等而非结果均等所代替。“知足常乐”的旧观念，已不代表社会的主流，而只是成为劝慰弱者或弱者自慰的格言。勇于革新，开拓进取，富于竞争意识的精神正在形成，而且受到了社会的褒扬。同时，西方社会由于充斥家庭破裂、暴力事件，各种丑闻迭曝，也出现了求静的趋势，如对回归自然的倡导，强调维护家庭伦理，对东方文化表现出越来越强烈的兴趣，等等。

中西文化还有其他层面上的差异，这里难以备述。总之，文化的价值观念，乃是民族社会在长期的特定历史条件下形成的，是地理、气候、生态、政治、经济等各种因素的无形凝聚，已成传统，相对坚固。它是一种思维习惯，也是一种行为模式和生活方式，在与异己文化的接触、交往或谈判的过程中，必然会表现出来。因此，从理性上大致把握住不同文化的价值观念体系，是文化交往和文明对话的重要基础之一，舍此而以个别、偶然的现象来判定对方文化的本质，并进而采用粗暴生硬的方式予以对待，那就肯定会出差错，造成误解、伤害和损失。

当前世界上客观存在的多元文化，都是通过长期的积累、沉淀形成的，它们因各民族文化的价值观念体系存有不会迅速消失的差异和分歧而得以确定，具有相对稳定性，尤其是根植于悠久历史和灿烂文明的民族文化，即使因主客观原因在某一历史阶段处于弱势，也不会被异族的强势文化完全吞噬或同化。因为从整体上看，这类文化所塑造的民族性格，优点长处总是多于缺点短处，常能坚持自强不息，不甘人后，使民族国家得以存续千百年而不衰，屡遭外敌入侵而不亡。但另一方面，民族文化又充满差异，不断变移，具有兼容性。它吸收、增加新文化，非但不会削弱固有的文化的发展，反倒会使固有文化的积累和传播有所扩大。世界上的主要文化，包括中国文化、日本文化、阿拉伯伊斯兰文化、印度文化和西方文化等，都不是在与外界隔绝的环境中孤立地成长发展起来的，而是在与外来文化不断交流、碰撞和冲突中，不时吸收异己文化的成果而进一步丰富、壮大的，前提是吸收异己文化的观念和社会行为，必须要被主体民族社会内化为心理世界的内在尺度，符合主体民族赖以进行活动的心理准则。

那么，在经济全球化正随着世界绝大多数国家加入世贸组织而成为潮流的当前形势下，各民族文化是否会走向一体化呢？回答这个问题，似不妨把联合国作为一个参照物。联合国成立半个多世纪了，它是一个“维护国际和平与安全，发展国际间以尊重各国人民平等权力及自决原则为基础的友好关系，进行国际合作，以解决国际间经济、社会、文化和人类福利性质的问题”的国际组织，它没有也不可能要求它的成员国一体化，成为一种制度、一种模式。同样，从世贸组织的宗旨看，它是要“建立一个完整的包括货物、服务与贸易有关的投资与知识产权等更具活力更持久的多边贸易体系”，是一个协调管理贸易的机构，也不可能使世界上差别巨大的各国经济成为一种模式。事实上，参加世贸组织，对广大发展中国家来说，始终是风险与机遇并存，要承受的更多的是挑战和压力。统计数字表明，全球将近2/3的“自由贸易”不是在国家间进行的，而是在约200家跨国公司内部或它们之间进行的。世界最大的50个经济实体是私营公司，其中最大的10家公司的销售总额，超过了世界上最后100个国家加在一起的国民生产总值。这至少说明，截至目前，经济全球化的最大获益者是跨国公司。正是凭借了资本自由流动的权利，跨国公司才可能在全球配置资源，寻找最低生产成本和最近税收线路，实现利润的最大化。发达国家是经济全球化的积极推动者，它们掌握着世界经济的主动权，但是，它们内部也不时响起反对全球化的巨大声浪，不少舆论认为是全球化造成了大量失业、贫富悬殊和生态破坏，西方国家游行示威的群众反对“经济全球化，利润私人化”，反对漫无边际的全球化，反对“一切权力归跨国公司”。由此可见，对各国——发展中国家和发达国家——而言，经济全球化都是一柄双刃剑，都需注意趋利避害。脱离了现实，侈言经济全球化就必然导致文化一体化，岂非向壁虚造、想当然耳。

不同文化的民族、国家间，历史上确实出现过纷争和冲突，甚至导致了战争。但人类社会经过了几千年的发展，特别是经历了20世纪造成空前浩劫的第一、第二次世界大战，才埋葬了两个野蛮的制度——殖民主义和法西斯主义，挽救了人类文明，推动了历史的发展。而冷战的结束，又使世界政治格局出现了巨大变动，多极化趋势发展迅速，和平与发展成了反映时代进步的主题。当前西方那些主张文化一体化，把其他民族文化树为假想敌的一系列言论，说到底，并非是在探讨文化发展的规律，而是企图凭借其军事、技术、经济等方面的优势，摆脱联合国宪章原则和国际法准则的约束，任意干涉他国内政，侵犯他国主权，甚至发动侵略战争的霸权主义在文化领域的表现罢了。

从理论的视角看各主流民族文化的价值观念，可以发现它们本质上都无不以追求正义、平等、和平为道德制高点，诉诸战争，仅是对付那些侵略、暴虐、冒天下之大不韪行为的一种手段。因此，文化的差异、矛盾和冲突，只要处理得当，完全可能通过交往、对话逐步取得谅解，达成共识，从而推动各自文化的发展。孔子说："君子和而不同。"意思是说，要承认"不同"，在"不同"的基础上形成"和"，即和谐、融合，能使事物得以发展。当今世界已进入信息时代，文化交往十分频繁，用"和而不同"的态度来对待各国文化，吸收它们优秀的文化成果，更新、丰富自己的传统文化，亦即洋为中用、推陈出新，使自己的文化跟上时代，臻于先进的水平，才是一种积极可取的态度。

20世纪90年代期间，各国文明对话始终持续不断，信息技术和大众媒体迅速发展，更加强了各民族国家的文化交流和互动，这不仅给各类文化注入了更大的活力，同时也创造了各国传统文化汲取国外先进文化成果、进而把握并发展自身的机遇和条件。然而，我们应清醒地看到，在冷战后东西文化的交汇和碰撞中，明显地存在着与文化良性互动相悖的两种倾向。一种是文化孤立主义，孤芳自赏，闭关自守，反对文化交往和沟通，把一切异己的文化都视为"污染"。最近发生在阿富汗境内把包括巴米扬巨石佛像在内的一批1500多年以前的石刻佛像都予以摧毁的事件，便是一个十分典型的例证。另一种是危害性更为严重的美国文化霸权主义。布热津斯基说："国家实力有四个主要方面，即军事、经济、技术和文化。它们合在一起造成决定性的全球政治影响力，而在这四个方面没有任何一个民族国家能与美国相比拟。"美国正是凭持着它在政治、经济、科技、文化方面构成的强大综合国力，以文化交流为名，行不平等的文化霸权之实，它的精神文化产品通过各种渠道，已占据了巨大的国际市场份额，客观上已成为其他各国——发达国家和发展中国家——的严重威胁，因为它要一统天下的甚至不是西方国家的意识形态，而是美国的意识形态，不这样看，便无以解释美欧日俄的“富国俱乐部”内何以有如此层出不穷的矛盾和争执。

在面对经济全球化带给人类文明巨大变化的形势下，我们必须看到反对文化孤立主义和文化霸权主义斗争的长期性和艰巨性，看到构建本国民族文化战略的现实性和迫切性。为此，我们期望本课题中关于经济全球化与文化多元化关系的论证，美、欧、俄、日和中东地区的文化战略的阐述剖析，能对读者有所助益，更盼望抛砖引玉，求得专家学者的批评指正，并对本课题展开更深入的研究。

《当代中东国家社会与文化》总序[①]

从事地区研究，了解和熟悉对象国的社会文化，是一项必不可少的基础工作。20世纪90年代末，我正担任教育部外语专业指导委员会副主任兼阿拉伯语指导组组长，在讨论“面向21世纪的课程和教材建设”项目时，我倡议并获准组织力量编写几种阿拉伯国家的社会文化专著。因为教学与科研总是相辅相成的，很难想象高等学校的专业建设离开了认真的科研，倒能形成一流的教学。2000年，教育部组建起百家人文社会科学重点研究基地，我有幸受聘负责上海外国语大学中东研究所的工作，在编写“十五”规划时，遂把原先的“阿拉伯国家社会与文化”研究项目扩大为“当代中东国家社会与文化”，后经过专家评审，被列为教育部2001年度的重大课题和上海市哲学社会科学的规划课题。

迄今为止，阿拉伯研究或中东地区研究一般划入国际问题研究学科，社会很关注，影响也在扩大。但国际问题研究似还不像语言学、历史学、政治学那样，能构成一门“学”。相对而言，这块区域的研究，学科交叉现象突出，与西方已盛行数百年的东方学（Orientalism）较为接近，有许多相似之处。何谓“东方学”？我国的大百科全书、

① 本文载于《阿拉伯世界》2002年第4期，第3—5页，是《当代中东国家社会与文化》丛书（10种）总序，上海外语教育出版社2002—2007年版。

不列颠百科全书和大美百科全书等辞书均未专门列条，只有《辞海》中有“东方学”的释义：“研究东方（亚洲、东北非洲）各国语言文字、社会历史、艺术、宗教以及其他物质、精神文化诸学科的总称。产生于16—17世纪欧洲资本主义对外扩张时期。18、19世纪以来随着古文字译解的成功，该学科有新的发展并出现了埃及学、亚述学等专门学科。”释义中所说的“东方（亚洲、东北非洲）”，是欧洲中心论经验中的地理位置。在原先主要作为法国、英国文化事业的东方学中，亚洲部分包括利凡特（拉丁文Levant 指地中海东部沿海地区）、圣经文本及圣经所述之地，以及印度、中国等地域。二战以后，美国迅速崛起，对东方事务介入日深，从而确立起了它在东方学领域中的优势地位，使东方学的研究对象和研究内容都受到它政策走向的影响，发生了变化。以色列国的建立，以巴勒斯坦问题为核心的阿拉伯与以色列冲突的持续不断，美苏两极在中东的激烈对峙和争斗，很快把中东变成了举世瞩目的一个热点地区，中东的民族、宗教问题也随之凸显，加上本来就属于伊斯兰文化圈的东北非洲国家，又都先后加入了阿拉伯国家联盟，这些事态的发展在学术上产生的直接巨大影响，便是阿拉伯、伊斯兰问题越来越受到美国、西方的重视，被视为东方学中最重要的组成部分之一。因此，在20世纪90年代沙特阿拉伯王国出版的《全球大百科全书》中，对东方学的诠释便成为：“外国学者特别是作家从事的关于东方文明尤其是伊斯兰和穆斯林的历史、信仰、教律、文化和文明等各个方面的学术研究。”

同时，我们也注意到，西方的东方学并非只是一个由文化学术机构或研究单位用作客观、中性描述的政治性对象或领域，而是要通过学术发现、语言重构、心理分析、自然描述或社会描述将西方的利益体系创造出来，并设法加以维持和巩固。由释读古代文字而发轫的隶属于东方学范畴的埃及学、亚述学、赫梯学等，即便在西方发达国家，也仅仅是极少数专家赏析的象牙塔，而反映东方学本质的西方和东方之间的权力关系——支配关系、霸权关系的一面，则日益彰显和表现得越来越充分。因为东方学出现之初，即带有早期欧洲殖民主义强烈而专横的政治色彩，是“通过做出与东方有关的陈述、教授、殖民、统治等方式来处理东方的一种机制：简言之，将东方学视为西方用以控制、重建和和君临东方的一种方式”。[①] 可以说，西方尤其是美国眼下流行的东方学概念在很大程度上是基于这样一种冲动和目的：不仅对东方进行描述，而且要控制它，并在某些领域要与之对抗。这表明，传统东方学的侧重面，已经明显转移到了具有鲜明现实意义的政治、经济、文化的利益层面，带有为西方地缘政治、地缘经济甚至国家安全战略服务的功能。

因此，从当前东方学研究的主要对象和所具有的现实性、战略性来看，与我们从事的国际问题研究范畴中的中东地区研究之间，客观上确有许多相似、相通之处。何况，东方学作为一套理论和实践体系，包含着几个世纪积聚起来的丰富的学术和知识内涵，它对语言文字学、文学、民族学、宗教学、历史学、社会学等许多学科的发展都作出过巨大的贡献，它的历史文本考证和研究方法，以及所提供的有关东方的一系列符号、意象、概念和词汇传统，至今仍有着重要的学术意义和参考价值，依然非常值得我们深入学习和借鉴。但是，必须郑重指出的是，东方学所包含的三个方面：一种学术研究学科，一种思维方式，一种权力话语，却都无不烙有难以磨灭的殖民主义深痕。比如，殖民列强用来为其殖民主义行为提供合法证明的有关伊斯兰和东方的信息和知识，很多就是来自东方学研究，而东方学的话语也确实是产生于殖民主义时代的权力话语，或者说，其内在的一致性，其严格的程序，都是为西方读者、西方统治者和消费者设计的。即以冷战开始至今对中东事务卷入最深的美国而论，为其政策制订者提供分析、建议的中东问题专家们，大都受过严格的东方学训练，他们惯于运用东方学的话语，从东方学的一些老旧观念出发，去描述那里的矛盾、冲突、事件或宗教、文化、社会现象，作为政策建言的依据，这几乎已

① 爱·W. 萨义德：《东方学》，三联书店1999年版，第4页。

成为一种规则。90年代，用这种传统东方学思维方式和话语，来对当代世界场景作文化和政治分析解释的最激烈也最有名的，当首推塞缪尔·亨廷顿教授的“文明冲突论”。他假设的前提，是西方文明与儒家文明、伊斯兰文明间的冲突，将取代冷战时代的两极对立模式，认为各种文明的支持者从本性上说，都会竭尽全力将所有与自己异质的文明排斥在外。而紧随其后的费兰西斯·福山、保罗·约翰逊则又进一步鼓噪，扬言“殖民主义卷土重来，决非为时过早”。于是，19世纪那种殖民主义模式——为使欧洲人在商业上获利，必须使东方国家重新恢复政治秩序，到21世纪前后又一次甚嚣尘上，使超级大国的决策者、传媒的眼光一下子转向了东方。早在“9·11”事件之前，他们就已经在阿拉伯、伊斯兰中寻找并设定“无赖国家”和“邪恶帝国”了。伴随这种政策导向的是西方的影视、电子媒体、印刷媒体中充斥着将伊斯兰和恐怖主义，或阿拉伯和暴力，或东方和专制等同起来的负面的定型形象。

凡此种种，都提醒我们，在构建我国中东地区研究的过程中，我们对待传统东方学的态度，只能是批判性继承，即用审慎的眼光去详察、评估它庞大的库藏和遗产，做好扬弃工作，特别应当注意与它对中东事务一直所持的干预立场，与它那种否认民族和文化差异在人类交往过程中所起的积极作用，把差异视作永远无法消解的敌对观念划清界线。同时，还应看到，大约20世纪80年代以来，西方的公众意识已开始出现分化，许多处于弱势地位的知识分子、学者和社会群体形成了与东方学体系中的霸权观念相对立的新观念；在欧美的大学里，为扩大学术关注的视野，将一些优秀女性作家、非欧美思想家和少数民族作家的作品列入了核心课程，这些都导致了长期由传统东方学家主导的区域研究方法开始出现一些变化。“9·11”事件以来，美国的学术界、舆论界也有不少自我反省，想找出引发恐怖袭击的憎恨原因，欲推动当局采取一些改善美国在全球形象的措施。尽管这些学术努力和社会反思，还不足以挣脱或超越传统东方学中帝国主义枷锁对思想和人类关系的影响，但至少可以视作东方学研究中值得我们关注的新尝试和新迹象。

中华人民共和国成立以来，我国通过高等教育——首先是季羡林教授主持的北京大学东语系，以及60年代起其他一些高校相继开设的亚非语言系科，培养出一批又一批合格的毕业生；80年代以来，更有林志纯教授在东北师大倡建的世界古典文明研究机构，聘请外国专家来讲授象形文字、楔形文字等专业知识，造就了我国人数虽少却弥足珍贵的埃及学、亚述学、赫梯学等学科的专门人才，此外，还有毕业于史学、政治学、哲学等人文社会科学专业、长期从事与东方学相关领域各种工作的专家学者，可以说，我们已经拥有了相当数量的一批对东方语言和历史有着扎实学术知识的东方学家，他们翻译、撰写的许多有重要学术价值和影响的论文、专著，也是世界东方学的宝贵财富。当前，有待我国东方学家继续努力的，也许是应当积聚力量去完成一种建构——研究对象的建构，对其特质的不断阐释和再阐释，这个过程牵涉到许多具体问题，如政治体制、个人行为规范、正统观念的形成、教育的特点和内容以及内外政策的走向等等，并且运用历史唯物主义和辩证唯物主义的思维方式，实事求是地对研究对象进行描述，形成我们与欧美东方学那种霸权话语截然不同的话语体系——平等相待而非居高临下，客观公允而非偏颇武断，进而从历史和社会意义角度确立起我国东方学的地位和特色。

我们目前组织编写的中东国家社会文化丛书，属于中东地区研究学科建设范畴内的一项基础工作。为了避免扭曲研究对象的危险和因过于教条化的概括、过于狭窄的定位所带来的不准确，承担编写工作的专家学者，大都通晓对象国的语言，有过去彼学习或工作的经历，且也都有能力用人文和政治的方式去分析和描述一个个非常现实的专题，作出合乎实情的判断。在书稿完成之后，我们不揣冒昧，特请了曾任驻在国大使的资深外交官审读，以求这项基础性的学术研究能得到长期工作在外交工作第一线的高明行家的指点和帮助，聆听他们深中肯綮的意见，再进行修改、修润，努力在应用性方面也有所兼顾。北宋王安石曾提倡“文者，务为有补于世”。从事中东研究自当重视文章的适用性，讲求其具体实际的社会作用，也正是我们在学科建设过程中不敢稍懈之处。

对美伊战争和我能源战略的思考[①]

今年3月20日，美国伙同少数盟国发动的对伊拉克战争，不仅是对现行国际秩序的严重挑战、对大国关系的巨大冲击，而且反映了超级大国为争夺有限油气战略资源的控制权，而不惜诉诸战争的危险倾向。

一

在当前国际形势下，研究我能源安全问题，不能不首先关注美国能源政策的走向。大家知道，布什总统自入主白宫伊始，即着手制订新的能源政策，决定对内有计划地开采阿拉斯加等地的油田，对外积极插手里海能源的争夺，推进与俄罗斯的能源合作，并迅速瞄准非洲的几内亚湾、安哥拉、尼日利亚、加蓬等产油国，把非洲石油也视为“美国的国家战略目标”。从表面上看，这与布什团队明显的石油财团背景有关，但从实质上分析，则是关系到21世纪初期美国欲保持“一超独霸”战略目标能否实现的关键之一。美国是世界上最大的石油消

① 本文载于宋明江主编的《伊拉克战后国际能源形势和中国能源战略》，中国国际问题研究所2003年印制。

费国，它2001年的日消费量已达2000万桶。据美能源部预测，到2020年，它目前石油需求55%依赖进口的百分比，将再增加1/3，之后还将继续增加，而美国本土的石油产量将下降12%。正因为如此，美国眼下撇开联合国，悍然发起的倒萨战争，主要当然是根据它去年9月出台的《美国国家安全战略报告》，把“恐怖主义、大规模杀伤性武器扩散和‘无赖’国家”列为其核心利益的主要威胁，但也有攫取世界能源主导地位的另一面，即控制伊拉克进而控制占全球已探明石油储量64.5%的海湾地区，以克服美能源严重依赖进口的致命弱点，确保美国力量的强势地位，也是实现其绝对安全和绝对优势的根本战略目标所在。如果说当前席卷全球的反战游行，喊出的“不要用鲜血换石油”口号，反映的是各国民众对美国打伊战争的认知，那么，今年1月16日美国一篇题为《资源战争：全球冲突的新前景》专文，倒是用直白的话语说出了众多美国战略家、思想家的心声。这位名叫迈克尔·克拉雷的军事问题分析家不同意布什政府对伊开战的三条理由：解除大规模杀伤性武器、减少国际恐怖主义威胁、促进伊拉克和周围地区的民主。他认为，美国打伊倒萨的真实原因为以下三条：

一、绝不允许一个敌对国处于能威胁美国进入海湾权利的地位，萨达姆政权对美获得海湾石油的前景构成潜在的威胁，必须把萨赶下台。

二、控制海湾，保持对全球经济的箝制力，这方面，日本和欧洲已处于不堪一击的地位，将来也如此，中国正越来越依靠海湾的石油，也开始处于这种地位。美国控制了海湾，中国没有力量打破美国的箝制，美国可以使中国无限期处于不堪一击、顺从的地位。

三、美国的能源在迅速枯竭，对进口石油的需求不断增加，美国需要在伊扶植亲美政权，以减少对沙特石油的依赖。

这三条理由概括起来，都与石油有关。眼下，美伊战争正在激烈进行。战局变化固可引起诸多争议，但孰胜孰负，应无多大悬念，因为战争说到底是拼后勤补给，就此而言，美伊双方实力相距太过巨大。战事持续长短，或可对布什总统的连任选举产生决定性的影响，但美国的能源战略却不会改变，换言之，明年美国大选不论是布什赢得连任还是民主党政府上台，美打伊得手后都将会长期留驻，竭力实现对海湾能源流量和流向的主控，进而确保它对国际能源市场主导地位的战略目标，当不会改变。因此，美伊战争将导致国际能源市场的变化，对欧、日、俄、中等大国的影响和挑战，恐怕现在就得未雨绸缪，做好必要的应对准备。

二

我国现在位列世界第三能源消费大国，为保障我能源安全，近年来已经在不断开展深入研究，采取了许多重要的决策和措施，如对内已决定投入140多亿元人民币，开展石油战略储备的一期工程，准备允许民企参与，恢复石油期货交易市场，努力加快商业液化煤气的研究和开发工作等；对外，在伊朗、苏丹、阿尔及利亚、利比亚、委内瑞拉、哈萨克斯坦、俄罗斯的西伯利亚等地，已做了大量的工作，成功地签署了协议，有效地实施了原油进口多元化战略，尽可能地减少损失。然而，从贯彻事关我国发展大局的西部大开发战略的需要和全面建设小康社会的重要目标看，能源的被动性应对，已成为制约我国家发展的一个瓶颈。我国的能源压力正进一步增大。2000年我国的进口石油已占总需求量的25%，去年、前年则都在7000万吨左右，随着美国加快发动打伊倒萨步伐以来，国际能源、运输等市场受到波动。我今年1月份即进口原油836万吨，如按我年需求量2.6亿吨计算，则每月约需2170万吨，这个比例就要高达38.5%。虽说一年进口的总量并不平均，但至少说明，为保持我国民经济持续稳定的增长，各地的能源需求已呈上升态势。此外，国际能源的争夺战也日趋激烈。日本作为美在东亚的主要盟国，从阿富汗战争到伊拉克战争，它都积极派出后勤支援，为避免阿拉伯、伊斯兰世界因对日反感而采取的报复措施（日从中东进口石油超过它总需求量的80%），今年1月小泉首相访俄时，在西伯利亚安加尔斯克—大庆输油管线上横插一杠，造成3月14日俄政府决定以修建从安加尔斯克到太平洋沿岸的纳霍德卡的主输油管道，中俄原先商定的安加尔斯克—大庆的管道反倒成了支线。尤其值得注意的是，我国目前的能源进口60%来自中东、海湾地区，这恰恰是美国一向最重视的能源产地。美国是二战期间靠英国的保护才进入海湾的，1971年海湾国家纷纷独立后，美国在海湾的存在主要依靠与伊朗巴列维政权的盟国关系。1979年伊朗爆发霍梅尼领导的伊斯兰革命，美国在海湾的势力急剧下降，直到90年代初海湾战争爆发，美国才真正回到了海湾。因此也可以说，海湾战争是美国为夺回对世界能源供应控制权而发动的一场战争。现在的副总统、当年的国防部长迪克·契尼在1990年海湾危机爆发时就曾在参议院的军事委员会上作证说："谁控制了海湾，谁就有了不仅对我们的经济，而且还对世界其他大多数国家经济的箝制力。"这表明，在美国控制伊拉克和海湾地区之后，我国依靠的这个主要石油供应源，很有可能由于美国的故意箝制而出现许多不同于战前的变数。按照合乎逻辑的推测，美国会帮助伊恢复石油生产，达到海湾战争前日产300多万桶的水平，并通过勘探、开采伊潜在的石油储量，赶上甚至超出沙特当前日产850万桶的能力，以取得对欧佩克内确定油价和份额分配的发言权，从而将国际能源署（IEA）和欧佩克的控制权都攥在手里。

美国通过战争组建后萨政权，肯定会面临大量战争后遗症，而不可能一帆风顺，也不可避免地会激起阿拉伯人、穆斯林的强烈愤慨和拼死抵抗，冲突或恐怖袭击都将上升，且长期持续；美对伊政府实施的西方式民主改造，必然会引起周边各君主国的疑惧与不安。但是，美打伊后不可能像肢解南联盟或摧毁塔利班后那样，仅留一些驻军，把管理权交给北约、联合国，而是会凭藉军事存在一意孤行，硬撑到底。因此，战后的阿拉伯世界将面临高压，更趋衰落，阿以冲突的核心巴勒斯坦问题有可能进一步边缘化，海湾产油国从维护自身政权的利益出发，也会更加迎合和靠拢美国，而且，一旦美国得以利用伊拉克的广阔地域、丰富的水资源和石油资源，还有可能进一步巩固它在中东的霸主地位，从而会挤压我在中东、海湾地区的政治、外交空间，并影响我与地区国家的能源和经济合作。

三

面对伊拉克战后我在能源领域可能面临的挑战和压力，当前似应立足长远，着手研究构建一个我国的全球能源大战略，以争取主动，不受制于人。

一、中央与地方相结合。美国的石油储备分两类，一是战略储备，约为6亿桶；二是商业库存，约有2.6亿桶。这种做法，似可效仿。我国已经确定油气资源战略选区，着手建设国家级的战略储备。作为补充，目前是否可适当放权，调动地方和民企的积极性，在有条件的地区（如京津唐、珠三角、长三角等）筹建商业石油库存。通过两条腿走路，把石油储备搞上去的速度，当会高于单靠中央财力、物力的建设步伐。

二、国内与国外相结合。石油战略储备现主要建在国内，但我国开展国际能源合作已经多年，范围正不断扩大，当前是否可以考虑结合我“走出去”战略，充分利用我长期坚持独立自主和平外交积累起来的深厚政治资源，在真诚对我友好的国家中，着手选点布局，即认真选择条件合适的地区，如埃及的苏伊士湾埃中经济合作区、也门的亚丁港、阿曼的穆桑达姆或阿曼湾沿岸等地，在经济合作区、商贸中心（集散地）的名义下，设立海外石油储备点。这样既能配合我在经济全球化形势下设立海外经贸合作支撑点（根据地）的需要，也可规避国际油价、运价不时波动所造成的风险和损失。

三、重视高层外交。我国的能源战略一直是紧紧依托我能源外交才得以发展、构筑起来的。在“9·11”事件和美伊战争后，美国与阿拉伯、伊斯兰世界的对立态势正进一步加剧。海湾、中东各国政府面对被美国霸权主义激发起来的地区民众的反美情绪，将会努力发展与法、德、俄、中等大国的关系，以求取得力量平衡，缓和自身内部的压力。我国今年“两会”后，领导层变动大，地区国家亟盼尽早开展高层交往和互访，不仅地区大国如埃及、沙特、伊朗等有这样的愿望，而且苏丹、也门、阿曼、卡塔尔等不少已经与我开展能源合作的石油、天然气输出国更是早就期盼我国家元首和高层领导能前往到访。此事，对这些国家而言，已经攸关他们的面子和尊严，以及驻华大使们的工作业绩，对我国而言，则也有利于深化政治、经贸和能源等方面的合作，巩固我在该地区的地位和影响。

四、重视合作框架和机制建设。“中非合作论坛”第一届会议后，阿盟即于2001年年底提出建立“阿中合作论坛”的倡议，目前似可考虑正式回应，开始全面启动或先作项目启动。经过双方一年多时间的交换看法和沟通，阿盟和阿拉伯驻华大使委员会方面对由我国取代苏联以抗衡美国等一些不切实际的期望已经下降，更多是想通过论坛框架加强与我国的联系和合作，在国际场合的重大政治问题上保持协调；在经济领域互补互利，出口能源，进入中国大市场，并汲取中国发展经验；在文化领域开展交流、文明对话，以纾解正大量涌入它们国内的西方文化压力。在当前阿拉伯世界处境十分困难的时候，推动“中阿合作论坛”无疑是雪中送炭之举，而抓紧美国插足伊拉克、图谋攫取海湾霸主地位尚未得逞时机，实现这一框架的建立，对我巩固和扩大在这一地区的（政治、经贸、文化）存在，对稳定获取中东油气，保障我能源安全，也将具有长期的积极意义。

处在十字路口的伊斯兰世界[①]

美国哈佛大学教授塞缪尔·亨廷顿于20世纪90年代提出文明冲突论，认为文明之间的冲突是对世界和平的最大威胁，虽然他宣称“提出文明冲突的论点，是要强调文明对话的重要性”，但实际上他是借文明、文化谈国际关系，用文明、文化冲突替代冷战时期两极格局中的意识形态斗争。他的文明冲突论是冷战后美国国内战略学家、国际问题学者和各大智库关于“谁是美国的潜在对手”、“谁将挑战美国霸主地位”大讨论的一个产物，在究竟建立一个什么样的世界新秩序问题上，为美国决策层提供了一个重要的新视角。将西亚北非的伊斯兰教文明和东亚的儒家文明视作苏联解体后西方文明面临的最大威胁的文明冲突论，在美国国内、中国，特别是伊斯兰世界引起了轰动，受到广泛的关注。

今年3月24日阿拉伯文的《生活报》上刊登了哈桑·纳夫阿写的一篇文章，他回顾了海湾战争后阿拉伯国家的心态，认为1991年美国帮助阿拉伯世界解放了科威特，又对当时以色列的沙米尔政府施加高压，召开了阿以马德里和会，推动了中东和平进程，而阿拉伯国家则接受了美国在海湾地区的军事存在，保障了美国的石油供给，阿美之间并无现实利益上的冲突。因此亨廷顿的文明冲突论一问世便使绝大

① 本文载于《南京大学学报》(哲学人文社科版)，2003年第4期，第44—47页。

多数的阿拉伯、伊斯兰国家既感到愤怒，又觉得突兀。90年代它们曾指望中国或者欧洲能取代苏联，成为平衡地区力量的另一极，却始料未及出现今天的局面：一个阿拉伯大国将被占领，阿以冲突的核心巴勒斯坦问题被边缘化甚至将按以色列利库德集团的意愿解决，伊斯兰文化不仅是被歪曲、丑化，而且将在枪炮的高压下被强行改造。

正如哈桑·纳夫阿所说，90年代克林顿总统主政期间的美国中东政策，基本上是“东遏两伊（伊拉克、伊朗），西促（阿拉伯和以色列）和谈”，对华政策则是遏制加接触。文明冲突论虽在美国国内为妖魔化伊斯兰和中国威胁论的盛行起过推波助澜的作用，有一定的影响，却并未成为美国政府制订战略决策的主要理论依据。但是，文明冲突论毕竟回答了美国政界、思想界对“伊斯兰原教旨主义”运动的蔓延和扩大，以及中国崛起所感到的担心，因而备受美国大牌学者的推崇和好评。基辛格博士称亨廷顿为“理解下个（21）世纪全球政治现象提供了一个极具挑战性的分析框架”，戴维·格雷斯（David Gress）认为文明冲突论是“一个独创性的、现实主义的后冷战国际关系范式”。[①] 实际上以类似视角看问题的不只是亨廷顿。布热津斯基在《大失控与大混乱》一书中从地缘政治角度出发，就论述了冷战后欧亚大陆存在着一个最大限度危险的长椭圆形——“它从西向东，由亚得里亚海至巴尔干各国，一直到中国新疆地区的边界；由南向北，环绕波斯湾，包括中东部分，南面的伊朗、巴基斯坦和阿富汗，和北面的沿俄罗斯—哈萨克边界的全部中亚地区，一直到沿俄罗斯—乌克兰的边界”。[②] 所以布热津斯基在他的《大失控与大混乱》一书付印之际读到了亨廷顿《文明的冲突？》一文，即宣称“该文有力地论证了他所界定的伊斯兰教、儒教和基督教文化断层线所发生的冲突，将是对未来

① 倪世雄等:《当代国际关系理论》，复旦出版社版2001年版，第429页。

② 兹·布热津斯基:《大失控与大混乱》，潘嘉玢、刘瑞祥译，中国社会科学出版社1994年版，第176页。

世界和平的重大威胁”。

当时，随着苏联的解体，伊斯兰世界中的伊朗还未放弃“伊斯兰革命输出”的口号，阿富汗境内教派林立，争斗不止，沙特、土耳其、埃及等地区大国有的担心自己在伊斯兰世界的地位受到挑战，被国内反对派攻讦为西方化，有的急于填补独立后的中亚国家意识形态方面的空白，因而纷纷通过经济、文化、宗教等渠道插手布热津斯基所说的“长椭圆形”地带，竭力扩张自己的影响。这种态势被伊斯兰极端组织和势力所利用，它们乘机加紧活动和蔓延，从而为亨廷顿和布热津斯基的观点提供了有力的证据。

文明冲突论问世以来，伊斯兰、阿拉伯国家发表了大量的批驳文章。不过，也应当指出，穆斯林学者中的不少有识之士尽管反对亨廷顿的结论，但也同意各种文明文化之间确有差异、有冲突，他们意识到在全球化的浪潮中，伊斯兰国家的发展已经严重滞后，因而很希望通过文明对话来摆脱被丑化、边缘化的困境。约旦早在80年代就组织过伊斯兰教七大派与英、法、瑞士、梵蒂冈等国的基督教、天主教学术机构开展宗教对话。1995年夏，笔者去约旦安曼参加伊斯兰文明研究院的研讨会，主题为“穆斯林和当代世界的文明对话”。论文内容主要围绕两个轴心展开，一是反对西方国家通过诋毁、丑化伊斯兰文明和文化遗产来推销、扩散西方社会低劣的文化产品而非文化精品，使伊斯兰民族耳濡目染，逐步适应并接受下来；二是强调要为伊斯兰教正本清源，正面弘扬伊斯兰教主张的宽容、和平、仁慈、中庸和公正等信条，开展文明对话，从各种文化中吸取符合本民族发展的营养。此后，约旦又与欧洲、日本、中国等研究单位举办过文明对话研讨会。埃及、沙特、摩洛哥、阿盟等国家和区域组织也积极利用各种文明文化纪念活动和庆典，插入文明对话专题讨论。甚至因洛克比事件遭受联合国制裁的利比亚，也曾在1997年主动与我学者联系，商讨举办“伊斯兰文明和中国文明研讨会”。这些活动，特别是伊朗穆罕默德·哈塔米在当选总统后，明确摒弃“伊斯兰革命输出”，于1998年正式向联合国倡议，把2001年确定为联合国的“文明对话年”，都应视作是对亨廷顿文明冲突论的正面回应，反映了伊斯兰社会在坚持自己核心价值观的同时，希望其他民族和国家能了解伊斯兰教历经千百年所形成的信条和追求，尊重穆斯林的身份认同、行为模式和文化秩序，而不愿被国际社会当作魔鬼或敌手。

但是就伊斯兰世界对待文明对话的态度而言，从总体上看，显得较为零散无序，静态辩白的多，动态创新（建设性）的少，相对被动，还跟不上国际局势的迅速发展，特别是当1999年以美国为首的北约轰炸、肢解南联盟时，伊斯兰国家又被美国支持它前一年（1998年）还称之为恐怖主义组织的科索沃解放军的举动所迷惑，再一次盲目乐观，感到它们与美国的利益趋同，低估了文明冲突论的后续延伸效应。

世纪之交，随着共和党政府的上台，美国开始构建起它新的安全观和全球战略。从“9·11”事件、阿富汗战争到今年的伊拉克战争和对伊朗、叙利亚、巴勒斯坦激进组织施加高压，从邪恶轴心论、先发制人打击、美国国家安全战略报告的先后发表，到正式提出改造中东、改造伊斯兰社会计划，布什政府通过这一系列的政策宣示和实际行动，已经明确将其战略重心移向了中东。

大家现在已经知道，眼下美国当政者的决策思维轨迹，基本上是沿照了崇尚单边主义的美国新保守派人士1997年炮制的“美国新世纪计划”的指向。这些为数不多的新保守派人士巧妙地利用了文明冲突理论，主张要在美国霸权和一个十分危险的世界之间作出选择，要“把威力和教化的使命结合起来”。他们把冷战看成是第三次世界大战，把“9·11”事件之后美国领导的反恐，说成是第四次世界大战，“这是一场宗教战争，敌人就是伊斯兰极端分子”。[①] 这是一段文明冲突论的变奏曲，即保持亨廷顿基本观点和结论的轮廓而以变化的面貌出现，把反恐斗争引向宗教对抗方向，变成是“十字军战争”，是为了反对

① 樊·若韦尔：“伊拉克战争后的世界”，载法国《新观察家》周刊，2003年5月28日。

邪恶、拯救文明世界。亨廷顿在他的《文明的冲突和世界秩序的重建》一书中，未及指明伊斯兰教文明的核心国家，新保守派人士现已予以补上：列入“邪恶轴心”和“无赖国家”名单的伊斯兰国家，有伊拉克、伊朗、叙利亚、利比亚和苏丹，或许还应加上沙特阿拉伯，因为在新保守派看来，“伊拉克既不是最具威胁的国家，也不是最积极支持恐怖主义的国家。伊朗、叙利亚和沙特阿拉伯才是问题的症结所在。然而，伊拉克却是一个最易于袭击的目标，以便于开始”。[①]

美国的这种战略和对外政策走向，无疑已使伊斯兰世界处于空前未有的高压之下。历史上，中东地区各国每当外来压迫和奴役加剧、统治政权腐败而造成经济停滞或衰退、社会矛盾尖锐的时候，伊斯兰教就是广大穆斯林最后的寄托和最有力的武器。二战结束后的中东，民族主义和伊斯兰教成为伊斯兰各国的两根核心精神支柱，到1967年第三次中东战争中阿拉伯国家惨败后，它们则大都把振兴民族和国家的希望转向了伊斯兰教。1979年伊朗霍梅尼领导的伊斯兰革命的胜利，进一步推动了当代伊斯兰运动的高涨。许多穆斯林学者曾一度非常反感“伊斯兰原教旨主义”的提法，认为投身伊斯兰运动的绝大多数的穆斯林群众，是出于改变不合理的社会状况、要求摆脱自身的贫穷、排除外来的干涉和占领、振兴自己的民族和国家的正当愿望。但不可否认的是，在一系列急风暴雨式的群众运动中，普通穆斯林信徒的合理要求被少数极端分子和教权主义者所利用，长时间的鱼龙混杂、良莠难辨，致使“伊斯兰原教旨主义”也被中东地区的舆论所接受，用以指称这场震撼地区和世界政治、经济、军事、文化等各领域的宗教运动。

从宏观上看，这场运动历经数十年，却并未出现真正具有影响力的理论和理论家，人们看到的一些宗教派别即便取得了胜利，实行的还真是中世纪的教律和教法，与当代世界的现实和发展严重脱节，也

---

① 樊·若韦尔：“伊拉克战争后的世界”，载法国《新观察家》周刊，2003年5月28日。

不符合广大穆斯林群众的根本利益，因而绝难赢得绝大多数伊斯兰国家的认同和效仿。此外，伊斯兰各国政府虽对美国的双重标准极度不满，但又处于既要维护自身政权不得不与美周旋，又怕得罪民族宗教情绪强烈的广大民众这样一种两难境地。它们都明确宣布反对一切形式的恐怖主义，但对自杀性爆炸事件的表态就极其慎重，因为《古兰经》中说："被进攻者，已获得反抗的许可，因为他们是受压迫的"（22：39），"你们怎么不为（保护）主道和（解放）老弱妇孺而抗战呢？"（4：75）伊斯兰、阿拉伯各国当政者都难以把巴勒斯坦人民的"抵抗"说成是恐怖 。眼看美国对以色列强行重占巴领土和"定点清除"行动的偏袒和纵容，他们能做的只是劝说巴激进组织"休战"。

笔者去年8月去参加约旦皇家伊斯兰思想研究院（原文明研究院）时隔五年才召开的研讨会，主题是"新世纪伊斯兰教的前景"，内容颇广泛，既有对文明冲突、反恐的研究，也有信息革命、高科技对伊斯兰社会的挑战，伊斯兰民族的世俗化等问题的讨论。许多论文和发言都很注重提倡伊斯兰教的中间主义，他们引证《古兰经》中要做"中正的民族"（2：143）、"谨守中道"（25：67），《圣训》中"你们谨防宗教上的过激，你们之前的民族就因为宗教上的过激而灭亡"等经文，以反对各种极端主义的思想和行为，突出强调中正公道是伊斯兰教的基本原则和核心价值观。[①] 这种提倡中间主义的倾向，实际上反映了相当一批具有远见卓识的穆斯林学者，希望着眼于现实和未来，重新开启教法创制（al-ljtihad）之门，挖掘伊斯兰教的深层思想和理性主义之光，用当代的观点重新解释以经、训为基础的教法基本原理，以协调传统与现代化的关系，应对当前的危机和挑战，从而确立起伊斯兰教在新世纪中的地位。然而，许多教授专家告诉笔者，至今还没有编写、出版过论述伊斯兰教中间主义的专著。可见，中间主义尚只能视作是当代中东的重要思潮之一，还远未成为能进入学校、清真寺供讲授、

① 丁俊："当代伊斯兰'中间主义'思潮述评"，载《阿拉伯世界》，2003年第2期。

宣教用的主流思潮。

“9·11”事件之后的伊斯兰世界，而今已成为美国战略的对立面，要用西方式民主加以改造的对象。亨廷顿教授在今年6月10日接受德国《商报》访谈时认为，当前的世界格局已发生变化，正处在由一个全球性超级大国和多个地区性大国构成的世界中，“美国的强权地位不是一时半会儿的。但是，没有一种强势能永远持久”。如果亨廷顿所言不谬，处在十字路口的伊斯兰世界面临的挑战固然严峻，但也仍有机遇，除充分利用自己的地理、能源、资金等优势，整合自身的各种资源，加强内部团结，拓展与世界各大国的交往与合作之外，恐怕也得通过文明对话形成一种“文化自觉”的理念，[①] 从社会学、文化学、伦理学、人类学等各种角度，省察自身文明的形成过程、基本特点和发展倾向，在现代化、全球化的大潮中强化伊斯兰文明文化的适应能力，逐步将持续多年的伊斯兰运动引入文化转型、文化创新的轨道，以赢得新的生机和活力，真正为伊斯兰各国的复兴、为世界的和平与发展作出贡献。

① 费孝通:“文化自觉的思想来源与现实意义”，载《文史哲》，2003年第3期。

文明对话与大中东改革[①]

文明对话的提出，在很大程度上是缘由冷战结束后美国塞缪尔·亨廷顿教授“文明冲突论”的问世。亨廷顿的论文《文明的冲突？》在美国《外交》季刊1993年夏季号上一发表，便引发了广泛而长久的批评和争论，被认为“是继20世纪40年代乔治·坎南提出‘遏制’思想之后另一最富争议的国际关系理论。它几乎刺激了所有文明的神经”。[②] 四年之后，亨廷顿为“对该篇文章提出的问题提供一个充分的、深刻的和更详尽论证的解答”，又编写出版了《文明的冲突与世界秩序的重建》一书。李慎之先生说，亨廷顿“文章发表以后，立即在国际舆论界与学术界引起相当强烈的反响，尤其以第三世界和中国为甚”，因为“他特别担心的是儒教文明（实际上是指中国）与伊斯兰文明（主要指阿拉伯人和波斯人）可能联合起来对西方文明构成最严重的挑战”。[③] 亨廷顿的一文一书，前者政策性色彩浓重，后者侧重于

① 本文是2005年11月18—21日宁夏社会科学院与美国哈佛大学燕京学社、南京大学共同主办的“文化对话与文明自觉——文明对话国际研讨会”上的讲演，载于《回族研究》，2006年第1期，第13—16页。

② 潘忠岐：“《文明的冲突与世界秩序的重建》导读”，载《文明的冲突与世界秩序的重建》，新华出版社2002年版，第417页。

③ 李慎之：“数量优势下的恐惧”，载《文明的冲突与世界秩序的重建》，新华出版社2002年版，第421页。

提出一个“看待全球政治的框架和范式”，是一本国际政治学专著。虽说我们中国学者大都不同意他的结论性阐述：“这种合作的最突出形式是儒教—伊斯兰教的联系，这样的联系已经出现，对西方的利益、价值和权力提出挑战。”[①] 但是，文明冲突论客观上毕竟是一个重要的时代命题，应当引起我们的关注和重视，更何况它的主要观点，如“西方与伊斯兰之间几个世纪以来的军事冲突不可能减弱，而且可能会更加激烈”，“文化上的差异，也就是基本价值观和信仰的差异，是第二个冲突的根源”，“伊斯兰和西方之间的冲突是文明之间的冲突”等，[②] 都已经反映在美国的外交政策和实践中。从克林顿时期的美国国家安全战略把安全、经济、民主列为对外战略的三大支柱，并提出在海外推行民主是美国对外政策的三大目标之一，到小布什政府明确提出大中东计划，不惜财力、人力、物力欲将伊拉克打造成中东民主国家样板的努力，也都不难看出文明冲突论对美国全球战略所具有的指导意义。

伊斯兰世界特别是其中的阿拉伯国家和伊朗，面对着伊斯兰文明和文化被歪曲、穆斯林形象被丑化、国家和社会遭遇到越来越大的压力，他们在不断抗议和反对的同时，也频频提出文明对话的主张，借助各种平台和场合，通过正面阐述伊斯兰教的宽容、和平、正义和兄弟情谊等教义内涵，以争取国际社会特别是西方国家的理解和认同，这无疑是一种积极且具建设性意味的举措。因为各种文明之间虽确有差异、矛盾和冲突的一面，但同时也有交流、融合、共荣的另一面。生活在全球化时代，绝大多数的国家和人民都主张用对话代替对抗、用和平发展代替军备竞赛。为此，阿拉伯国家曾举办过多次文明对话国际研讨会，今年12月中阿合作论坛也将在北京召开中阿文明对话学术研讨会；此前，伊朗前总统哈塔米还将2001年定为“文明对话年”。

---

① 塞缪尔·亨廷顿：“文明的冲突？”，载美国《外交》季刊，1993年夏季号。

② 同上。

当前，就信众人数、地域范围和影响深广而言，世界上主要的文明文化是三大块，即美欧以基督教为基础的西方文明文化，东亚的中华民族文明文化和拥有57个（伊斯兰会议组织）成员国、约12亿穆斯林的伊斯兰文明文化。从实际情况看，文明冲突论的主要对象和文明对话相对固定的一方，应该说是伊斯兰教 、伊斯兰国家，再局限一些，是伊斯兰文化中的主体国家——阿拉伯国家和伊朗。大家知道，自“9·11”事件以来，美国发动了阿富汗战争、伊拉克战争，其国家安全战略已确定为反恐、反大规模杀伤性武器扩散和全面控制改造中东。虽说布什政府从第二任期起，策略上已出现调整，不再沿用初期那种“新的十字军战争”、“要么与美国站在一起，要么与恐怖主义站在一起”的思维方式 ，而是采取了区别对待政策，除了继续把叙利亚、伊朗当作对立面，表示要继续与之斗争外，对其他阿拉伯国家则是有肯定、表扬，也有鼓励、诱导。布什总统在2005年的国情咨文中说：“从摩洛哥到约旦再到巴林，充满希望的改革已经处处生根。沙特阿拉伯政府可以通过扩大本国人民的自主来展示其在地区的领导作用。为中东和平开辟道路的伟大和自豪的埃及现在能够在该地区带头迈向民主。”事实上，在伊拉克战争之后，美国全面控制和改造中东的战略已经展开，其最重要的战略方案便是实施它的大中东计划，宗旨是民主改造中东国家的政治、经济、教育、社会等制度。美国始终不同意欧盟、阿盟都主张的首先解决巴勒斯坦问题再谈改革，而是坚持中东国家开展改革不能把解决巴勒斯坦问题作为前提。而且，即便是它代表四方委员会提出的路线图计划，也是将巴民族权力机构改革作为先决条件的。值得注意的是，美国2003年年初提出的大中东计划在遭到阿拉伯国家几乎一致的拒绝、认为“改革不能从外部强加”之后，已作了调整，在2004年6月美国佐治亚州召开的八国集团首脑会议上已经易名为“旨在进步和共同未来的大中东和北非地区伙伴关系”和“八国集团支持改革计划”两份文件。这被阿拉伯学者视同为一战后的凡尔赛和约（1919年6月）、二战结束前后的雅尔塔协定（1945年2月）

和波茨坦公告（1945年7月）那样的国际性协议，是冷战结束以来发达国家第一次对阿拉伯世界和伊斯兰世界作出的一种制度性安排。[①] 很显然，大中东计划反映了布什政府的中东战略正在从利用武力更迭政权的单边主义，转向多边合作，借助西方软实力来推动民主改造中东的进程。因此，阿拉伯、伊斯兰国家的改革已经不仅仅取决于它们的意愿，而是一件关系到中东北非地区前途以及国际现有体系和国际秩序的稳定和发展的全局性大事。

客观地看，阿拉伯国家包括它们的官员、学者和民众对自己目前的处境是清楚的，他们也有进行改革的愿望。曾担任埃及教育部长十余年的侯赛因·巴哈丁博士在他委托我们翻译出版的《十字路口》中说，埃及和阿拉伯世界正处在一个十字路口，是屈从现状、甘于沉沦，还是超越挫折、奋发图强，阿拉伯民族应走向何方？他的回答是改革。因为“改革作为在这个急速变化的世界里，适应时代变化和新型国际关系的一种必需，它不仅是我们应该接受的现实，而且应当成为我们处理当前和未来各种问题的纲领”。这些年来，在阿拉伯国家的媒体上，在各种研讨会场合或与当地各类人士的接触过程中，改革是一个被广泛而且高频率谈论的话题。他们虽然仍会较多地强调改革的障碍主要来自美国单边主义的负面影响，如伊拉克的被占领，巴勒斯坦问题至今由于美国的双重标准而尚未得到公正、全面的解决，但是，讨论和研究毕竟已涉及文化层面，即基本价值观和信仰等方面的问题。

这里，仅根据笔者这些年的了解，围绕与阿拉伯、伊斯兰文明的对话，谈几点管窥蠡测所得，或叫做观察点，向各位求教。

一、关于宗教文化。阿拉伯国家、伊斯兰世界在改革过程中，都面临着重新构建其主流宗教文化的任务。众所周知，伊斯兰国家的核

① 乌萨马·加扎利·哈尔伯：“阿拉伯世界和伊斯兰世界的重建”，载埃及《国际政治》，2004年7月期，第6—7页。

心价值观，历来都是伊斯兰教，现在和今后也依然如此。因为没有伊斯兰教，就没有阿拉伯民族、阿拉伯标准语言文字和阿拉伯文化；没有伊斯兰教，也就没有伊斯兰国家、伊斯兰世界和伊斯兰文化。这在人类社会发展史上可谓是独树一帜。因此，不了解伊斯兰教，就很难与阿拉伯国家和伊斯兰国家交流与沟通，更遑论推动它们的改革了。在伊斯兰教的主体民族阿拉伯人的崛起、发展、衰落、振兴的漫长历史阶段里，伊斯兰教从来就是他们的旗帜、口号和精神力量的源泉。他们的强盛或式微，除了自身的政治、经济和军事等客观条件和外力因素外，主要在于他们对经典的正确选用和理解，亦即选用怎样的经文来构建时代色彩鲜明的宗教文化，作为他们行动的指导思想。生活在中东社会的现实环境里，当地绝大多数穆斯林的基本价值取向是追求并崇尚公正，他们对待和处理问题的方式通常是与他们对问题性质的判断首先是公正与否紧密相连的。要把旨在抵抗外来侵略和占领的暴力活动都说成是恐怖主义，不啻是离经背道。《古兰经》[①]里明确宣示："你们在那里发现他们（进攻你们的人），就在那里杀戮他们；并将他们逐出境外，犹如他们从前驱逐你们一样，迫害是比杀戮更残酷的。……如果他们进攻你们，你们就应当杀戮他们，不信道者的报酬是这样的。"（2：191）"你们当反抗他们，直到迫害消除……"（2：193）"谁侵犯你们，你们可以用同样的方法报复谁……"（2：194）这类宣扬抵抗文化的经文，千百年来一直是穆斯林们维护自身独立、尊严的精神武器。在当前反对国际恐怖主义的斗争中，阿拉伯各国政府都一致表示坚决反对一切形式的恐怖主义，但同时也坚持必须把反抗外来侵略和占领排除在恐怖主义之外。为跟上国际社会和平发展的潮流，它们正致力于弘扬伊斯兰教中有关和平、温和与中间主义的教义，以铲除导致暴力的极端主义。阿拉伯和伊朗都有不少论文，注意引用有关经文宣传中间主义，如"我这样以你们为中正的民族，以

① 本文的《古兰经》引文，均根据马坚译本，中国社会科学出版社1981年版。

便你们作证世人，而使者作证你们”（《古兰经》2:143）、“他们中最优秀的人说：‘难道我没有对你们说吗？你们怎么不赞颂真主呢？’”（6:28）等（其中的“中正的”、“最优秀的人”原文是“中间的”、“持中道的人”），以强调阿拉伯民族应当是中间的民族，伊斯兰文明乃是中间的文明。即便是在涉及抵抗内容时，也注意引用“你们当为主道而抵抗进攻你们的人，你们不要过分，因为真主必定不喜爱过分者”（2:190），但是在一些国家的清真寺的主麻礼拜上或某些宗教团体内部，却依然在片面引证有关抵抗和杀身成仁的经文。这种情况表明，与时俱进地构建全球化时代伊斯兰教的主流宗教文化，虽已经开始，但还需要时间，因为这种宣传并不普及，尚缺乏制度和具体政策的保障和支持，特别是伊拉克和巴勒斯坦的现状、美国对伊朗的单边制裁和遏制，用“公正”的标准衡量，都对中东地区的穆斯林不具有任何说服力。因此，迄今为止，我们还未能看到阿拉伯国家和伊朗涌现出拥有广泛影响的理论家或全面阐述伊斯兰中间主义的权威著作。

二、关于改革文化。阿拉伯国家和伊斯兰国家的改革究竟从何着手，是一个人们普遍关心的问题。一般来说，发展中国家的改革通常都会从革除妨碍发展的观念和体制机制性弊端展开，但这是以政权稳定作为前提条件的。美国大中东计划出台，不仅意味着它的中东政策推动力已经从硬力量向软力量转变，而且也表明它主张的改革可以是不改变中东国家现有体制的改革。只是，当改革进程启动以后实际上首先会涉及的，仍必然是对现有政权合法性的争论。著名的美国学者凯马尔·卡尔帕特曾分析过当今世界的三种合法性，即基于部落酋长或宗教首脑地位的传统合法性，某一时期首领、长官或领袖的个人合法性，及符合宪法的合法性。[①] 目前中东伊斯兰国家都有宪法，都具有第三种合法性，但第一种、第二种合法性的色彩浓重的例子也不少。

① 凯马尔·H. 卡尔帕特：《当代中东的政治和社会思潮》，陈和丰等译，中国社会科学出版社1992年版，第318—319页。

出于现实利益的考虑，它们与美国建立较密切的甚至同盟的关系，当然是可能的，但一旦美国所主张的民主改革触及它们现有社会准则和关系的象征，关系到遗产、传统和神圣事物时，它们能退让和妥协的空间就很有限，因为它们认为这些遗产、传统和神圣事物，乃是它们权力的基础。因此，阿拉伯、伊斯兰国家的改革，虽然已经在从改变观念着手，但主要还是集中在局部性的体制和机制上。例如，2005年10月埃及修改宪法有关条款后，第一次举行了有多名候选人参与的大选，科威特也已允许妇女参选、担任议员和内阁大臣，阿盟2004年的首脑会议已决定成立贤哲会，让学者们进行开放式讨论，研究如何进行改革、应对阿拉伯民族面临的挑战，并决定修改阿盟宪章、启动阿盟的体制性改革；又如埃及《十月》杂志主编拉吉布·班纳提出阿拉伯国家的高校改革，应从引进国际上高校的考核评估体系着手；至于经济方面的改革，各国近年出台的改革政策和举措就更多了。由此可见，阿拉伯、伊斯兰国家的改革正在按照自己的特点和需要逐渐展开，它们当前在文明对话中最感兴趣的话题，是如何在保持自身政权稳定、维护自己民族、宗教属性的前提下，实现经济的快速增长，以缓和国内因贫富差距、失业率、出生率居高不下等问题引发的社会主要矛盾，它们关心并在进行比较的发展模式是俄罗斯模式、印度模式和中国模式，而不是欧美国家的西方模式。

三、关于政治文化。应该说西方政治文化中的核心概念民主，对阿拉伯国家和伊朗来说，都是外来词，对接不接受这个概念，已有过长时间的争论，就目前而言，实际已不再是个问题。阿盟秘书长阿慕尔·穆萨说："民主，不需要别人来给我们上课。对阿拉伯世界而言，这不是新问题。比如埃及，1866年就已建立了议会，比许多自称进步的国家都要早。"[①] 伊朗则更是声称它早就是民主国家，它从1979年伊

① 穆罕默德·鲁迈希："与阿慕尔·穆萨对话"，载于黎巴嫩《阿拉伯人的对话》，2004年12月第1期。

斯兰革命胜利以来，实行的就是普选制。二战结束以来，阿拉伯国家的民族解放运动风起云涌，埃及、伊拉克、也门、阿尔及利亚、利比亚等国在推翻君主政体和殖民统治的过程中，都无不以民主为标榜，它们在维护伊斯兰教价值的同时，也高举民族主义或社会主义的旗号，因此，接受民主的信念并不构成障碍。它们当前对民主的讨论焦点，实际上集中在美式民主是否意味着要它们放弃伊斯兰教、放弃阿拉伯或波斯的民族属性、否定它们过去光荣的历史。而美国大中东计划的目的，则是把解决中东的“民主赤字”当做解决中东所有问题的关键，好像只要实现了民主，不管反恐、防扩散、阿以和平等难题都会迎刃而解，实际上是把民主提升到了与美国国家安全利益紧密相关的高度。这不仅不切合中东的实际，而且这样的民主要求与美国的现实利益之间也存在悖论。1991年12月底的阿尔及利亚选举，胜出的反对党伊斯兰拯救阵线，便是一个“伊斯兰原教旨主义”组织，最终导致了政局动荡多年。看来，美国大中东计划过高估计了中东伊斯兰国家内部亲西方的自由主义运动的力量，它竭力培育的市民社会和非政府组织，最终能否反映当地民众的主流意识，能否成为驱动改革的发动机，能否与美国开展合作共同推动民主改革，都是大有疑问的。[①] 而且，即便是选举如美国所愿，实现了政权的转换，但也未必就会出现美国期待的民主，相反，伊斯兰激进势力倒很有可能通过这样的民主途径上台执政。谁能断言，今后什叶派掌权的伊拉克的政府就一定亲美，而不是亲伊朗？从20世纪下半叶至今的中东历史表明，中东地区各种矛盾交织，阿拉伯、伊斯兰国家一直处在向现代化过渡、转型的阶段，至今还很难非常清晰地勾勒出它们政治文化的全貌，但在其要素之中，伊斯兰教信仰和民族主义始终居于重要地位，应该是可以肯定的。

客观地看，我国对欧美的西方文化的了解和研究，已有相当的深

① 叶青：“美国在中东的民主困境——试析美国的大中东计划”，载于《阿拉伯世界》，2005年第5期，第23—24页。

度和广度，但对在世界文明史和当今国际舞台上占据重要地位的阿拉伯、伊斯兰文化，却还知之不多，研究机构和人员的数量、水平都还无法与我国对美、欧、日、俄的研究相提并论。本文归纳的阿拉伯、伊斯兰国家的当前处境，它们在美国大中东计划出台前后，开展改革初期的文化观察点，反映的只是个人的视角，不敢说准确、全面，更不敢说是伊斯兰现代文化的建构。我之所以愿意抛砖引玉，是想向各位中外学者求教，尤其是盼望能引起我国学者的关心和兴趣，与我们一起来推动、深化和提高我国对伊斯兰文化的研究工作。

《意见与异见——半岛电视台的崛起》序[①]

今年是卡塔尔半岛电视台创办十周年。由黎瑞刚先生等翻译的《意见与异见——半岛电视台的崛起》即将付梓问世，不啻是一种庆祝。我作为一名从事阿拉伯语工作逾40年的教师，心中也甚感欣幸。

半岛电视台是阿拉伯世界的新生事物之一。阿拉伯国家虽说从20世纪80年代起就已有卫星电视，数量也颇可观，但半岛台的异军突起，却不仅令拥有22个国家和地区、人口约3亿的阿拉伯民众耳目一新，而且也成为国际传媒和舆论高度关注的对象。其原因，是它办得最用心也最有争议的新闻和谈话节目，不时地导致美国、欧洲国家的不满，邻国的指责和抗议，甚至造成外交关系的断绝。正因为此，半岛台十年来的发展轨迹充满了曲折，对它的评价也始终褒贬不一。

我因工作关系，每年都有几次阿拉伯国家之行。每到一地，收看的电视节目首选的总是半岛台。本书中说，半岛台“成为最多人收看的阿拉伯新闻频道，使得沙特阿拉伯的MBC排名滑至第二，而伦敦的ANN则降至第三”，其言不谬。半岛台滚动播放的新闻节目，确具特色。相比其他频道，它对最新事件或有关动态的报道，抢先意识强，播放也最快。有的消息，画面未到，文字摘要就已在屏幕出现，在循

① 休·迈尔斯:《意见与异见——半岛电视台的崛起》，黎瑞刚等译，学林出版社2006年版。

环放送过程中还会不断增加新的新闻要素。我有几次在国内外会见阿方官员，客厅里的电视频道就固定在半岛台，只是把声音放轻，以免影响谈话。但一当主人看到他关注的新闻，便会边招呼我一起看，边调高音量。他（们）这样做，我并不介意，因为对这个举世闻名的热点地区而言，新闻的重要性是不言而喻的。

从冷战结束到现在，中东地区除了各国本身原有的各种政治、经济、宗教、民族等矛盾，仍在继续交织、碰撞、激化和爆发之外，更由于“9·11”事件之后，成为美国全球战略的重点而遭致前所未有的巨大压力。海湾战争后，1993年9月巴勒斯坦与以色列签订了奥斯陆协议，和平进程曾取得过阶段性的进展，但2000年9月底以色列利库德集团又一次引爆了巴以冲突，阿拉伯世界最关注的巴勒斯坦问题，五年多来已被定点清除和暴力事件所掩盖；2003年3月美国发动的伊拉克战争，更是前缺公理、后失道义，就连已从美国新保守主义者阵营中决裂出来的弗兰西斯·福山都认为“从理论和现实上都是错误的”。伊战的后遗症十分严重，三年多来，伊境内的武装袭击、恐怖事件、教派冲突接连不断，社会秩序和治安迟迟不能恢复；阿拉伯各国一面要应对全球化进程深入发展所带来的新挑战，并竭力设法缓解美国2004年年初提出并推行的“大中东计划”所造成的外部压力和干预，一面也努力自主启动国内政治、经济和社会的改革，以跟上全球和平发展的潮流，平息社会各阶层民众的不满。可以说，阿拉伯世界正处于十字路口，面临着社会转型的严峻任务。在这种情况下，媒体报道什么和怎样报道，无疑已经成为各国政府和民众日日夜夜都十分关注的焦点。对半岛电视台的各类节目，出现意见分歧，乃是很正常的事情。

半岛电视台给自己确定的目标，也许正如书中所说，是沿袭了原先办在伦敦的BBC阿拉伯台的传统，要让“阿拉伯人……观看阿拉伯记者制作的与西方新闻频道同等标准的新闻和节目”，其标准是“新闻价值、准确性和客观性”。然而，当前世界上其实并不存在统一的价值观，各国的制度、国情、民情差异也大，所谓“新闻价值、准确性和客观性”，都只能相对而言，各国媒体报道理当顾及对象国的实际，不应干涉对方的内政。何况，即便是美国、西方，它们奉行的也从来都是双重标准。半岛台之所以常常在阿拉伯、伊斯兰国家引发争论、争端，一是过于相信西方标准的所谓客观性，二是与主办国卡塔尔的颇具特色的国家追求分不开的。

我近年访问过几次卡塔尔，一次比一次印象深刻：它的经济发展、社会繁荣速度，对外开放程度，在阿拉伯国家中都堪称一马当先。书中提到了卡塔尔的人均收入、美军基地等情况都是事实。需要补充说明的是真正拥有卡塔尔国籍的居民，还不到GDP已统计人数的一半。我2006年4月去访问时，卡全国人均GDP已超过4万美元，这是把外来务工人员都统计在内的数字，在富庶的海湾产油国中，也名列前茅。另外，1990年8月2日，伊拉克入侵科威特，海湾危机爆发，接着是海湾战争，这使得美国因1979年伊朗伊斯兰革命撤离海湾以来，重获机会实现了它在这块战略要地的军事存在。自此之后，沙特、科威特、巴林、阿曼、卡塔尔等国都建有美军基地。伊拉克战争前后，美在沙特的军事基地使用情况出现变化，美指挥伊战的中央司令部不得不迁至卡塔尔。至今，卡塔尔美军基地承担实施美国地区战略的核心地位始终未变。换言之，卡塔尔是美当前在海湾地区最可靠的盟国，已是众所周知的事实。正是由于卡塔尔国小人少，天然气蕴藏量多质优，拥有极其雄厚的财力，安全状况又有美军予以保障，因而埃米尔政府谈论民主选举、自由、人权等地区国家颇具争议的话题，并不会在三十多万养尊处优的本国居民中造成多大分歧。近年来卡政府的一大抱负，是积极参与地区和国际事务，加快构建它在海湾地区独树一帜的国家形象。从外表上看，多哈每年都在增加的豪华场馆、饭店鳞次栉比，举办国际比赛和展览接连不断，已是地区重要的国际会展中心；从内涵上看，卡塔尔举办的“多哈民主、发展和自由贸易论坛”已历六届，影响逐年扩大，明显反映出卡塔尔充当阿拉伯世界改革先行者的意向。去年，在联合国改革展开讨论的过程中，卡塔尔外交部正式表示卡要成为安理会的理事国。至于半岛台十年来一直敢于直面地区敏感问题，甚至不惜损失广告、引起争执甚至外交事件，恐怕也在于卡塔尔政府一心想把它办成阿拉伯的CNN，在国际传媒界崭露头角、跻身一流名牌的诉求。

简略地勾勒一下上述背景，是想有助于增加读者阅读这本译作的兴趣。原著虽然不乏美国观点，但内容却十分充实——资料、数据收集得充分而且扎实，所举事例丰富而且真实，贯串全书的地区重大事件就发生在近年，为人们所熟知。写法也很生动——通过真人真事的讲述和描绘，读来决不会感到枯燥。尤其值得一提的是，这实际上是一本研究后撰成的作品，它不带多少学术痕迹，然而，从章节编排、条理分明的阐述，详简适宜的材料处理，都足以显示作者的功力。相信无论是喜欢媒体语言的读者，还是关心国际问题的各界人士，都会从中获得有益的知识、资料和启迪。

相比我国对美、欧、俄、日的了解和研究，实际从事或有兴趣深入研究中东问题的人员，实在是太少了。因此，每当看到我国中东问题研究书架上有新的著作和译作出现，我都会感到欣喜和振奋。新作不是表明又有新的作者、译者加入了我们介绍、研究中东问题的队伍，就是预示着将又有成千上万名读者通过阅读进一步增加他们对中东问题的了解。这在当前，尤显得重要，因为自我国实施全面建设小康社会的国家发展战略以来，胡锦涛主席于2004年1月30日访问开罗阿盟总部时，宣布建立"中阿合作论坛"，随着中阿稳定的全面合作的伙伴关系不断深入发展，阿拉伯国家在我总体外交中的地位和作用也已明显提升。因此，有越来越多的中国读者了解和熟悉阿拉伯国家方方面面的情况，无疑是为持续地巩固和发展中阿关系提供了最重要的人文基础，是非常值得肯定的好事。

同时，我也要由衷地感谢黎瑞刚先生等选择翻译这本著作所付出的辛勤劳动。我很清楚，凡涉及阿拉伯事务的书，常会涉及大量阿拉伯制度和伊斯兰教的专有名词，人、地名也没有专门的译名手册可供参照，译者除必须拥有娴熟的语言能力外，还得花费不少时间去查阅、核对各种有关资料。我国著名翻译家严复先生（1854—1921）称“译书三难：信、达、雅”，已成经典之论。唯在翻译阿拉伯内容的著作中，还常会碰到许多细节和技术上的困难，益增其难。本书译者能知难而进，卒底于成，诚可贺也。

于2006年4月

是纪念文集，更是历史文献[①]

由《解放日报》国际部发起并支持、外交笔会和中国国际问题研究基金会组织并完成的这本文集，旨在纪念中国—阿拉伯国家关系最近半个世纪（1956—2006）所跨越的光辉历程，经过一年的努力，终于在中阿合作论坛外长会议结束后不久付梓问世了，真正是可喜可贺。这本文集的作者是一批我国长期驻阿拉伯国家的资深大使，以及几位多年从事阿拉伯国家研究的成名学者。他们中大都是我的前辈和老师，不但德高望重，而且经验学识都远非我所能企及。因不敢有违文集主持方之托，遂不揣冒昧，在这里稍谈几句对中阿关系50年的粗浅认识。

追溯当代中阿关系的发轫，我想，首先应归功于新中国建立初期在外交理念——指导思想和原则方面的创新，最突出的是由举世公认的杰出外交家周恩来总理代表中国领导人提出的“和平共处五项原则”和处理国与国之间关系的“求同存异”精神。

据现任中国国际问题研究基金会副会长黄桂芳大使回忆，1953年12月31日，周恩来总理兼外长在接见来北京谈判的印度政府代表团时说:“新中国成立后就确立了处理中印关系的原则，那就是互相尊重领

① 本文是《丝路新韵——新中国和阿拉伯国家50年外交历程》之序，世界知识出版社2006年版，第1—5页。

土主权、互不侵犯、互不干涉内政、平等互惠（后改为平等互利）、和平共处的原则”……这是中国首次完整地提出和平共处五项原则。[①]接着，1954年4月18—24日周总理在参加印尼万隆召开的亚非会议期间，面对各国对我国政策的疑虑或误解，反复强调了处理国与国之间关系应本着求同存异的精神，从而扫除了阴霾，受到了与会亚非国家的信任和尊重。和平共处五项原则与求同存异精神集中体现了中国传统文化中的精华，凝聚成为对当代国际关系的中国观，不但符合各国人民的根本利益和共同基础，有利于维护世界和平与各国的稳定、发展，是对国际关系民主化作出的重要贡献，而且直接为中国外交赢得国际社会首先是亚非国家的广泛认同创造了必要条件，为拓宽我国的国际发展空间特别是进入西亚非洲地区奠定了坚实基础。从1956年5月底起，中国与埃及、叙利亚、也门次第建交，到1990年7月最后与阿拉伯世界中的沙特阿拉伯建交的全过程，以及50年来中阿在各个领域的关系取得的长足发展，都有力地证明了和平共处五项原则和求同存异精神的强大生命力。

位于亚非欧三大洲结合部的阿拉伯国家，战略位置突出，又是人类古代文明和世界三大一神教的发祥地，从来就是国际社会中的一个重要成员群体。二战结束后，随着美国大规模向亚非扩张势力，中东地区的油气资源大量被发现和开采，阿拉伯国家再一次成为世界关注的焦点，成为大国角逐、争夺或竞相争取的对象，其大国关系互动的舞台作用也随之表现得更加明显。

从本书27篇专文的阐述、论证中，可以清晰地感受到，我国与阿拉伯国家交往的这50年，充满了中国外交丰富多彩、成效卓著的生动实践，不但特色鲜明，而且经验良多、建树不凡，谱写了人民中国外交史上的一段段佳话、一篇篇华章、一个个可资借鉴的案例。这里，仅以我的管见所及，略述一点体会。

---

① 见《新世纪初世界大势纵论》，世界知识出版社2005年版，第41页。

首先，中国与阿拉伯国关系50年，清楚地反映了我国审时度势、与时俱进的外交政策。从1956年与埃及建交肇始，至1990年完成与沙特阿拉伯建交，先后通过三次高潮，成功地与全部22个阿拉伯国家建立了外交关系（详见本书杨福昌大使:《中阿关系的回顾与展望》），以及冷战结束后，中国准确把握住和平与发展两大时代主题，先后与阿拉伯国家构建起面向新世纪的友好合作关系或战略合作关系，到2004年1月胡锦涛主席宣布建立中国—阿拉伯国家合作论坛，以及是年7月温家宝总理会见海湾合作委员会六国财长与海合会秘书长，签订双边经济、贸易、投资和技术合作框架协议，开始启动中国与海合会建立自贸区的谈判。其间，由个别到整体、由局部到全面、由双边到多边的发展轨迹，都经历了认真细致的分析、客观科学的判断和务实周详的部署过程，从而推动了中阿关系不断地稳健提升，这不但符合双方的利益和需要，而且也跟上并适应了区域化合作和全球化形势的发展步伐。

其次，中国对阿拉伯国家外交始终具有明显的总体性。杨福昌大使在他的专文中指出，中埃“两国建交的政治基础是反帝、反殖、支持民族独立的共同立场，建交的过程经历了相互了解，先民间、后官方，文化、经贸开路，最终导致政治上建交”。这说明，中阿交往和合作的这50年，双方在政治领域的相互认同和取得共识乃是基础，但交流合作从一开始就不限于政府外交政策层面，而是包括了民间，涉及文化、经贸等其他领域。事实上，这50年期间，中阿双方的互访、交流和合作，已扩展、深入到经济、贸易、能源、劳务、工程承包、投资、文化、教育、科技、卫生、体育、新闻、青年、妇女、旅游和宗教等极其广泛的领域。

阿拉伯国家数量多，国情各异。它们面积有大有小，人口有多有少，国力强弱、贫富相去甚远，有的是地区政治大国或油气输出国，也有的是文明古国或劳力输出国。它们的需求、利益取向和关注点不尽一致，需要我们有的放矢地开展工作。50年来，中国始终重视发挥和调动国内各有关部委、省市和行业的专长和积极性，做到统筹兼顾，分工协作，形成合力，取得了堪称丰硕的成果。一代又一代中国优秀的外交官是骨干，位居主流，其作用与贡献，向为阿方称道，自不必言，即便派出的医疗队、体育和杂技教练组、修路组、打井队等工作人员，也都为中国外交赢得了声誉。他们为阿拉伯人民真诚服务、无私奉献的精神与事迹，至今在当地流传、受人称颂。此外，2001年12月21日成立的中国阿拉伯友好协会，因应形势发展的需要，进一步构筑起了政治、经济、文化三条学术对话渠道，使我国的对阿外交更趋完善，双方的合作内涵益发丰富。

第三，中国对阿拉伯国家的外交话语体系，与某些西方大国截然不同。50年来，中国外交始终坚持独立自主的方针，有自己的视角、原则和方式，即从一个发展中国家的身份出发，依据平等、互相尊重、不干涉内部事务的原则，同阿拉伯各国的政党、政治组织和民间团体发展交流与合作。这种尊重与平等相待，源于中阿深厚的历史文化，延续至现当代，又得到了更深、更广程度的发扬。中阿自古就有交往，丝绸之路上满载着互通有无、互助共荣的历史故事，进入近现代，双方又有着相似的历史遭遇和共同的发展任务。因此，中国尊重阿拉伯民族的传统、信仰和生活方式，尊重阿拉伯人民对社会制度、发展道路的选择，这既是合乎历史发展逻辑的必然，也是社会主义中国的国家性质所决定的基本原则。反映在话语体系上，中国对阿交往也就从来不带有殖民地宗主国那种居高临下、盛气凌人、颐指气使的语汇和口吻，从来就不曾有过用武力相威胁，强迫对方去接受他们并不认同的价值观，去进行违背他们心愿的强制性改造。在全球化深入发展、各国都在讲求利益的当代，中国作为一个市场经济国家，当然也重视利益交换，有自己的利益话语，但这种话语的出发点和宗旨是互利共赢，是相互促进、共同繁荣，而非唯利是图、只谋一已之私、不顾对方的损人利己。事实上，中阿交往50年，双方已经形成了一套共同话语，那就是总要讲历史传统友谊，讲共同的遭遇和任务，讲文化、价值观中的相似点，讲对和平、正义和进步的共同追求。这套话语从宏观上看，符合双方的根本利益，符合和平、发展、合作的时代潮流，是中阿关系50年的共同财富，值得双方珍惜，继续用来增进人民之间的友谊，推动国家关系的发展。

中阿关系50年，要总结、归纳的内容极为丰富，上述管窥蠡测，只是想表达一个心愿——希望日后能有我国的外交家或学者来编写一本中阿外交史专著，深化我国外交学的学科建设。

这本文集中汇聚了许多位高级外交官和教授精心构思、深入查证权威性资料、而后认真撰写的文稿，是中阿关系史上弥足珍贵的文献，能为之作序，真正是与有荣焉。这里谨向所有的作者表示我的敬意和祝贺，因为他们已为中国对阿拉伯国家外交史作出了贡献，也向外交笔会、《解放日报》国际部的负责同志和中国国际问题基金会学术部致以衷心的感谢，没有他们一年多来的筹备、组织和悉心主持，就不可能有本书的顺利问世。

2006年6月于上海

伊斯兰文明与世界[①]

进入21世纪以来，“伊斯兰”成了国际政治生活中的一个常用词，其在传媒上出现频率之多、受人重视程度之高实属罕见。究其原因，一是伊斯兰教发祥地的中东已成为美国全球外交战略的重点，其中的一些核心国家（如伊拉克、伊朗、叙利亚）被列为美国打击、改造的主要对象。二是生活在东亚文化圈和以美欧为代表的西方基督教文化圈的人们对伊斯兰教及其文明了解不多、知之不深，加之多年来又受到美国“主流舆论”的影响，因而存在各种各样的认识偏差。在全球化进程深入发展、国际体系处于转型的形势下，伊斯兰世界作为具有全球影响的战略力量，其地位和作用更加凸显。因此，加深对国际关系中伊斯兰文明的认识，辨析伊斯兰文明体系与当今世界的关系，并从错综复杂的中东局势中努力地把握伊斯兰世界的发展主流，应是东西方学界需要长期重视和跟踪的重要问题。

① 本文载于《世界经济与政治》，2007年第7期，第57—61页；人大复印资料《国际政治》2007年第10期全文转载；2007年12月获上海市社会科学界第五届学术年会优秀论文奖；收入王缉思总主编《中国学者看世界》国际关系研究系列·年度本《世界与中国2007—2008》，新华出版社2008年版，第107—116页。

一、伊斯兰是当今世界重要的文明体系之一

中东是人类古代文明的摇篮，在四大文明古国中占据其二：古埃及文明和两河流域文明。在产生世界三大一神教——犹太教、基督教和伊斯兰教之后，苏美尔文化、亚述文化、古埃及文化、赫梯文化等古代文化就被覆盖和替代了。三大一神教凭借其倡导的信仰和价值观，保持了其各自持续发展的活力，构成了至今仍对人们思想理念和行为方式具有举足轻重影响的文明体系。

伊斯兰教产生于公元7世纪，被穆斯林奉为先知、圣人的穆罕默德（570—632）从610年开始在阿拉伯半岛宣教，到公元630年战胜了多神教徒，在麦加确立起了政教合一的统治权。伊斯兰教与基督教不同之处在于，基督教公元1世纪起源自巴勒斯坦，曾长期遭受到罗马帝国的迫害，直到公元4世纪才被定为帝国国教，成为社会的支柱，把哲学、政治、法学等都置于神学的控制之下。[①] 而伊斯兰教却是推动构建阿拉伯国家、民族、文字和文化的源头。换言之，没有伊斯兰教，就没有阿拉伯民族、阿拉伯文字和阿拉伯文化；没有伊斯兰教，也就没有伊斯兰国家、伊斯兰世界、伊斯兰文明和文化。正因为如此，伊斯兰教对国家制度、社会发展的影响是既深且广，难解难分的。直至今天，了解或研究中东伊斯兰国家，无论哪个领域都无法忽略或漠视其中的宗教因素，概而言之，解读中东，掌握伊斯兰教的基本知识乃是必由的路径。

伊斯兰文明体系的形成经历了从公元7世纪至公元13世纪中叶一段漫长的岁月，亦即是在倭马亚王朝、阿拔斯王朝和法蒂玛王朝等这些伊斯兰历史上最鼎盛、辉煌的时期逐渐完成的。它的源头大致有三：

① 任继愈主编:《宗教词典》，上海辞书出版社1981年版，第936页。

其一是经过整理、完善的阿拉伯语言文字、以诗歌为主的文学和以音乐为主的艺术。其二是吸收融入了外来文化，如希腊的哲学和自然科学，罗马的政治和法律，波斯的历史和文学艺术，印度的数学、天文学、医学和宗教哲学，中国的四大发明等。其三是伊斯兰教的经学，如古兰经学、圣训学等。可见，伊斯兰文明是紧密结合阿拉伯—伊斯兰国家政权的实践，通过对内外文化的兼收并蓄、继承创新才登堂入室，得以构建成为博大精深的世界性文明体系的。

伊斯兰文明之所以堪称体系，是因为它的学科架构极为宏大和周全。具体而言，它包括：1. 自然科学：数学、天文学、医学、化学、物理学等；2. 人文科学：自然哲学、宗教哲学、逻辑学和伦理学、历史学、地理学、语言学、文学、艺术等，其中宗教学尤为发达，如形成了古兰经学、经注学、圣训学、凯拉姆学、教法学、诵经学等许多分支学科。从历史角度看，伊斯兰文明体系为人类社会的进步确实作出过卓越的贡献，“它将东西方文化熔为一炉并发扬光大，在古代科学文化向近代科学文化的发展中，它起了承前启后、继往开来的历史作用，对亚洲、非洲、欧洲和中国文化的发展都产生了深远的影响”。[①] 简而言之，它既向当时的国际社会提供了数量可观的公共产品，又在东西方文化的互动、传播方面居功至伟。同时，我们也应看到，源自于宗教的伊斯兰文明体系，其中的宗教学部分不仅数量极多（据一些阿拉伯国家学者估计，自有阿拉伯文字以来，伊斯兰宗教研究的著作大约要占到阿拉伯全部书籍的1/3），而且伊斯兰教对自然科学和人文社会科学的学科影响也不容小觑。对于这种存续在1400多年伊斯兰文明体系历史中的色彩强烈的宗教性，我们必须予以高度重视。

这里有两点值得注意：一是伊斯兰文明在历史发展过程中，形成了独具一格的文明体系。伊斯兰教崇拜的安拉（真主）“是唯一受崇拜

① 《中国伊斯兰百科全书》，四川辞书出版社1994年版，第689页。

者”，[①]《古兰经》明确宣示，安拉是天地万物的创造者，是绝对独一的，安拉既无匹配，又无对手，也无子嗣，任何东西都不与他相似。安拉“前无始，后无终，是表（极显著的）也是里（极隐蔽的）”，是无所不知，无所不听，无所不能，一切大权均属他所有，天地万物皆是他存在和伟大的“迹象”。伊斯兰教作为彻底的一神教，不像基督教那样可以将上帝或三位一体人形化，而是规定人们的理智和思维只是达到认识安拉的一种媒介。因此，从哲学角度看，安拉乃是穆斯林们的“绝对真理”，信众对他的认识是永远不能穷尽的。穆斯林长期生活“在这样一个信仰的光辉照耀之下，形成了自己的文化天地，自己的出版物，自己的历史传统，自己的语汇体系与诗歌谱系，自己的工艺、建筑以及与颂经有着密切渊源的音乐、歌曲，直至自己的教育体系”。[②]他们的信仰虔诚而执著，这种历经岁月沧桑形成的精神力量不是任何外力所能摧毁或改变的。

二是伊斯兰文明的成就和贡献，这既是广大穆斯林始终引以为荣的业绩，更是伊斯兰社会千百年发展进程中形成的核心价值观的重要物质基础。中东穆斯林们在抵抗外来侵略和占领、消除政权腐败和社会不公时，总是习惯于举起伊斯兰的旗帜，要求通过净化信仰以解决世俗生活中的各种矛盾。然而，在阿拔斯王朝后期亦即伊斯兰文明的鼎盛时期，逊尼派大多数教法学家认为，创制[③]教法体系的大业已经完成，从而导致了“创制之门关闭论”。及至阿拔斯王朝被蒙古铁骑所灭，教法学继续发展的客观条件不复存在，教法学家们又进一步强调只能遵循前辈教法学家的主张和著作而无权进行创制。事实上，创制

① 马坚译:《古兰经》，中国社会科学出版社1981年版，第203页。

② 王蒙:“文化的珍重”，载《新民晚报》，2007年3月28日。

③ 创制(al-ljtihad)是伊斯兰教法学概念和立法的原则之一，专指教法学家依据《古兰经》、圣训的精神通过推理、比较、判断等方法，对新历史条件下出现的新情况、新事物和特殊情况，推演出不违背教法学宗旨的法律结论与条规的思维过程，包括对《古兰经》、圣训的经文选择、释义、应用，直至形成新的判例。

是推动伊斯兰文明发展最重要也最具活力的教法制度之一，创制之门长期关闭，就无法对新时代、新情况、新问题做出合乎《古兰经》、圣训总精神的解读，就易造成信众核心价值观中时代精神的缺失。深入一点看，“伊斯兰复兴”的口号如不与创制结合起来，就很容易走上复古的道路，在现实环境中将遭遇到巨大的阻力。

二、伊斯兰文明体系与世界

“13世纪，伊斯兰教腹背受敌，东方有骑马射箭的野蛮的蒙古人，西方有身穿甲胄的十字军。”[①] 1258年，阿拔斯王朝的首都巴格达被旭烈兀的铁骑攻陷，王朝覆灭，但伊斯兰文化并没有被毁灭，相反，旭烈兀的后裔倒成了虔诚的穆斯林，并为复兴这一文化，贡献了大量的时间和精力。[②] 不过，此后大一统的伊斯兰政权的掌权者已不是阿拉伯人，而是奥斯曼土耳其人。从奥斯曼一世（1259—1326）于1299年独立建国，到奥斯曼末代苏丹穆罕默德六世于1922年被黜的600年里，随着帝国在这期间的不断扩张，伊斯兰教虽然促进了它在世界范围的传播，伊斯兰学术文化（如教义学、教法学、历史、地理、文学等）也都有所发展，但就文明体系而言，其中的自然科学和人文科学对世界的贡献不但鲜有亮点，而且被经历了文艺复兴、工业革命的欧洲文明不断地甩在后面、拉开了距离。原先就明显缺失的社会科学部分，更是由于概念陈旧滞后而难以得到发展。奥斯曼帝国是一个政教合一的军事性集权国家，政府注重军事技术、军事组织及维护中央官僚集团领导地位的制度建设，虽先后搞过一些改革，如“新秩序运动”（1789—1839）、“坦志麦特（意为‘改革’）运动”（1839—1856）和

① 菲利普·希提:《阿拉伯通史》，马坚译，商务印书馆1979年版，第584页。

② 同上。

"立宪运动"（1876—1909），以尽力维持帝国长时间的统治，但这些制度改革只是有选择地出现在部分领域，许多关键制度和传统秩序（如国家土地制度、城市行会组织和对私人积累资本的限制等）均未被触及。[①] 应该说，奥斯曼政权在与西欧国家的发展比赛中，明显缺乏灵活性，既不务实也不适应科学、技术的巨大变化和进步，伊斯兰文明体系在那段漫长的历史岁月中失去了强势地位。

及至第一次世界大战结束后，奥斯曼帝国版图被西方列强瓜分，中东阿拉伯国家又沦为英、法等国的殖民地、半殖民地，那里的民族矛盾、阶级矛盾始终是主要矛盾。这种状况一直持续到二战结束后中东国家获得独立、解放。在20世纪50年代中期开始的冷战时期，中东成为超级大国争夺的重要舞台，伊斯兰国家面临发展经济、实现现代化、解决阿以争端、抵御外来势力的渗透和扩张等诸多挑战。同时它们之间又存在贫富差距和政治体制、教派、民族、领土等矛盾。持续不断的战争和冲突导致了中东地区陷入了长期动荡。冷战后特别是"9·11"事件以来，对中东事务握有主导权的美国，其政策又严重失衡。这些外部、内部因素不时阻滞着中东国家的和平发展，进而也严重影响了伊斯兰文明体系本身的与时俱进。

对于这段历史，阿拉伯国家的学术界和穆斯林民众，都很痛心疾首。他们把奥斯曼统治时期称为伊斯兰文明文化的衰落期、黑暗时期，对西方殖民的统治更是深恶痛绝、引为耻辱；他们对滞后于全球化的现状也心知肚明，承认当今的阿拉伯世界、伊斯兰世界已处于十字路口，改革已成为必需。他们中的改革家一次又一次地呼吁、倡导"阿拉伯复兴"、"伊斯兰复兴"，实际上都已察觉到伊斯兰文明体系的边缘化地位，感受到与其他民族成就之间的"差距越来越大"，"已濒于

① 萨·帕麦克（Sevket Pamuk）："中东地区经济欠发展的根源"，见该作者于2007年4月9—10在北京大学举办的题为"文明的网络：比较文化与比较政治"国际会议上的发言，载于该研讨会《论文集》，第181页。

一道真正的鸿沟——文明和科学的鸿沟”。[①]

这种文明间的差距客观上反映了伊斯兰文明体系与以美欧国家主导的现当代国际体系不相适应，表现出与当代国际体系渐行渐远的趋势。伊斯兰国家在长期遭遇中形成的“受害者”角色定位很难在短时间内完成向“参与者”角色的转变。其中固然有它们自身改革滞后的原因，但西方国家对待它们的态度——是出于利益驱动视它们为打击、改造对象，还是积极帮助它们融入现存国际体系——则更是矛盾的主要方面。如何对待世界主流文明间的关系，西方学者其实早有所论述。《历史研究》一书的作者阿诺德·汤因比就曾指出：“在西方社会扩张气焰嚣张之时，这些地区的本土文明遭受压制而黯然失色。现在，东南亚、印度和非洲的非西方社会也开始重申它们独立的政治和文化地位。如果再加上伊斯兰世界核心地区的民族国家，我们就会清楚地看到，1945年以后国际关系的重新组合已经提出了一个已经被搁置了250年的文明之间的接触问题”。[②] 这里的“250年”是指奥斯曼人于1683年第二次进攻维也纳失败，伊斯兰势力向西方文明的最后一次进军终结。遗憾的是，汤因比提出的“现代西方和其他现存文明之间的接触”这个“当代历史重大主题”，在相当长时间内，被冷战的意识形态之争、世界霸权之争所淹没，直到1993年亨廷顿的“文明冲突论”问世，才真正引起了国际关系学界的重视。

尽管对亨廷顿的观点、结论存在着各种不同的看法和争论，但他毕竟提出了一个以文明为主题的“看待全球政治的框架和范式”，并且承认“冷战后时代……权力正在从长期以来占支配地位的西方向非西方的各文明转移。全球政治已变成多极的和多文明的”。[③] 从国际关系的

---

① 卡米勒·巴哈丁：《十字路口》，朱威烈、丁俊译，上海外语教育出版社2005年版，第8页。

② 阿诺德·汤因比：《历史研究》，刘北成、郭小凌译，上海人民出版社2000年版，第351页。

③ 塞缪尔·亨廷顿：《文明的冲突与世界秩序的重建》，周琪等译，新华出版社2002年版，第8—9页。

行为体层面看，除了主权国家，亨廷顿强调了行为体的多元化，把当今世界的重要文明体系也包括了进去。在研究大国关系对国际体系转型的作用的同时，他提出了要重视主要文明体系中的核心国家。这显然是有积极意义的。此外，文明冲突论的出现，进一步打破了传统概念上的社会科学和人文科学之间的界限和壁垒，使当前极其活跃的国际关系学科内涵更加明显地向人文科学领域延伸和扩展。不懂得现代化、权力、财富、制度、效率、速度、发展、科学、技术、竞争、经营与管理等，固然无法从事国际问题的研究，然而，不懂得宗教、文明、价值观等这些无法用财富、批量生产的技术来代替和统计的要素，也无法对当今世界和有关地区错综复杂的现实矛盾和发展趋势做出科学、客观的诠释和判断。就此而言，当前加强对伊斯兰文明体系的研究，无论从理论意义或现实意义看，都是一项严肃而有意义的任务。

三、伊斯兰文明体系向何处去?

伊斯兰世界的国际组织是1969年9月在沙特阿拉伯吉达成立的伊斯兰会议组织（OIC，现已改名为伊斯兰合作组织），拥有57个成员国。世界上的穆斯林总人数很难精确统计，大约有10多亿。伊斯兰文明的主要地区东起印度尼西亚、马来西亚、巴基斯坦、孟加拉国，西至摩洛哥、毛里塔尼亚等地，地域广袤，处于亚、非、欧结合部，不仅战略地位十分重要，而且物产丰富，仅海湾和北非就蕴藏着世界约2/3的石油和1/3的天然气。按理说，伊斯兰主要国家拥有的人力、物力、财力等发展资源可谓得天独厚，是许多大国所难以企及的。然而，从二战结束到冷战后时代，伊斯兰世界的核心地区中东却一直动荡不定、战乱频仍，成为举世瞩目的热点地区。其原因很多，各种分析、论述林林总总，但专门讨论如何对待伊斯兰文明体系的却不多见。最近，美国哈佛大学教授约瑟夫·奈在英国《金融时报》上发表的题为

《2020年的世界》一文将“政治伊斯兰”列为决定2020年世界大势的三因素之一，认为“在全球化、开放性、社会制度和民主化方面，中东都已落后于世界其他地区”。他提出了如下解决办法：一是改变内因，即“随着时间的推移，更多的开放贸易、经济增长、教育、公民社会制度的发展以及政治参与程度的逐渐提高，可能会有助于增强穆斯林主流的实力”；二是改变外因，“欧美对待穆斯林族群的方式”、“西方国家的中东政策是令主流穆斯林满意，还是会强化激进分子针对伊斯兰的战争议论”。[①] 这种看法堪称是相对客观、持平之论。因为无论是推动构建和谐世界，还是实现国际关系民主化，抑或当前国际体系的转型和重建，都无法回避把伊斯兰世界包容进来的任务，都必须面对伊斯兰文明体系如何适应、跟上全球化进程以及国际社会特别是欲承担主导角色的美欧如何对待、融合伊斯兰文明体系这样两大问题。也许，约瑟夫·奈的上述观点在一定程度上代表了美国精英人士在中东问题上的反思以及在某种程度上体现了其建议美国决策层调整政策的意向。

大家知道，“9·11”事件是伊斯兰极端主义思潮所导致的危害人类社会的恐怖主义行为，它不仅给美国而且也对整个国际社会敲响了警钟。解决之道应当是标本兼治，既要坚决反对和打击一切形式的恐怖主义，也须重视铲除产生极端主义思想情绪的土壤，通过公正处理或缓解中东地区日趋尖锐、激烈的主要矛盾，努力营造孤立、遏制乃至消除极端主义、恐怖主义的客观条件。然而，这些年来美国实施的武力更迭政权、“大中东计划”以及乱扣“无赖”、“邪恶”、“法西斯主义”等各种帽子的做法，不仅其合法性、道义性明显缺失，而且效果适得其反，激起的只是中东伊斯兰民众普遍的反美与仇美情绪。美国现行中东政策已处于举步维艰、难以为继的窘境。客观地看，单边黩武也是一种极端主义的表现，它对伊斯兰国家融入国际体系的作用，

① 约瑟夫·奈：“三因素决定2020年世界大势”，载《参考消息》，2007年3月12日。

有弊而无利。美国现行中东政策的调整已是大势所趋。同时，伊斯兰国家的现代化进程尽管受到了强大的外部因素干扰，但伊斯兰文明体系能否实现复兴，为人类社会的进步再作贡献，归根结底仍将取决于其自身，特别是中东伊斯兰核心国家，它们的决策者、社会精英和广大民众的选择。

事实上，中东伊斯兰国家中的大多数都已经认同并主张进行改革，领导人和学者都很重视发展模式的比较和开放政策的制订，而且在加强区域化合作、发展经济、科技、教育、文化等许多方面，取得了不小的成就。然而，伊斯兰文明体系的改革创新，由于涉及的层面极为广泛，伊斯兰国家数量也多、国情不一，很难一蹴而就、齐头并进。当前的观察点，只能放在中东伊斯兰核心国家在观念、体制和机制方面所取得的突破和进展上，应当重点关注的是它们是否在通过继承创新确立、构建起既符合其基本信仰又顺应时代变化和发展的核心价值观。因为伊斯兰文明体系的发展，始终得从本身的历史、宗教信仰和民族属性出发，在依据自身的发展利益需要选取或重新解读《古兰经》、圣训的有关经文的基础上，制订出国家建设和民族建设的指导原则，并通过对古今文化、内外文化的兼收并蓄和继承创新才能实现。近年来，中东伊斯兰国家在这方面已经并继续在取得进展。例如，在“9·11”事件以后，美国政府和舆论大力渲染“文明冲突”、“新十字军战争”之时，以伊朗前总统哈塔米为代表的不少伊斯兰人士和机构，则积极主张“文明对话”、“文明接近”，用对话取代对抗，强调世界各文明追求和平、正义、宽容等价值观的共性。又如，为与产生恐怖主义的极端主义划清界线，2002年约旦皇家伊斯兰思想研究院首先倡导伊斯兰中间主义，此后又建立了“中间文化论坛”。现下，温和、中间主义等教义已成为约旦、埃及、沙特阿拉伯等不少伊斯兰国家的国策。在阿拉伯国家，正在逐步形成一股弘扬伊斯兰中间主义的社会思潮。再如，2005年4月下旬，阿曼宗教部举办了“全球化与伊斯兰教”学术研讨会，会议纪要明确呼吁要实现九大平衡，即天启（真主的启示）与理性、物质与精神、权利与义务、个人与集体、求主启示与责任、经典文本与创制、现实与理想、恒定因素与变数、联系教义与联系时代之间的平衡。[①] 这些学术活动，实际上都关系到在全球化形势下，伊斯兰文明体系核心价值观的构建和未来发展方向的确定，意义十分重大。

此外，伊斯兰国家也存在发展道路的选择问题。二战后，中东阿拉伯、伊斯兰国家所采取的发展道路和模式并不相同。有的强调意识形态，主张民族民主革命推翻君主制，或强调输出伊斯兰革命，或宣扬世界第三理论，发展伊斯兰社会主义；有的强调区域合作，致力于特色发展，努力充当地区或世界的金融中心、经贸中心、航运中心或会展中心；也有的企图发展军事力量或谋求拥有核武器，甚至不惜通过战争来谋求地区盟主地位。进入21世纪以来，它们在总结半个多世纪的经验、教训的基础上，正越来越重视可供它们参照的发展模式，如东亚模式、中国模式、印度模式、俄罗斯模式等都已进入它们的视野，与这些国家和地区加强交流合作，汲取可资借鉴的经验，也已成为中东国家许多官方人士和知识精英的共识。

总之，中东伊斯兰国家已经在十分困难的外部环境和内部条件下进行着改革，这个过程无疑会持续相当一段时间，但对世界而言，伊斯兰文明体系融入和参与国际体系的转型和重建，无论从哪个角度看，意义都很重大。有鉴于此，不属于这一体系的西方国家或东方国家，都应多一些宽容，重视伊斯兰国家的意愿和决心，珍视它们的成绩和进步，应采取理解、支持的态度，尽可能地提供帮助，而不是漠视、疏远和曲解，更不应肆意歪曲、丑化甚至用暴力和战争来施加恫吓和威胁。

---

① “全球化与伊斯兰教研讨会”，载阿曼《祖国报》，2005年4月23日。

一个特色鲜明、影响不凡的学术交流平台①

上海市国际关系学会成立五十周年了，回想起来，我作为它的会员、理事、副会长，也已有二十多年。正是凭藉学会这个平台，我从单一的阿拉伯语言文学教学、翻译、研究，进入了多学科交叉、相互渗透的国际问题研究领域。

我是“文革”后第一批公派出国进修的教师，1980年秋回国后，即担任了《阿拉伯世界》期刊的负责工作。刊物的用稿面，逐步从语言、文学、文化向国情、形势研究的方向拓展，作者队伍也从校内向校外发展。在最早的校外合作单位中，上海国际问题研究所、上海社科院的研究人员最为活跃，我也因此结识了不少非阿语专业的专家学者。

与上海市国际关系学会的第一次合作，是1982年中国中东学会成立后，上海国际问题研究所中东室主任季国兴同志和我被选为理事，负责华东片的联系工作之后的1983年8月下旬。当时，我们在上海市国际关系学会的支持下，在无锡太湖宾馆举办了题为“阿以冲突的由来和发展”的全国学术研讨会。来自北京、南京、上海的高校、科研

① 本文载于《回顾与展望——庆祝上海市国际关系学会成立五十周年》，上海人民出版社2007年版。

单位的研究人员，约二十多人参加。那时，中东局势处于转折期，埃及已与以色列媾和，成为第一个与以建交的阿拉伯国家，但以色列又于1982年6月大规模入侵黎巴嫩，军事上以强阿弱的态势进一步凸显，通过武装斗争或战争手段来达到收复阿拉伯国家被占领土、实现巴勒斯坦建国的可能，更趋渺茫。与此同时，伊朗在两伊战争中已转守为攻，对阿拉伯海湾国家构成了直接压力。鉴此，1982年9月在非斯召开的阿拉伯国家首脑会议上通过的“阿拉伯和平方案”，正式建议“联合国安理会保证这一地区各国的和平”，首次含蓄地承认了以色列的生存权。面对中东复杂的形势变化，无锡会议的与会代表们，从历史到现状、到局势发展，展开了深入而热烈的讨论，他们的观点、研究方法和引证依据都不尽相同，因而争论也很激烈。

这是我第一次参加中东问题的讨论，看到有那么多学者关心并重视这些中东政治、民族、宗教等问题的研究，内心很是振奋。这不仅大大拓宽了我的视野和思路，而且也让我深刻感受到了中东研究对我国外交的重要性。

上海市国际关系学会作为一个学术交流平台，它所具有的影响力和感召力，随着我以后参与活动的增多，认识和印象都不断加深。如1986年10月，上海国际关系学会下属的亚非研究会与浙江省国际问题研究会在杭州花家山宾馆召开了“亚非国家对外开放经验与教训”学术研讨会，与会代表除浙江、上海的研究人员外，还有来自北京、四川、湖南、广西等地的专家。会议上总结了要搞好对外开放，亚非国家要处理好“实行对外开放与完善内部机制的关系”、“加速经济增长与促进政治、经济、文化均衡发展的关系”等十大关系，即便用今天的眼光看，都还是很具有现实性和前瞻性的。记忆更深的是1988年8月，学会在杭州西湖国宾馆（刘庄）举办的“犹太历史文化学术研讨会”。当时，金应忠同志和我，为筹备新中国建立以来第一次涉及犹太、以色列专题的研讨会，曾再三磋商，还专门赴京汇报、请示。它后来开成了一次盛会。与会者不但人数多，而且发言十分踊跃，大家似乎都预感到，此时召开这样的学术会议，应与美国犹太人、中国与以色列关系等现实问题存在着某种联系。果然，会后没几天，我在校园里碰到一位美国专家，她拿出报纸问："上海成立的犹太学研究会会长朱威烈，就是你吗？"可见，即便我们把会议放到了杭州，也没有邀请外国代表，会议和会后成立的犹太学研究会的消息还是传到了国外，引起了国外人士的关注。

上海市国际关系学会之所以能较准确地把握不断变幻的国际风云，充分发挥上海的地理和人才资源优势，逐渐在省市级同类学会中形成自己的特色和影响，在回顾她五十年历程的成就和经验时，有两点是值得提及的。

一是始终与首都学术界和国家有关部委保持着密切的联系。学会一直重视学习和把握国际问题研究学科领域内理论研究和政策研究的新进展和新精神，在服务中央外交外事大局的前提下，努力在国际学术交流、研讨会和基础研究等方面，发挥上海的功能和作用。比如，在已经形成传统的每年会员大会上，都会安排传达中国国际问题研究基金会与中国国际问题研究所召开的年度国际形势研讨会的主要内容，让会员们都能及时清楚地了解当前国际问题研究的前沿和关注重点。又如，上海市国际关系学会召开的专题研讨会或区域性研究会议，通常都很重视邀请北京的资深学者和大使参加。时至今日，在京的不少学会老朋友，还常会提及他们某年在上海与会的情景，足见上海市国际关系学会活动给北京学者的印象之深。

二是几任学会会长不但都有很强的事业心、使命感，而且都善于因势利导，与时俱进。20世纪90年代，学会会长即组织力量申报完成了国家社科基金的重点课题《跨世纪的世界格局大转换》，后被评为上海市一等奖。上海是个资讯发达的城市，学会领导很早就意识到了与媒体合作的重要性，在电视台举办过"国际知识大奖赛"，在《解放日报》、《文汇报》、《新民晚报》等主流媒体上陆续辟出了"专家论坛"、"专家座谈会"、"新民环球"，以及《解放日报》、《文汇报》与高校合作的论坛等栏目。可以说在普及与提高广大市民的国际化程度方面，他们都尽心尽力地做了许多有益的推动工作。今年，学会领导更是重视培养青年学者的力量，正着手构建“青年论坛”，以尽快推动形成一支年龄结构更趋合理的新世纪国际问题研究队伍。

上海市国际关系学会的成绩和亮点很多，不是我所能备述的。我谨祝愿这个富有特色而又颇具影响的国际学术交流平台，能以五十周年为新的起点，继续锐意进取，不断取得又好又多的进步和成就。

关于我国外语院校加强科研工作的几点看法[①]

能在今天这个场合发言，是一种荣幸，袁振国副司长曾多次向我们谈及外语类院校加强科研工作的重要性。去年9月郝平校长也希望能找时间交流一下这方面的体会。只是要到北外这样一所全国外语类高校中的老大哥大学，当着这么多领导和资深教授、青年才俊来谈一点管窥蠡测，总不免有些忐忑，既怕耽误大家时间，也怕有误正听。好在我同大家毕竟是同行，都是在外语专业里跌打滚爬了多年、几十年的教师，总会有些相似的经历、共同的感受，还不至于讲得天花乱坠、完全不着边际，何况，既然已经对郝校长作了承诺，箭在弦上，也就不得不发，只望能够引起一点大家的兴趣和共鸣，对中国的外语类高校发展能有一点推动和启发作用，那就算我不虚此行，对郝校长、袁司长作出交代了。

这里，有一点想首先也是必须稍作阐述的，那就是上外与北外的关系问题。两校都是教育部的直属高校，一南一北，各有特色，长期以来既有合作，也有竞争，但总的看，是兄弟学校，合作多于竞争，即便是竞争，也是良性的，其出发点和目标是为了如何贯彻、落实教育部的文件精神，达到教育部规定的各项指标。就我个人而言，这么

① 本文是应郝平校长邀请于2007年5月12日在北京外国语大学科研工作研讨会上的发言。

多年来一直与北外的同行们保持着良好的互动关系。在担任专业外语教育指导委员会阿语指导组组长期间，或在平时与北外阿语系师生交流的过程中，我对国少华教授认真负责、勤奋敬业的精神，一向很佩服，对张宏教授主持阿语系的教学工作，评价也很高。记得2005年12月在参加中阿合作论坛学术研讨会前夕，我曾观看了北外阿语学生的一台节目，那歌舞、朗诵的水平，曾让我情不自禁地去找何雅琴老师，向她表示祝贺。透过这样的文艺表演，我看到的是北外师生们付出的辛勤努力、是他们对事业的执着追求，这是很令人感动的。多年来，我在参加国内外各种外事活动中，经常会碰到北外毕业生，不仅有许多为中国外交作出杰出贡献的资深官员、中坚骨干，而且就是青年外交人员，他们的水平才具也都很让我这个老教师感到折服和欣慰。因此，我到北外来发言，决没有什么门户之见，也决不敢说是来传授什么经验，而只是想站在国家的立场上，从中国的外语类院校的现状出发，谈一点有关学科发展和建设的看法。

观念必须转变

新中国成立以来，外语专业一直受到党和政府的高度重视，这首先是因为建国初期在外交理念——指导思想和原则方面——的创新，标志是由举世公认的杰出外交家周恩来总理代表中国领导人提出的“和平共处五项原则”和处理国与国之间关系的“求同存异”精神。从理论上看，这和平共处五项原则和求同存异精神集中体现了中国传统文化中的精华，凝聚成了对当代国际关系的中国观，不但符合各国人民的根本利益和共同基础，有利于维护世界和平与各国的稳定、发展，而且是中国对国际关系民主化作出的重大贡献；从实践上看，这反映了新中国的外交理念，已从意识形态认同发展到了国家认同，从而扫除了拓展中国外交空间的障碍，为新中国广泛地与亚非拉国家建立外交关系奠定了基础。我国五六十年代外语专业的蓬勃发展正是得益于我国外交工作的发展需要，是从国家根本利益出发形成的一种教育局面。

记得我60年代初在北大上学期间，周总理和陈毅副总理兼外长都对培养外语人才作过多次重要讲话。那时，不仅每一个外语专业的师生，甚至整个社会都有一种外语重要、国家需要外语人才的强烈意识。那时的北外是外交部直属高校，而上外也从1964年起成为高教部的直属高校。1965年我从原先留北大改为赴上外任教，是高教部外语司作出的调动。可见，当时的管外语专业的部门是司级行政建制。即便是在十年浩劫期间，全国各专业都在停课“闹革命”的时候，外语还是办了三届培训班，以适应国家对外工作的需要。

正是这段外语发展史，使包括我在内的许多教师形成了“外语特殊”的概念。在70年代末我国转向以经济建设为中心、实行改革开放政策以来，大批人员走出国门，留学、进修、交流、合作、经商、办项目……这种“外语特殊论”虽有所弱化，但还存在，因为毕竟从各行各业看，懂外语或外语熟练的人员还不多。此外，由于对外工作、出国留学的需要，社会上要求普及、提高外语的呼声长期持续不断，形成了经久不衰的“外语热”。这种情况，可以说是今天依旧，而且客观地看，全国的外语院校也仍需作出应对。

可是，随着改革开放的不断深入，特别是90年代期间，党和国家领导人提出了哲学社会科学与自然科学“四个同样重要”、教育部又倡导开展实施985和211工程以来，外语院校却出现了比较明显的不适应。从学科建设看，这些年总体上不仅已经滞后于综合性大学、师范类大学，而且也赶不上政法类、财经类甚至原先的一些理工类高校了。

我这样说，往往会引起外语教师们的不满，他们会列举许多数字，如培养的本科生、研究生人数，讲述很多例证，如用人单位的好评等等。这些都是事实。但在哲学社会学学科的测评中，着眼点毕竟应是学科内涵的发展，要看具体的量化指标。

今年高等教育出版社出版的《中国高校哲学社会科学发展报告2006》，从第430页开始列举了2005年主要数据的排行榜。这应该是有说服力的。其中，不说学校整体性比较、排名，就以学科分类的论文发表数、论文被引次数看，中国文学专业的论文发表数的前五名，最少的是南大，469篇，而外国文学专业居第一名的，也是南大，223篇，即一半都不到；外语院校能跻身前五名的只有贵校，80篇。在论文被引次数中，北外、广外、上外虽在语言学、外国文学学科中榜上有名，但数量也不多。2004年教育部开展的重点研究基地考评，外语类院校的结果在各类高校中最不理想，我曾为此苦思了很长时间。记得2004年10月15日袁司长第一次到上外中东所，问校领导和我怎么着手整改。我的回答是加强制度建设、队伍建设、学科建设。其实，我心里最想强调的是制度建设，因为这是基本保障。从外语院校学科发展的共性问题看，恐怕都有制度建设问题，而制度建设的深层次内核，则是观念的转变，即取决于领导部门和教师是否能对科研工作的重要性形成共识，是否能把外国语言、外国文学放在与其他哲学社会科学各学科平等的位置上，抛弃优越感，不讲特殊论，具体深入地去探讨一些学科内涵发展的问题，使自己能跟上其他学科、其他高校的繁荣、发展步伐。

明确科研定位

如果外语院校能够正视自身的学科发展已经滞后的现状，认同加强科研是急起直追、迎头赶上的必由途径，那么，紧跟着的问题就是如何开展科研工作。

我曾参加过各种各样讨论科研工作的会议，感到对外语院校来说，似乎始终存在着一个教学与科研的关系问题。外语教学长期形成的小班教学传统，教师人数少，课时多。像北外，老师们绝大多数又很敬业，经常在课余时间对学生进行辅导，这样时间就更紧张。要开展科研，想问题、查资料、写文章，时间和精力上确实都有困难。我个人的体会，随着外语类院校发展成为多科性大学之后，上述情况已有所改变，因为经贸、传播、国关、法律等系科的设立，已从全校层面大大缓解了本来矛盾突出的师生比问题，而外语教学指导委员会多年来大力组织出版的统编教材，也减少了不少专业对教材工作的资源投放。外语教师开展科研的客观条件至少要比过去充分多了。再说，高校特别是部属重点高校总是肩负着教学、科研两方面的任务，两者与其说是对立统一，不如说是相辅相成。因此，在我看来，北外、上外大力倡导科研意识、强化科研考核，乃是份内之事，恐怕不宜也不该出现置身事外或讨价还价的现象。当然，具体到每一个单位，标准和要求也不能简单划一，比如，研究部门高一些、多一些，是理所当然，教学单位也得从实际出发，重点学科与一般学科，人手较富余的系与缺编严重的系，都须区别对待。

教育部从世纪之交开始，就陆续出台文件，一方面为全国高校开展科研工作积极创造有利条件，另一方面对哲学社会科学的学科发展进行规范，并循序渐进地设置了相应的考核标准，对课题项目、专著、论文、研究报告等都有具体的数量要求。我曾听到不少外语教师对此有意见，或不以为然，认为是急功近利，或违背了十年磨一剑的做学问规律。哲学社会科学需要积累，细查细勘，精雕细琢，这无疑是事实，但就学科整体性发展而言，从面上提出量化要求还是有道理的。大家现在都熟悉的软力量概念，就包括上述的科研项目、经费、专著、论文数，而且联合国统计的标准更高，统计的是发表在国际核心刊物（EI，SSCI，A & HCI）上的论文。因此，从提升国家综合实力的需要出发，作为北外、上外这样高校中的国家队、主力军里的成员，当前应当努力的是应深入领会教育部的有关文件精神，认真贯彻有关规定，从科研的旁观者转为参与者，切切实实地把科研搞上去。

2006年教育部颁布了《关于大力提高高等学校哲学社会科学研究

质量的意见》即教社科〔2006〕5号文件，进一步强调“哲学社会科学的研究能力和成果是综合国力的重要组成部分”，提出“大力提高哲学社会科学研究质量是当前的紧迫任务”，一共25条。这份文件表明，教育部对哲学社会科学研究的要求，已从十五规划期间的数量化标准向质量化方面提升和转移，重点是创新，要有创新意识、创新目标、创新重点，形成创新能力、创新方法、创新机制，等等。这份以质量为导向的文件，可以说已经成为高校各位重点研究基地主任必须仔细琢磨领会、尽快消化掌握并在工作中逐步落实的具体指导方针和原则。而对外语院校来说，恐怕也要抓数量，更要抓质量，因为没有一定的数量，难以形成质的突破，而在评估研究成果的质量时，也仍离不开一系列的数量化指标。

谈到评审，这里想谈一下自己这些年作为教育部、上海市项目、重大课题攻关项目、评奖的评委，也担任过国家社科基金的评审成员的一些体会，供大家参考。

比如，申报课题，有时上级部门设计了课题指南，有时则允许自选课题。申请人首先面临的是阐述自己对指南课题或自选课题的见解，亦即要破题。确定题目是一件大事，国家社科基金、教育部及各省市对课题的本身，基本上都围绕“建设有中国特色社会主义的重大理论问题和现实问题”或“改革开放和现代化建设进程亟待解决、人民群众普遍关心的重大理论问题和现实问题”这样的主轴设计的。申请人必须逐一剖析题目的要素，然后论证清楚题目的意义，如现实意义或理论意义，阐明它的前瞻性、开拓性或战略性。同时要归纳梳理国内外该课题或相关课题的研究前沿状况。“破题”是第一道关口，破题不当或不完整，一般就很难成功。第二部分是内容亦即论证，通常所占权重最大，包括思路是否清晰、系统，视角是否新颖，研究方法是否科学，观点有无创新，或应用对策研究的针对性、现实性是否突出。第三部分主要是阐明基础研究是否有理论创新，对学科建设有什么作用，属应用研究的，是否对经济社会发展有实际价值及可行性。最后是申请人的前期成果是否丰富，参考文献是否具有权威性、代表性和前沿性。至于评奖，则还有社会反映亦即社会效益一栏，指基础研究成果是否推动了学科建设和理论发展，受到学术界的重视和好评；应用研究成果是否在解决国家经济社会发展重大问题上有所突破，为实际应用部门提供了具有重要参考价值的决策咨询意见，产生了良好的社会影响或经济效益。这一栏其实很难填写，因为评委们不光是看申请人的陈述，而是必然要查附件中的证明材料。

我们申报和承担的都是国家级或省部级课题，因此必须把恪守明确的政治标准和学术标准作为前提条件，那就是必须以马列主义、毛泽东思想、邓小平理论、“三个代表”重要思想和科学发展观为指导，坚持正确的政治方向，必须符合学术道德和学术规范的要求。

优势与挑战

现在的北外、上外都已拥有外国语言文学一级学科的博士授予权。值得大家注意的是，2006年时，国务院学位委员会在多次征询专家意见后，已颁布了一个新的学科分类，从原来的13个一级学科增加到了25个一级学科，其中也有调整，如把外国语言文学学科拆成了语言学和外国文学两个一级学科，外国语言放在与普通语言学、社会语言学等一起，属二级学科。这份新的学科分类计划，虽还未付诸实施，但对外语院校的学科建设方向而言，应是值得关注的。至少，在“十一五”规划期间，在科研工作方面，应当居安思危，尽量重视语言学和外国文学的课题和成果了。外国语言文学一直是北外、上外的传统优势学科，特别是其中的英语、俄语、日语等语种，已拥有全国性乃至国际性影响。只是从这些年的科研看，恐怕与北大、南大、复旦这样的综合性大学外语院系比，还并不一定具有明显优势。我从90年代中期起，从阿语系主任的岗位转到社科研究院，后又担任中东研究基地的工作，对外国语言文学的关注不是很多，但我有一个印象，这个学科的发展随着教育部创办孔子学院工程的启动，特别是党的十六届六中全会确立了社会主义核心价值体系以来，已经迎来了新的契机和更广阔的空间，是各位外语专业的老师大有用武之地的黄金时期。就外国文学评论而言，过去几十年对作品、作家的论述，很难摆脱以阶级斗争为纲的窠臼，现在遵照以人为本的理念，应有很多作品、作家需要大家去作重新评论或作新的发掘和分析。在加强外宣、建设海外孔子学院的过程中，外语院校更是具有多语种、熟悉当地文化国情的独特优势。我听说，北外已在创办孔子学院方面走在前面了，这说明，北外的校领导和老师们是有战略眼光的，正在扎扎实实地提升学校的国际化水平。

身在上外，总会不时地听到有关北外的一些消息。我能够感受到的是，北外除了她依然拥有的一流师资队伍、教师们仍是那么兢兢业业、下功夫大力提高教学质量等传统优势之外，这二三年更是形成了一种蓬勃向上、勇往直前的气势。她的外语教学更加重视精品、精英的培育，她的国际问题研究、经贸、法学等新兴学科，正从全国、全球视野出发，通过引进、延聘、组合等各种渠道高起点切入，进入了超常规发展进程。这是十分令人钦佩和值得学习的。

最后，想应郝校长的要求，谈一下区域研究的看法，可能主要涉及小语种的发展问题。

按照联合国教科文组织授权出版的《社会科学和人文科学研究的主要趋势》（上海人民出版社 2004年版）对区域研究的界定，“区域研究中心（机构）大多数都有一个地理上的依据”，“如拉丁美洲、撒哈拉南部非洲、地中海地区、东南亚、苏联、东欧、中国和日本以及太平洋地区”，其任务是培养专家。首先是语言专家，即必须通晓当地语言，其他还有历史学、地理学、经济学、社会学、社会人类学、政治学等方面的专家。追求的目标主要是政治性的，从事跨学科或多学科的研究，并“有效地致力于汇集各种地区的完整资料……逐渐建立社会科学和有关资料的'世界图书馆'"。从实际情况看，我国的区域研究，依照的是国家行政区划；从研究水平和成效看，总体上并不低于发达国家，但覆盖面还不全，对撒哈拉南部非洲、拉美、太平洋岛国等区域的研究相对人手很少，就是中东、中亚、高加索地区恐怕都还未形成国别问题专家；此外，图书资料的问题也很突出，教育部近年已在强调数据库的建设，就是一项针对性很强的要求。尽管如此，懂得当地语言毕竟是一项基本要求，因为只有掌握当地国家的外交政策和公众舆论，才能使我国的政策判断具有客观性和科学性。在这方面，北外是我国开设外语专业最多的高校，具有不可替代的优势。只是对从事研究的教师而言，须重视国际关系和比较政治学的学习，"须阅读一些专著"，"在整体上提高知识水平"。依我的浅见，不妨可以先参与相关的研究，在合作、交流的过程中，逐步积累，取得话语权，尔后根据自身专业的特色和可能，组建起队伍，发挥相应的作用和影响。我国是一个大国，国际问题研究方兴未艾，目前学术界正在努力构建中国特色的国际关系理论和中国的外交学，外交学院、北京大学、复旦大学等国内一流高校和去年已经宣布的中国十大智库，已走在前列，在集思广益、积极行动。北外的国际问题研究所已经登堂入室，她的女性研究、《国际论坛》刊物也颇具特色，各种区域研究完全可以凭借这些平台起步。

最后，衷心感谢郝平校长和北外校领导的信任和盛情邀请，感谢各位耐心地听完这冗长的发言。如有不当不妥之处，敬请郝校长、袁司长和在座的各位领导、老师批评、指正。

理解与尊重：关于构建我国对中东研究话语体系的思考①

2006年12月，我参加了上海基督教协会和伊斯兰教协会举办的以“和合共生”为主题的宗教对话与交流研讨会。作为一名长期从事中东研究的工作者，对中东问题中的宗教性，感受自然既多且深，但怎样以中国的人文理念为指导，来构建中国的中东学和伊斯兰学的话语体系，却一直理不出个头绪来。“和合共生”的宗教对话与交流研讨会，给我留下的深刻印象是，我国宗教人士和学者从他们所从事或研究的宗教发展历史与实践经验出发，注意结合当代中国的人文理念与核心价值观，正在尝试建立一个具有学术意义和现实意义的交流平台；对我的启迪是，构建中国对中东研究的话语体系，理应以中国的主流人文理念为指导，应重视研究对象自身的文献资料，也应注意符合时代精神这样一些基本要素。在这里，谨想对这些粗浅的看法作些勾勒和阐述，以求能收到抛砖引玉的效果。

① 本文载于《西亚非洲》，2007年第12期，第24—30页；人大复印资料《中国外交》2008年第3期全文转载；2008年10月获上海市第九届哲学社会科学优秀成果二等奖。

以中国的人文理念为指导

研究工作以怎样的人文理念为指导，关系到研究话语体系的特色，更直接涉及学科建设中的思维方法问题。人文理念实际上是人们在想事、想问题时必然有的观念、价值观和原则。人类社会在跨入新千年的门槛时，联合国于2000年9月8日通过了一个《千年首脑会议宣言》，该宣言共8个部分32条，在谈及人类社会新千年要达到的主要目标，如和平、安全与裁军，发展和消除贫困，保护我们共同的环境，人权、民主和廉政等共同任务目标前，首先确定第一部分就是“价值观与原则”。[①] 这些具有普世意义的价值观与原则，对世界各国制订各种政策无疑具有指导性，都应当参考，至少得做到不致违背。就从事中东区域研究而言，《千年首脑会议宣言》中的“容忍”价值观就很值得重视：“人类虽然信仰、文化和语言不同，都必须相互尊重。对于社会内部和社会之间的差异，不应害怕，也不应压制，而是应视为人类的宝贵财富。应该积极地提倡各种文明之间的和平与对话文化。”在我看来，这是为世界各国研究中东问题设置了一个前提条件：尊重与理解。关于尊重，《宣言》中已经表述；而理解则显然是“不害怕、不压制”的知识性基础。

进入21世纪以来，中东成为世界关注的热点，也是美国对全球战略的重点，因为相继发生的“9·11”事件、阿富汗战争、伊拉克战争和以黎战争，都与中东、与伊斯兰教有关。在美国占有唯一超级大国地位，并握有西方舆论话语主导权的情况下，不仅中东一些国家被贴上了“无赖”、“邪恶”的标签，而且伊斯兰教也被直接或间接地与极

① 上海国际问题研究所编:《2001年国际形势年鉴》，上海教育出版社2001年版，第426—433页。

端主义、恐怖主义，甚至与法西斯主义联系在一起，广大伊斯兰国家和穆斯林群众更成了美国推出的“大中东倡议”欲加以改造的对象。这里，有下列两个现象值得关注：

1. 伊拉克战争四年多来，美国政府当年开战的理由：“萨达姆政权拥有大规模杀伤性武器和与基地组织有联系”，均已查明缺乏事实根据，美国国内舆论对伊拉克战争的支持率遂不断大幅下降，连美国联邦储备委员会前主席格林斯潘都在自己的回忆录《动荡时代：新世界中的冒险》里明确指出：“令我感到悲哀的是，发动伊拉克战争主要是为了石油。这是人所共知的事实，但（政府）在政治上又不便承认。”[①] 因此，伊拉克战争实际上是美国布什政府在“9·11”事件后高奏的“反恐战争”变调的转折点，是用来遮掩美国实现国家利益和对全球事务主导权的借口。但往前一点看，美国对伊拉克开战时，为什么能在美国国内受到两党和舆论几乎一致的支持，为什么国际上竟还有那么多国家愿意配合，为这场缺失公理和道义的战争提供人力、物力的支持？

2. 美国社会舆论对伊斯兰中东，特别是被美国政府列为对立面的国家政府和组织的基本看法并没有实质性改变。尽管为数不少的新保守主义强硬分子已陆续离开白宫，但这并不表示美国政府便将彻底舍弃“单边黩武”的政策选项，一俟决策部门宣称伊朗、真主党、哈马斯等触犯了美国利益的底线或核心价值观，美欧舆论也未必就会不与它保持一致。

实际上，这些问题的深层次原因，是与长期以来美欧西方国家已形成传统的有关伊斯兰的东方学话语体系分不开的。

著名的东方学家爱德华·W. 萨义德在他于20世纪90年代出版的专著中曾作过精辟分析。他认为，他所关注的伊斯兰东方，对生活在电子时代的西方公民来说，已“变得越近，现在它已不再是一个神话，而是一个被西方特别是美国的利益弄得支离破碎的地方”，“这一电

---

① 《文汇报》，2007年9月19日。

子的、后现代的社会的一个特征是，东方化形象的类型化趋势不断增强。电视、电台和所有媒体资源都将信息塞进越来越标准化的模式之中。就东方而言，标准化和文化类型化加剧了19世纪学术研究和公众想象中‘妖魔化’东方的倾向”。他指出，“有三个因素导致人们将阿拉伯和伊斯兰哪怕最简单的问题高度政治化，把一潭清水搅得浑浊不堪：第一，西方流行的反阿拉伯和反伊斯兰的偏见，这直接反映在东方学研究的历史之中；第二，阿拉伯和犹太复国主义之间的斗争及其对美国犹太人与西方人文主义文化，以及公众的影响；第三，由于不存在任何文化特定的立场，人们既可用认同的姿态，又可以无动于衷地谈论阿拉伯或伊斯兰。”① 归纳起来，似可看到这样一种产生中东政策的场景：西方国家，特别是美国受到利益的驱动，一面炮制有关政策，一面让它们所有的媒体资源都把阿拉伯、伊斯兰对象塞入已越来越标准化的妖魔化模式，鼓动原已充斥着反阿拉伯和反伊斯兰偏见的社会舆论，使之在不是采取认同就是无动于衷的观众中得以通过。这种政策制作环境的形成，萨义德认为是源于欧美东方学研究的历史。再细究一下，也许应归结为它们用来控制、重建和君临东方的一种权力话语体系，因为它用以表达、显现、交流和描述的手段，总是围绕着创造西方的利益，传达出来的是控制、操纵，甚至是吞并的愿望和意图。② 这种话语体系是一种定式、一种传统，也是当今美国政治和学术文化中一个至关重要的组成部分。客观上，以美国为代表的西方，要改变这种根深蒂固的话语体系实在很难想象，因为对它们谋求的全球利益而言，这套话语体系是再得心应手、相得益彰不过了。

中国则不然，中国人民在历史上与中东人民有密切的文化和文明交往，近代以降双方的历史遭遇很相似，半个多世纪来又面临共同的

① 爱德华·W.萨义德:《东方学》，王宇根译，生活·读书·新知三联书店1999年版，第34—35页。

② 同上，第28、第16页。

发展任务，彼此间通过交流与合作，结有深厚的传统友谊，因此，也拥有自己特色的话语体系。

对我国研究中东伊斯兰教的学术发展史，虽至今尚未充分展开，但学界已形成不少重要共识。列为国家"七五"哲学社会科学重点研究项目的《中国伊斯兰百科全书》，是集上百位著名学者之力、历时六年才编纂而成的巨著，其中明确指出，"明末清初之际，随着回回的民族社会的发展，伊斯兰文化与中国传统文化相结合，从而形成了中国伊斯兰教的特点"；"结合中国传统思想文化，阐释伊斯兰教的教义、教理、教史与文化这一学术活动，大约开始于明末，经清代、民国直至中华人民共和国成立，约300余年"。[①] 在当时"学通四教"（佛、儒、道、伊斯兰）、通过"以儒译经"形式的学者中，特别值得提及的是王岱舆（约1584—1670）和刘智（约1655—1745）两位学者。王岱舆"将伊斯兰教教义与中国传统文化主要是宋明理学相结合，阐明了伊斯兰教的本体论、宇宙论、认识论，为建立中国伊斯兰教哲学和教义学的框架奠定了理论基础。他的理论紧密结合中国社会现实，表现出伊斯兰教传播过程中与中国文化的交融互补，开中国伊斯兰教研究之先河"；刘智的《天方至圣实录》更是被后人推崇为"中国人编著的第一部穆罕默德传略"。[②] 这里，可以看出，1. 中国研究伊斯兰教的学术活动，正是伊斯兰教实现中国化的过程；2. 中国对伊斯兰教的研究，自始就高度重视与中国的主流文化观念相结合，努力做到交融互补，而不是对立排斥。因此，中国自近代以来由这种研究特色构建起来的研究话语体系，与欧洲殖民主义为控制、掠夺伊斯兰地区的东方学话语体系是迥然不同的。

中国从20世纪起，对伊斯兰研究除有宗教经典著作的翻译，也注意向历史、文化、民族等领域扩展，以深化中国国民对伊斯兰文化的了

① 《中国伊斯兰百科全书》，四川辞书出版社1994年版，第755、第762页。

② 同上，第580、第319页。

解。这些学术成果的话语体系，始终保持了尊重、平等相待的基调。新中国成立后，随着与中东国家外交关系的迅速发展，双方交往的范围大拓展，涉及政治、外交、经贸、能源、文化、教育、体育、卫生等各个方面，国内出版的有关中东的著作、译作、论文，数量不断增加。特别是1979年以来，研究成果更趋丰硕，不仅出现了研究中东、伊斯兰问题的《西亚非洲》、《阿拉伯世界研究》那样针对性很强的刊物，而且在《世界宗教研究》、《回族研究》、《西北民族研究》、《新疆社会科学》等综合性明显的学术刊物上，也常刊载有关中东研究的论文。中国对外政策坚持的和平共处五项原则、独立自主的和平外交，反映在对中东的学术研究方面，是更加自觉地维护并发展了以中国人文理念和价值观为指导的研究特色，坚持以求同存异为精神表现出对对象国及其人民的尊重，并尽可能客观、准确地进行描述，以增进我国人民对不同文明体系的理解，增进双方的友谊。这种具有中国特色的话语体系，不仅见诸半个多世纪的中国与伊斯兰国家政府间的交往、外交文件及媒体报道，而且就是在文人、作家的笔下，也有充分的反映。[①]

近年来，我国已经构建起既适应联合国《千年首脑会议宣言》规定的价值观和原则，也符合中国推进社会主义现代化建设实际的核心价值体系；[②] 在《中国对非洲政策文件》中把“真诚友好，平等相待。坚持和平共处五项原则，尊重非洲国家自主选择发展道路，支持非洲国家联合自强”，放在中国对非洲政策的总体原则和目标的第一条；[③] 在2004年9月通过的《中国—阿拉伯国家合作论坛宣言》中，也明确规定了“尊重各国人民的文化和文明特性，维护人类文明的多样性；

① 参见葛铁鹰:《天方书话——纵谈阿拉伯文学在中国》(第五辑《华夏情》)，首都师范大学出版社2007年版，第423—540页。

② 参见《中共中央关于构建社会主义和谐社会若干重大问题的决定》，载《人民日报》，2006年10月19日。

③ 参见“中国对非洲政策文件”，载上海国际问题研究所:《2007年国际形势年鉴》，上海辞书出版社2007年版，第474页。

呼吁不同文明之间的对话与交流，营造合作、和谐的国际环境，促进人类的和平与发展”。[①] 可见，以相互尊重和增进理解为前提的交往、合作，是中非、中阿都认同的积极立场，由此形成的交往、研究话语体系既符合历史传统，也符合彼此的价值理念和现实利益，是双方应当坚持和维护的重要资源之一。在中东热点问题如伊朗核问题、伊拉克重建、巴以和平进程，以及苏丹达尔富尔问题等日趋具有国际共治性质的21世纪初期，我国在积极参与过程中，已越来越证明中国的平等待人的话语体系，比美国和欧洲某些国家那套居高临下、盛气凌人的话语体系，更能为中东伊斯兰国家所接受，因而也应得到我国从事中东研究专家学者们的重视和珍惜。

重视研究对象自身的文献资料

我国研究伊斯兰教是从译经、释经开始的。明清时期的王岱舆、刘智、伍遵契（约1598—1698）、马德新（1794—1874）等是如此，进入20世纪后的王静斋（1879—1949）、庞士谦（1902—1958）、马坚（1906—1978）等人的学术道路也是如此。他们的学术动机明确，讲究原著的版本和注释本的权威性，大多是在自己出国游学或留学期间多方求证后才着手搜集的。这种重视掌握研究对象当地第一手资料的做法，虽然其成果会受到译者、注释者自身知识结构、思想倾向等方面的影响，但毕竟完全不同于欧洲的东方学“被政治帝国主义控制着整个研究领域，控制着人们的想象，控制着学术研究的机构”，[②] 因而其历史价值和学术价值就更纯粹，更令人信服。

1949年以后，我国学术界对中东的关注开始从较单纯的宗教角

① 《“中国—阿拉伯国家合作论坛宣言”文件汇编》，世界知识出版社2010年版，第4页。

② 爱德华·W.萨义德，前引书，第18页。

度转向更广泛的领域。在1956年与埃及建立外交关系以后，新中国培养的一批批通晓阿拉伯语、波斯语人才，陆续走上外交、经贸、文化、新闻、教育等岗位，与中东伊斯兰国家的交流遂得以不断拓宽和发展。只是在学术研究方面，由于客观条件的限制，除对《古兰经》、《一千零一夜》及一些诗歌、短篇小说的翻译介绍外，并未见到中东国家学术著作的译作，真正意义上的中东学术研究成果也不多。自20世纪70年代起，为增加对世界各国的了解，中央布置过翻译外国历史和外国地理著作的任务。我曾被分配译《阿拉伯马格里布史》，后还应西北大学之邀，参与翻译《苏丹》和《埃及》两本地理专著。但这些书出版时内页都标明“内部读物”，“本书是供内部参考用的，写文章引用时务请核对原文，并在注明出处时用原著版本”。显然，要靠这两套书来开展中东研究，仍很困难，且有限制，更何况，当时选择、确定样书时，来源品种有限，译者也没有发言权，只能奉命行事，因此，这些译作对学术研究的作用和影响都很有限。直至我国实行改革开放政策解除了许多禁锢后，文化学术活动才真正迎来了一个空前繁荣的发展阶段。我曾在1990年《阿拉伯世界》第2期上写过一篇《十年辛劳，一园硕果》的文章，在概述了阿拉伯文学翻译的众多成绩外，特别提到了一批具有学术价值的译作，如纳忠的《阿拉伯—伊斯兰文明史》、马金鹏的《伊本·白图泰游记》、马坚、林松的两种《古兰经》全译本等，也曾谈及我国学者编写的学术专著，如季国兴、陈和丰的《二战后中东战争史》、郭应德的《阿拉伯中古史简编》、金宜久主编的《伊斯兰概论》等。在此之后的十多年里，由于我国参加了联合国的版权组织，现当代的中东文学译作数量明显减少。但海湾战争后中东地区形势备受世人关注，21世纪初期，随着美国与伊斯兰世界之间控制与反控制的较量不断加剧，我国研究中东的论文、专著大大增多，内容涉及中东领袖人物传记、国际反恐、中东历史、社会、宗教、政治制度、文化、文学、艺术等，种类繁多，内容广泛，其中有不少力作、精品，可以说是我国自开展中东研究以来最繁荣的一个时期。

这里，在取得上述成绩和已形成繁荣景象的同时，谨从构建我国中东研究话语体系的视角，提出一些值得注意的现象。

1. 须重视引证国外资料文献的平衡性。研究中东问题离不开美国，因为美国当前处在中东许多矛盾的主要方面，就此而论，言必称美国，并没有什么不妥；美国的国际关系理论，无论是现实主义、新自由主义、建构主义等客观上占据着国际关系研究的强势地位，且对美国政府的政策和行为具有明显的影响，是不容回避的重要方面。但与此同时，从遵循独立自主和平外交政策立场出发的中国学者，也须兼顾和重视美国中东政策的受体——中东国家及其民众的感受和反应，它们政府、学者的观点及舆论的走向，否则，就很难做到兼听则明，表现不出对中东国家的尊重和理解，也就离开了继承和维护中国兼收并蓄、融会贯通的传统方法和以明辨是非、客观公允为特色的话语体系。有些研究中东的论文、专著，全篇都是美国的文献资料，有关中东国家的资料即便是译文、译作都只字不提；我看到的不少课题申报表，在国外研究状况概述中，往往也只有美欧的专著和论文，而对象国的文献资料一篇都没有。这显然有失偏颇。英国诺丁汉大学郑永年教授在《要预防中国思维的美国化》一文中认为："美国的社会科学话语并不具有普遍性。美国的概念和理论是美国经验的总结和抽象。如果把美国的整套社会科学概念和理论机械化地用于中国，不仅很难解释中国的现实，更难发展中国的社会科学。"[①] 同样，把美国的概念和理论搬来用于中东，也解释不了中东的现实，而且事实证明，由美国概念和理论制订的中东政策，已经在中东屡屡受挫，不得不一次又一次地在作调整。

我国对中东研究对象国资料的匮乏，书市上见不到多少直接从阿拉伯文、波斯文译出的理论著作，这种情况历时已久，客观上是由于交流不多、译者少、出版难等诸多因素造成的。要想改变这种状况，

① 郑永年："要预防中国思维的美国化"，载新加坡《联合早报》，2007年8月21日。

就得不断提高人们对此问题的重视度。眼下，中东的战略地位、资源、极具特色的信仰和价值观，已越来越受到国际社会的重视。从近代以来的世界史看，任何大国的崛起，都离不开中东；从中国实现建设全面小康社会、推动构建和谐世界的中长期目标看，加强与中东地区之间的政经交往合作和人文对话，也已益显重要和迫切。我国的中东研究要跟上形势的发展或居于前沿，做出一些具有前瞻性、战略性的分析判断，资料问题是必须设法解决的一项紧迫任务。要求中东研究工作者都懂得当地语言，自然不现实，但中东国家的政府、研究中心、主流媒体都设有英文网站，应可以参考；我国新华社参编部采集、翻译的不少中东国家的政论和学术文章，也很有价值。从长远计，可能还得从加强与中东国家的学术交流与合作着手。我国专门研究中东的机构和人员并不多，许多研究工作是由研究国际关系、外交学、经济学、宗教学、战略学及从事其他区域研究的人员承担的。他们如果能在开展国际交流时，不定期地到中东国家走一走、看一看，至少能领略一下当地穆斯林的生活方式、文化氛围，听一听当地学者对涉及他们本国、本地区事务的分析和评论，逐步收集一些资料，相信会有收获，对推动构建中国的中东研究话语体系也会有很大的帮助。

2. 须统筹国内国际两个大局。中国近现代中东研究的发轫，是基于伊斯兰教中国化的需要，学者们关注的是中国伊斯兰教的生存和发展。通过三四百年的学术积累，中国穆斯林已形成一套有别于基督教、天主教的语汇和译名，汉族学者、译者在落笔行文时需予以关注。比如，真主（安拉）不要写成上帝，易卜拉欣不译作亚伯拉罕等，中国穆斯林已确定的许多名词，如阿丹（亚当）、穆萨（摩西）、麦尔彦（马利亚）、阿甸园（伊甸园）等，也不必去改动。这种学术上的关照，从政治角度看，其实是一种必需。伊斯兰教虽然是外来宗教，但在传入中国千百年来，已经历了自觉不自觉的中国化过程，广大信众早已融入中华民族大家庭，且形成了爱国爱教的优良传统。

然而，伊斯兰教毕竟是国际性宗教，中国二千多万穆斯林与国外，特别是与中东地区有着强烈的感情联系，他们在国内的境遇往往会受到国外舆论和有关组织的注意，而国际上发生的宗教事件，如丹麦小报亵渎伊斯兰教先知的漫画事件，罗马教廷对十字军战争的不当讲话，乃至黎巴嫩伊斯兰教什叶派组织与基督教徒占多数的政府间的矛盾和冲突，都会或多或少地引起中国穆斯林民众的关注。而且事实上，据我所知，我国著名的穆斯林学者都一直很留意中国中东问题专家的观点、分析和评论。因此，在我国的中东研究工作中，统筹国内政治与国际两个大局，应是专家学者们都必须高度重视的原则，而且也是推动我们构建中国特色话语体系的重要指导方针。

注意符合时代精神

我之所以在前文对中国宗教界提出的“和合共生”主题表示钦佩，是因为它反映了时代发展趋势和时代精神。“和合共生”的提法，顾名思义，“和合”当不是指中国古代神话故事中的和合之神或和合之仙，而是“和谐合作”的简约之谓；“共生”则是共同生存发展的节略。“和合共生”对我国宗教界而言，不但是一种历史经验的总结，而且符合当代中国社会的主流价值观，指明了各宗教未来发展的方向，符合全球化时代国际社会谋求和平与发展的历史潮流。

从宏观层面看，中国研究中东，制订有关中东的各项政策，构建中国对中东研究的话语体系，都必须符合经济全球化的时代背景、和平与发展的时代主题和国际关系民主化的时代趋势等要素所形成的时代精神；在分析阐述美国与伊斯兰世界这对矛盾时，须关注它们在时代精神这一涉及国家核心价值观的重要内涵方面的表现和分歧。

现在人们都已看清，美国发动的伊拉克战争，既违背了联合国《千年首脑会议宣言》的价值观与原则，也不符合当前的时代精神。美国在伊拉克战争后推出的“大中东倡议”，更是试图将美国的价值观通过此倡议设定的民主程序强加给伊拉克和大中东地区的阿拉伯国家、伊斯兰国家，其结果是遭到了阿拉伯、伊斯兰国家几乎一致的拒绝。它们公开声明的理由是“改革不能由外部强加”、“民主不应从国外进口”，实际原因是美国用以解决中东阿拉伯、伊斯兰国家“民主缺失”的办法，与该地区已经形成且仍保持的核心价值体系不相符合，而且，美国在伊拉克打造中东民主样板的政治重建实践，夹杂着太多的丑闻和暴行，如阿布格里布监狱的虐囚、强奸伊拉克少女事件、滥杀伊拉克平民暴行，等等，更是严重违背了伊斯兰社会的伦理道德观念，致使美国四年多来深陷于伊拉克安全困境而难以自拔。这清楚地说明，美国逆时代潮流而动，虽然凭借其强大的军事力量推翻了萨达姆政权，却征服、改变不了当地民众的核心价值观。美国非但不能为中东带来和平，反而激起了伊斯兰激进势力的强烈反弹，在美国国内也遭到越来越广泛的批评和反对。2006年11月初的美国国会中期选举，执政的共和党惨遭失败，即是明证。

中东阿拉伯、伊斯兰国家面对美国高压，它们的执政当局和精英人士一方面对美国现行中东政策保持高度警觉，小心地应对；另一方面也都意识到了在全球化进程深入发展的阶段，自身却处在滞后地位，观念、体制和机制都跟不上时代的步伐，也已提出了如何在保持民族文化、文明特性的前提下实现现代化、文化在社会改革中的作用等命题。很显然，他们愿意，也主张通过改革选择适合自己的社会制度和发展道路，亦即改革必须与已经存在、发展了1400多年的伊斯兰信仰相吻合，必须具有阿拉伯民族、波斯民族国家的特色。其中最深层次的难题在于怎样用符合时代精神的话语来解读、诠释他们的核心价值观。

伊斯兰教是历史悠久的天启宗教，它创造了灿烂辉煌的伊斯兰文明，为人类社会的进步作出了积极贡献。这一文明的显著特点是，其经典著作及历代大师所作的注释、研究成果，可谓是汗牛充栋。历史地看，伊斯兰教14个多世纪来始终拥有广大的信众，仍然在不断地传播和发展，其根本原因是它跟上了时代的进程，能适应科学技术的不断发展。这种与时俱进的品质在很大程度上是仰仗了它不断发展的教法学与教义学才得以保持的，亦即与宗教人士、宗教学者密切关注社会进步促成的客观环境变化，及时准确地选择经典教义作出解读，并正确地引导信众是分不开的。但具体而言，中东的宗教人士和学者要开展这样的工作，每每会遇到非常巨大的客观阻力，很难顺利进行。

不说得太远，即以现当代而言，20世纪70年代末伊朗伊斯兰革命后所掀起的一场伊斯兰运动，几乎席卷了整个中东北非地区，各国学者曾为它定过各种名称：伊斯兰复兴运动、“伊斯兰原教旨主义”运动……实质上，它是伊斯兰国家民众不满现状，为反对外来干涉、追求社会公正所参与的一场群众运动，目的是要改变自身处境，但因被形形色色的极端分子、教权主义者所利用，因而具有暴力色彩。要想在那急风暴雨般的环境中来研究、讨论核心价值观的调整或重构，自大非易事。但90年代美国亨廷顿教授提出“文明冲突论”后不久，阿拉伯国家方面即不断作出回应。1995年我在参加约旦皇家伊斯兰文明（现改名为“伊斯兰思想”）研究院年会时，时任王储的哈桑亲王就倡议“要为伊斯兰教正本清源，正面阐述伊斯兰主张的宽容、和平、仁慈、中庸和公正等信条，开展文明对话，从各种文化中汲取符合本民族发展所需要的各种营养”。他还特别引证了“圣训”（穆罕默德言行录）中的话：“学问即使远在中国，亦当求之。”[①] 21世纪初“9·11”事件发生后，伊斯兰世界更是遭受了空前罕见的压力，但阿拉伯、伊斯兰各国政府都一致表示，坚决反对一切形式的恐怖主义；研究机构和学术界也致力于弘扬伊斯兰教中有关和平、温和、宽容与中间主义的教义，以铲除导致暴力的极端主义思想和行为。约旦于2002年倡建了“中间文化论坛”，2007年9月又举办了主题为“《古兰经》中的爱”国际学术研讨会；2005年4月，阿曼苏丹国宗教基金部举办了主题为

① 朱威烈：“正确理解伊斯兰，不同文明应对话”，载朱威烈著《站在远东看中东》，上海外语教育出版社2000年版，第294页。

"全球化与伊斯兰教"学术研讨会，会议纪要呼吁要实现"天启（真主的启示）与理性、物质与精神、权利与义务、个人与集体、求主启示与责任、经典文本与创制、现实与理想、恒定因素与变数、联系教义与联系时代之间的九大平衡"。可见，政府、学术机构和文化精英们事实上已在对中东伊斯兰国家的核心价值做符合时代精神的定位与解读。伊斯兰世界作为国际体系中一股不容忽视的宗教、民族和政治力量，其核心价值观的内涵正在出现创新变化，这应当引起中东问题研究人员的充分重视，也是中国学者在构建中东研究话语时须予以关注的一个重要方面。

只是，译经和学术研究的圈子毕竟窄小，学者们的研究成果要想为广大穆斯林群众所接受，一方面需要有政策和制度的保障，需要借助传媒、教科书等更广泛、更有影响力的资源；另一方面也是更重要的方面，是必须营造一个良好的外部环境。

对伊斯兰国家的改革，我的印象是需要最基本的内外条件各有两条。内部条件：一是必须维护自己固有的信仰和价值观；二是必须维护自己的身份，包括民族属性、国家身份、文化身份。外部条件：一是要结束外国占领；二是要消除外来侵略和外来干预。信仰伊斯兰教的阿拉伯人、波斯人、突厥人等主体民族，不仅怀有炽热、真挚的宗教感情，而且都怀有强烈的民族尊严感。凡事涉及国家主权和领土完整、涉及他们的信仰与核心价值观，他们必不甘忍气吞声、逆来顺受，而是必然会誓死抗争。正因为此，尽管阿拉伯各国都反对一切形式的恐怖主义，却始终坚持不同意把反抗外来侵略与占领的斗争说成是恐怖主义，在自杀性袭击已受到各国严词谴责的当今，一些中东国家的清真寺主麻礼拜时或在宗教团体内部，却仍然片面引证有关抵抗和杀身成仁的经文。这说明，想要让和平降临中东，推动伊斯兰核心国家的改革，使之尽快融入全球化的和平发展主潮流，必须首先妥善解决当前巴勒斯坦和伊拉克的外国占领问题。这个先决条件不具备，中东的热点问题就难以降温。其次，国际社会，特别是美欧等世界大国都必须尊重阿拉伯、伊斯兰国家的宗教信仰、核心价值观、民族身份和文化身份，尊重它们选择的社会制度和发展道路，而决不可居高临下、颐指气使、强加于人。

那么，中国在积极参与中东事务的过程中，应以怎样的人文理念为指导，构建自己的话语体系呢？2006年4月23日，胡锦涛主席访问沙特阿拉伯在协商议会发表的题为《促进中东和平，建设和谐世界》的演讲，是一篇极富现实意义和启迪的范文。文中既阐明了构建和谐世界的三个条件，即致力于实现各国和谐共处，致力于全球经济和谐发展和致力于实现不同文明和谐进步，又从中东国家的现实关切出发，提出了三个努力方向，即实现地区和平稳定，大力倡导相互尊重和积极鼓励发展合作。[①] 这篇以中国构建和谐世界核心价值观为指导，又密切结合时代精神的演讲，受到了沙特议员们的热烈欢迎和一致好评。沙特朋友说，议员们长时间地起立鼓掌，是协商议会历史上从未有过的。

中东国家的不少大使和学者都告诉我，中国提倡和谐社会的理念，他们作为穆斯林，追求的最高目标则是公正，这两者是一致的。因此，我们不妨试作这样的归纳，尊重与理解，是包括宗教界人士倡导的和合共生在内的和谐社会、中国中东研究话语体系都应当体现的和谐地区、和谐世界理念的共同基础，因为缺失了尊重与理解，便不能形成平等相待，而离开了平等，便谈不上公正，而公平、正义恰恰是构建和谐社会、和谐世界必不可少的重要条件和目标。

探讨构建社会主义中国的中东研究话语体系，是一个大题目，实际上也是读解“中国特色”内涵的一个组成部分。本文尝试从中东研究范畴谈一点粗浅的体会和认识，不全面、不深刻是肯定的。祈能得到方家指正，以集腋成裘，推动中国中东研究话语的构建。

① 参见胡锦涛：“促进中东和平，建设和谐世界”，载《人民日报》，2006年4月24日。

《中东政治与社会》序[1]

收到北大国关学院王联老师的《中东政治与社会》，心中很是愉悦。作为一名长期从事中东研究的老教师，我这些年一直很留心该学科领域新人、新作的涌现，对母校年青一代的期盼，尤为殷殷，因为北大拥有明显的学科优势，她百年发展史上相沿成习的宽阔国际视野和深厚的中华民族情怀，乃是众所周知的事实。及至读完全书，则更有一种喜出望外之感——王联老师匠心独运的谋篇布局和字里行间表现出来的认真严谨，不时令我击节叹赏，由衷地感到欣慰和钦佩。

大家知道，自二战结束以来，中东就一直是举世瞩目的动荡地区。进入新世纪后，随着“9·11”事件的发生，中东定格为美国全球战略的重点——布什政府接连发动阿富汗战争、伊拉克战争，提出中东和平路线图计划和大中东民主改革倡议，并不断实施围堵、制裁伊朗的步骤，中东问题遂成为国际社会高度关注的热点，成为国际关系学科中的显学之一。我们做过一个粗略的统计，“十五”期间，我国中东研究取得了长足的发展，发表在各种学术刊物上有关中东问题研究的论文逾千篇，其中列入CSSCI刊物上的论文，约300余篇。国家社科基金项目、教育部资助的中东研究各类课题也各有20项左右。这些论文和课题研究形成的专著、调研报告涵盖了中东政治、经济、能源、

① 王联:《中东政治与社会》，北京大学出版社2009年版。

文化等领域，大多涉及我国关切的问题。[①] 而且，这些成果无论是数量还是质量，都超过了新中国建立以来的各历史阶段，形成了难得的初步繁荣景象。

我国中东研究之所以能取得显著的发展，从大环境看，是哲学社会科学的地位和作用受到了国家前所未有的重视，研究人员能够在一个相对宽松、宽容的社会氛围中潜心从事自己的学术工作。具体而言，一方面是国际形势的急剧变化，使中东问题不再囿于传统意义上的区域问题，而越来越凸显出它必须纳入全球治理范畴的特点，引起了各相关专业人士的兴趣；另一方面，我国在确定全面建设小康社会的国家发展战略后，中东地区的战略地位、油气资源和独树一帜的文明体系，都在中国的国家利益、国内政治层面和总体外交中凸显出它举足轻重的作用和影响，从而有力地推动了国内学界从政治、经贸、能源、宗教、社会、文化等领域的广泛关注和研究。其中，不少国际政治、国际关系和外交学的成名学者积极参与进来，更是促进了我国中东研究理论水平的提高。因此，可以说上述情况反映了中国中东研究这些年正处在一个天时地利人和等要素兼备的发展机遇期，反映了学者们的竞相努力和贡献，已为构建中国特色的中东学进一步奠定了厚实的基础，创造了有利的条件。

从这样的视角出发，王联老师的《中东政治与社会》不但是一本适应国内国际形势发展需要的论著，是可以提供给各有关部门和专业人士做参考的可信依据，而且，对中国中东学的学科建设而言，更堪称是一本中规中矩的奠基之作，是对各高校国际关系专业中东研究方向本科生、研究生都大有裨益的读物。这里，仅就我的管窥所见，对此书所显示的学术功力和独到之处谈一点感想，俾以向北大师友和国内的方家学者交流求证。

---

① 国家教育部社会科学司编：《高校人文社会科学重点研究基地“十一五”规划（下）》，高等教育出版社2007年版，第1023页。

王联老师的《中东政治和社会》是一部力作，其学术积累之深厚，是一读便可了然的。比如，开宗明义的第一章“概念与研究”，看似平常，是任何中东研究著作老生常谈的题目，但他对“中东概念”的述说，却不落窠臼，在引经据典方面做得更细致也更周密，对“中东”概念的每一次变化也都有清楚的梳理和界定。其中，“从东方问题到中东问题”一节，尤其反映了他作为一名中国学者，对中国特色哲学社会科学研究方法的娴熟掌握，准确且令人信服地阐述了这一为国内外多数专家学者缺乏关注或不曾充分展开的重要内容。他这一章的概念解读，对多学科的兼容和把握，可谓处置得宜，表现在他能将地理、历史、能源、宗教及大国利益争夺等涉及中东研究不可或缺的基础层面的资料和知识，通过自然且合乎逻辑的编织，清楚地凸显出中东对现当代及未来国际政治经济格局变化所具有的战略性、重要性和复杂性。此外，作者确定的中东研究中的几个核心概念，也是题中应有之义。记得20世纪90年代初海湾战争后，我曾应时任香港三联书店总编辑的陈昕先生之约，写过一本列入“国际瞭望丛书”的小书《世界热点：中东》，其中的“导论：观察中东问题的三把钥匙——沙漠文化、伊斯兰教和石油资源”，[①] 实质上也是想提炼一下中东研究的核心要素。只是，王联老师现在列出的五个核心概念：穆斯林、阿拉伯、冲突、革命、石油，要比我当时的考虑更细致也更全面。

我这些年来的一点粗浅体会是，中东研究涵盖面十分广泛，既有大量涉及社会科学各分支学科的专题，需要作细致深入的梳理和探讨，也有不少难以回避的人文科学内容，须予以重视和分析。我从自己有限的资料看，国内外较为宏观的中东研究著作，大多是以史学为纲编写的，也有不少是透过热点问题论述其内在的历史渊源或探索其民族及宗教原因的。仅从名字上看，《中东手册》、《中东问题100年（1897—

① 朱威烈：《世界热点：中东》，三联书店（香港）有限公司1993年版。

1997）》[①]当属具有全面性的书籍，实际上它们的特点是知识性和资料性。在国外的参考书中，有一本与王联老师书名相似的专著——美国凯马尔·卡尔帕特教授的《当代中东的政治和社会思想》。该书将中东分成阿拉伯国家、以色列、土耳其和伊朗四篇，分别较详尽地阐述了它们的民族主义、主要社会思潮和意识形态，以及有关的制度和社会组织。全书历史脉络清楚，案例丰富，归纳总结也很精当，被译者称之为“是一本关于当代中东政治社会思想的百科全书”。[②]王联老师可能不曾参考过此书，但他的著作内容却更加广泛和深入，除卡尔帕特教授论及的中东四部分之外，还加上了阿富汗、库尔德问题，特别是“战争与和平”、“经济与发展”、“中国与中东”几章，更是当前中东研究必须面对的重要课题。就此而言，这本著作不但学术研究色彩鲜明，而且它在全面性和系统性方面所达到的高度，也很值得肯定。

与当前国内出版的一般专著相比，王联老师的书有一个特点，即每一章都增加了“阅读和思考”部分，作为最后一节，目的是向读者提供进一步阅读的参考文献（包括书籍和文章），并列出思考题。这就使他的著作具有明显的教材功能。在当前高校哲学社会科学建设的体制化轨道运作不断趋强的情况下，专著与教材的社会界定和待遇是很不一样的。对此，我想指出的是，专著形式的学术成果如能转化为教材，使其社会价值和影响得以彰显，乃是一件有利于学术繁荣发展的好事。王联老师著作的主要内容是研究性的，文献梳理，分析归纳，论点论据，图表案例等无不具备，同时又适应了当代课堂教学的讨论式和学生课外的再阅读、再思考，这对推动科研与教学的结合，提升学生的思辨能力，应是很有裨益的。国外教授讲课，大多采用的是自

① 刘竞主编:《中东手册》，宁夏人民出版社1987年版；新华社国际部编:《中东问题100年（1897—1997）》，新华出版社1999年版。

② 凯马尔·卡尔帕特:《当代中东的政治和社会思想》，陈和丰等译，中国社会科学出版社1992年版，“译者前言”。

己的专著。像卡尔帕特教授的《当代中东的政治和社会思想》一书，谁也不会否认它是一本学术专著，但他在“第二版前言”中就明确表示，第二版的“这些改动和修订的目的是使本书更适合课堂讲课和书写论文的要求。同时，我也注意提供对各种思潮及其社会和政治环境的一些深入分析，以便使学生有兴趣进一步阅读并研究这一课题”。该书中文“译者前言”也指出：这本文集“目的是向中东问题的研究工作者、大学教师和学生提供大量中东问题的背景材料，使读者一卷在手，就能掌握了解变化复杂的中东思想和中东问题的一把钥匙”。可见，集学术参考书和教材于一体，在国际学界早有先例，非但不必一定要厘定得那么泾渭分明，而且从发挥学术成果的社会效益和启迪包括学生在内的读者去进一步思考、分析甚至创新看，也许还应加以提倡。

我国的哲学社会科学近年发展得很快，随着传统学科的相互交叉和渗透现象越来越频繁，基础研究和应用研究也不时出现“你中有我，我中有你”的情况，将国际问题研究独立出来，成为一级学科的可能性在增大。如是，则中东研究也许就将成为二级学科。我期盼着，王联老师这部力作，不但能成为当前国际关系专业中东研究方向的一本重要参考书，而且也将是未来中东研究二级学科的一部有价值的奠基之作。

中国热点外交的机制与经验[①]

——以多边主义外交机制为视角

当前，热点外交已成为中国外交实践的重要组成部分。在外交战略全局中，热点外交关系到贯彻科学发展观，推进“和谐世界”建设，统筹国内与国际两个大局，延长战略机遇期，塑造中国负责任大国国际形象等重大战略问题；在外交形式上，热点外交已成为与双边外交、多边外交并行，同时又与双边外交、多边外交交叉渗透的特殊外交形式；在对外关系方面，热点外交与周边外交、发展中国家外交、大国外交三大外交重点联系密切，交互渗透。因此，研究、总结中国热点外交的实践经验和理论，对构建中国特色国际关系理论和推进中国外交理论创新，都具有十分重要的现实意义和学术价值。

多边主义是中国当代外交的重要主张和特色。从宏观方面看，中国的多边外交主要表现为：1. 中国积极参加各类全球性政府间国际组织、各种全球性国际会议及国际机制；2. 中国积极参加区域和跨区域性的政府间组织、区域性国际会议及区域性机制；3. 中国积极参加非政府组织及各类国际论坛等第二轨道外交。

具体在热点外交领域，各有关国家的外交行为往往就是上述各领

① 本文载于《国际观察》，2009年第1期，第1—7页。

域的多边外交的相互交织、相互渗透。因此，热点外交的多边机制既有可能在现有的国际机制框架内展开，如联合国安理会、国际原子能机构等，也有可能产生新的专门机制，如朝核六方会谈机制，或固有机制与新创机制的交叉结合，如伊朗核问题与国际原子能机构、六国机制、安理会机制的关系。这些都是热点外交复杂性的表现。因此，中国热点外交的多边主义机制也会在介入方式上面临选择，是自主创立机制，还是参与现有机制。就此而言，中国热点外交的多边主义机制可以划分为自主创设型与适度参与型两种机制类型（这主要是从其最显著特征出发的分类，并不排斥在现实中存在交叉的情况）。本文尝试在对中国热点外交的含义及其定位进行分析的基础上，以多边机制为视角，对中国热点外交的机制进行研究，并总结其经验。

一、热点、热点外交的含义与中国热点外交的定位

"热点外交"这一术语中的"热点"是"国际热点问题"的简称，国内一般称为"热点问题"，国外则叫"国际危机"。国外有学者认为，危机问题包括自然灾害和人为灾害两类，自然灾害主要包括火山爆发、雪崩、地震、海啸、洪水、台风、传染病等；人为灾害主要包括军事政变、恐怖袭击、种族清洗、人质劫持、边界摩擦、政治骚乱、宗教冲突、难民涌入以及军事冲突等。但危机问题的核心是潜在的国际冲突。[①] 另有学者认为热点问题具有以下基本要素：1. 矛盾较为激化；2. 形势有失控的危险；3. 没有现成的解决途径；4. 事件的发展超过了国际社会的反应速度；5. 危机有升级的可能；6. 决策者难以掌握足够的信息；7. 决策者缺乏必要的资源；8. 国家或国际社会的利益受到了

① Phil Williams, *Crisis Management: Confrontation and Diplomacy in the Nuclear Age*, London: Martin Robertson, 1976, pp.28-31.

威胁；9. 媒体和民众对此问题极为关注；10. 决策者希望阻止事态的恶化；11. 国际社会存在一定的焦虑，希望冲突得到解决；12. 正常的决策程序难以应对危机；13. 决策者常关注短期的决策行为。[①]

本文认为，从“和平与发展仍是时代主题，求和平、谋发展、促合作已经成为不可阻挡的时代潮流”的中国观出发，国际热点问题可以界定为：在一定历史时期内，对国家、地区及全球安全（和平）和经济繁荣（发展）构成直接或潜在威胁，引起国际社会广泛关注，诱发国际组织、大国（大国集团）进行协调、调解、斡旋或干预的冲突（或潜在冲突）或危机性问题。

了解热点外交，首先需要准确理解外交的内涵及其变化。英国著名外交家哈罗德·尼克松主张采用《牛津英语词典》的解释：“外交就是通过谈判处理国际关系；是大使和使节们用来调整和处理这些关系的方法；是外交官的业务或技术。”[②] 英国外交学家欧内斯特·萨道义认为：“外交是用智力和机智处理各独立国家政府之间的官方关系，有时也推广到独立国家和附庸国家之间的关系；或者更简单地说，是以和平手段处理国与国之间的事务。”[③] 苏联前外交部长葛罗米柯解释说：外交是各国首脑、政府和专门涉外机构所进行的政治活动，旨在通过谈判、文书往来和其他手段来实行由统治阶级利益所决定的国家对外政策方面的目标和任务，以及捍卫该国在国外的权利和利益。葡萄牙外长马格尔赫斯提出了外交概念的四要素：它是执行外交政策的一种工具；它指不同国家和平交往机构的设置及其发展；这种交往需要通过外交代理人来进行；这些外交代理人应为各方所承认。[④] 我国《辞海》的定义是：“国家为实行其对外政策，由国家元首、政府首脑、

① Raj Lakha, etc, *Tolley's Handbook of Disaster and Emergency Management: Principles and Practice*, London: LexixNexis, 2003, pp.83-88.

② ［英］哈罗德·尼克松：《外交学》，世界知识出版社1957年版，第22—23页。

③ ［英］戈尔·布斯：《萨道义外交实践指南》，上海译文出版社1984年版，第3页。

④ 陈乐民：《西方外交思想史》，中国社会科学出版社1995年版，绪论，第3页。

外交部、外交代表机关等进行的诸如访问、谈判、交涉、发出外交文件、缔结条约、参加国际会议和国际组织的对外活动。"[①]

在历史上，中外学者和外交家提出了表述各异的外交概念，但都有突出的共性特征，即主要从狭义的角度理解外交，其内容要点为：1. 外交的主体是主权国家的官方行为，由国家元首、政府首脑、外交部、外交代表机关等外交机构付诸实施；2. 外交是实行外交政策的一种和平手段和工具；3. 外交是处理国家间关系和国际事务的智慧、谋略、艺术与技巧的总和。

随着经济全球化的深入发展，外交已发展为当代的广义外交，其内涵也变得更加丰富：1. 外交的主体已大大超出主权国家的范围。当今世界数以千计的国际组织，包括政府间组织、非政府组织以及国家内部的次国家行为体等，都扮演着日趋重要的外交角色。2. 外交事务的领域明显扩展。传统外交事务主要处理军事安全领域的"高政治"（high politics），而今已延展到经济、环境、文化、体育、科教等"低政治"（low politics）领域。[②] 3. 与上述变化相对应，外交事务正日益超越双边国家关系，向双边与多边交叉渗透的方向发展，而且全球性和地区性的国际组织也越来越成为多边外交活动的主要国际舞台。

综上所述，热点外交似应从两个层面加以解读：从狭义外交角度看，它是热点问题相关方——世界大国、当事国、国际组织、区域组织等围绕热点问题的解决，提出的目标、政策以及展开的外交活动和采用的外交手段；从广义角度看，热点外交又是一个双边与多边外交相互交叉渗透的外交舞台，是世界大国、当事国、国际组织、区域组织等，围绕解决热点问题的目标、原则、方式、手段而发生的外交活动和国际关系，其内容远远超过了热点问题本身，涉及大国关系、国

---

① 《辞海》，上海辞书出版社2000年版，第997页。

② 参见王逸舟："中国外交十特色——兼论对外交研究的启示"，《世界经济与政治》，2008年第5期。

际组织、国际制度等多个层面。

从决策科学的角度看，热点外交是决策者在处理热点问题时采取的战略、战术和具体操作行为。其决策过程的排序为：危机出现→信息获取→信息评估→形势评估→确立目标→选择手段→实施行动方案→反馈。[①] 热点外交的目标在于化解危机，阻止潜在危机变成现实灾难；将热点问题置于可控范围内；开展危机沟通，确保关切方能够及时交流情报和信息，建立热点问题处理机制，实现各种资源的合理配置，使热点问题朝着有利于解决的方向发展。本文主要研究中国的热点外交政策，理应统筹狭义外交与广义外交两个概念的内涵——既必须主要从国家外交政策层面使用“热点外交”的概念，又应该充分兼顾与世界其他大国、地区周边国家和国际组织等的复杂关系，涉及广义外交的内容。在所涉及的热点问题的类型上，以传统的最为棘手的热点问题即地区冲突为主要分析对象。

中国热点外交是以《联合国宪章》和国际法准则为宗旨，以中国外交政策基本原则和总体外交战略为指导，以实现热点问题的和平解决、缓和紧张地区和国际形势为目标，所形成的针对国际热点问题的政策主张、外交机制和手段的总和。热点外交的关键在于如何进行目标定位。就中国的热点外交实践看，其目标定位主要体现在以下层面：

第一，在总体外交战略层面，热点外交直接关系到“和谐世界”外交理念的实践。中国面临的主要问题是当今世界依然面临着诸多不和谐因素，层出不穷的热点问题便是世界不和谐因素的典型体现。因此，中国能否通过富有成效的外交促进热点问题的解决，直接关系到国际社会对“和谐世界”外交理念的认可与接受。

第二，在国家软实力建设层面，热点外交直接关系到负责任大国国际形象的塑造。中国在当前和未来，都不可能无限度地承担超过中

① Raj Lakha, etc, *Tolley's Handbook of Disaster and Emergency Management: Principles and Practice*, London: LexixNexis, 2003, p.91.

国能力的国际责任，中国将主要通过热点外交对国际社会的“中国责任论”做出应对，并推动自身的软实力建设。

第三，在国家利益层面，维护主权、安全、发展利益是当前中国国家利益的核心，不少热点问题地区涉及这三大核心利益的延伸与拓展。因此，积极参与热点问题的解决，与维护中国国家利益尤其是海外利益密切相关。

第四，在具体的对外关系层面，处理与热点问题所在国家和地区以及世界大国的关系，事关中国对外关系全局。例如，中国的中东政策以及参与中东热点外交的能力，直接关系阿拉伯国家和伊斯兰世界的民族、宗教情感，是影响中阿关系全局的重要因素；如何在热点外交中协调中美关系，更是关系到中国对外关系全局的关键。

热点外交实践的关键在于机制与能力建设，并以此实现中国热点外交的目标定位。因此下文以多边主义机制为基本视角，对中国热点外交的经验进行总结。

二、自主创设型的多边机制及其经验：以朝核六方会谈机制为例

中国对多边外交的倡导和参与，始于20世纪90年代中后期，如党的十五和十六次代表大会报告都强调要积极参与多边外交活动，充分发挥我国在联合国和其他国际组织中的作用。最初阶段，由于中国处于刚融入国际体系的过程中，中国的多边外交更多体现为对现有全球性与地区性国际机制的参与，尚不具备以我为主的机制创设和议题设置的条件和能力。进入新世纪后，中国才通过上海合作组织、中非合作论坛、中阿合作论坛等机制，在多边外交中发挥自主性作用。在热点外交领域，中国通过不懈的努力和探索，建立了朝核六方会谈机制，这是迄今为止中国在热点外交领域中最具实际影响的多边机制，充分

反映了中国外交的“有所作为”，同时也体现了中国承担国际责任的现实途径和能力，其成功经验已经成为中国外交的宝贵财富。这些经验大致可以总结为：

1. 时机把握得当。在2003年第二轮朝核危机升级后，美朝双方的强硬政策蕴涵着朝鲜半岛走向核武化的重大隐患，“爆发新的军事冲突的可能性在上升”。正是“在这样的背景下，中国政府审时度势后即启动了朝核问题外交斡旋进程，经由2003年4月的北京‘三方会谈’迅速扩展为2003年8月的第一轮北京六方会谈。”[①]

2. 身份、能力与利益认知明确。大国参与热点外交，都面临对自己身份与能力的评估问题，在“没有一个国家可以同时对美国和朝鲜拥有外交影响力”的情况下，中国为六方会谈机制的建立和发展发挥了不可替代的作用。国际社会业已形成的共识是：六方会谈机制是解决朝核问题的“最好形式”。[②] 在利益认知方面，创立朝核问题的会谈机制，维护朝鲜半岛的和平稳定，实现半岛无核化，促进半岛南北和解，促进中美战略对话，[③] 维护中朝传统友谊，协调与俄日韩的关系，维护东北亚地区稳定，显然符合中国的国家利益，也符合参与各方及地区和全球安全利益。中国正是出于对身份、能力与利益的准确认知，才开创性地在创设六方会谈机制的热点外交实践中，提出了以下六项原则，即维护半岛和平与稳定原则、半岛无核化原则、和平谈判与多边协商原则、补偿原则、承诺对承诺和行动对行动原则，以及建立东北亚永久和平机制原则等。[④]

3. 承担建立地区安全机制的关键角色。中国主导的外交斡旋促成

---

① 朱锋：“中国的外交斡旋与朝核问题六方会谈”，载《外交评论（外交学院学报）》，2006年第2期，http://www.tecn.cn/data/detail.php?id=12819。

② 同上。

③ 龚克瑜：“中国朝核问题上的国家利益、作用和前瞻性思考”，载《国际观察》，2008年第5期，第60—61页。

④ 林利民：“朝核危机管理与中国的外交抉择”，载《现代国际关系》，2006年第8期，第38页。

了六方会谈机制的建立和发展，标志着解决东北亚重大地区安全问题的多边合作架构的正式启动。在对话进程中，中国始终是牵引多边会谈不断突破各种障碍得以继续的强大动力；① 中国对朝核问题的外交斡旋和推动六方会谈的努力，被评价为是中国承担“负责任的大国作用”的生动体现，是中国“有所作为”“新外交”的具体标志。② 国际社会大都认为，在六方会谈的基础上继续保持和扩大多边安全合作架构，六方会谈机制经过进一步制度建设，有可能为东亚地区安全摸索出更富有建设性的地区安全新机制。③ 中国倡导的朝核问题六方会谈机制，具有以下特点。第一，以多边主义为舞台，鼓励东北亚各利益攸关方积极参与和平对话；第二，以和平协商为基础，反对诉诸武力或以武力相威胁；第三，以求同存异为准则，主张循序渐进、分步解决；第四，以坦诚对话为形式，反对搞秘密外交、联盟政治或集团斗争；第五，以谈判代表不定期会晤为机制，为朝鲜半岛无核化创造条件；第六，以重新解读不干涉内政原则为理念，在尊重他国主权与领土完整的基础上，积极参与地区和平架构建设；第七，以相互让步为前提，呼吁美朝双方均拿出和谈诚意，建立互信；第八，以共同利益为出发点，反对任何一方以意识形态划线，干扰和谈。

4. 外交立场与外交手段得当，积累了自主性多边外交的宝贵经验。中国在朝核问题的核心立场，是坚持以和平方式解决问题，实现朝鲜半岛无核化。为此，在对美方面，中国顶住了来自美国的外交压力，也妥善化解了美国官员多次强调朝核问题“考验”中美关系性质的软硬兼施的压力，同时明确强调，朝核问题上的中美合作不能以牺

---

① 朱锋：“中国的外交斡旋与朝核问题六方会谈”，原载《外交评论（外交学院学报）》，2006年第2期，http://www.tecn.cn/data/detail.php?id=12819。

② Evan Medeiros and R. Taylor Fravel, “China’s New Diplomacy”, *Foreign Affairs*, Vol. 82, No. 6, November/December 2003, pp.22-35.

③ Chester A. Crooker, Fen Osler Hampson, Pamela Aall, eds., Herding Cats：Multiparty Mediation in a Complex World, Washington D.C.: United States Institute of Peace, 1997.

牲朝鲜的安全和经济利益为基础，从而避免了沦为美国“权力掮客”（power broker）的尴尬角色。在对朝鲜方面，中国政府坚决反对朝鲜进行核试验，“态度之鲜明、反应之快捷、措辞之严厉，在中朝关系史上前所未有”。[①] 但是，中国也充分考虑到了朝鲜的安全与经济利益，在施加影响的方式上得体稳当，以免过分刺激朝鲜。对此，韩国媒体评价说："中国掌握着能使朝鲜动摇的‘杠杆’，即中国是朝鲜最大的支援国，也是最大贸易国这一无形的力量。但是中国没有过分地把‘杠杆’拿出来炫耀，而是恰到好处地施加压力，使朝鲜做出让步。"[②] 此外，在2005年9月通过《共同声明》前，中国外交官员在听取各方意见的基础上对草案六易其稿，从代表各方意见的斡旋者立场出发，要求各方只能表示“接受”或者“不接受”，这大大简化了声明通过的程序，彰显出中国外交的刚柔相济和中国在六方会谈机制中的自主性。

但是，也应该清醒地看到，中国能在朝核六方会谈机制中发挥核心作用，有其特殊性，即中国的地区影响力，尤其是在对中朝、中美关系的交集层面，中国具有明显的影响力。它所提供的启示是，中国目前或今后一段时期内，都首先要重视在东亚和周边地区发挥国际影响和承担国际责任，在其他地区和全球性热点问题上，中国仍应审慎从事，不必无谓地承担超出自身能力的国际责任。

三、适度参与型的多边机制：以中国对中东热点问题的参与机制为例

不同的热点问题与中国的利益相关度与地缘相关度都有所不同，

① 龚克瑜："中国朝核问题上的国家利益、作用和前瞻性思考"，载《国际观察》，2008年第5期，第60—61页。

② "中国靠什么说服朝鲜重返六方会谈"，［韩国］《朝鲜日报》，2006年10月12日。

加上受到热点问题治理本身的客观需求态势，以及中国在具体热点问题上的影响力有限等因素的制约，中国尚难在许多热点问题中扮演关键角色或发挥核心作用。因此，在多数热点问题上，参与既有的国际多边机制以及其他大国创办的新机制，发挥中国力所能及的建设性作用，乃是中国明智而现实的外交选择。当然，具体到不同的热点问题，与中国利益的相关性以及中国的影响力会有所不同，中国参与的程度和发挥的作用也应不同。例如，中国在达尔富尔问题中的作用就高于对其他中东热点问题的影响。中国对这类热点问题的参与，近年来已表现出适时、适当加大影响力度的趋势，并且在理念与机制创新方面积累起了一定的经验。这里，试结合中东热点问题案例，作一总结。

1. 热点外交的制度建设取得新进展。近年来中国外交部设立的“特使”、“特别代表”，是适应形势发展进行制度创新的标志性成果。中东问题特使和苏丹达尔富尔问题特别代表，都是在十分困难的形势下设立的。在中东和平进程中中国被排除在四方委员会之外，在达尔富尔问题上中国的作用受到严重贬损和歪曲，是中国设立特使、特别代表的主要动因。中国特使和特别代表设立以来，他们多次赴当事国和地区进行访问和调研，积极参与双边和多边外交活动，不仅显示了中国的存在，而且在充分表达和传递中国的立场主张，加大劝谈促和的力度，塑造中国负责任大国的国际形象方面，发挥了重要作用。

2. 不干涉内政的外交原则内涵进一步充实和发展。中国在坚持各国之间平等相待、不干涉他国内政原则的同时，注意适应国际社会的呼吁和全球化的新形势，基于联合国安理会常任理事国的身份和承担更多国际责任的大国态度，根据联合国宪章的基本精神和多数国家的愿望以及在尊重当事国主权尊严的基础上，对于一系列涉及地区稳定和全球安全的重大事态或危机，采取了更加主动和建设性的介入方式，以劝说方式说服当事国趋利避害，减少了强权政治、霸权主义和军事干预可能造成的严重后果，赢得了广泛的赞誉，也使传统的不干涉原则有了新的发展。[①] 例如，中国为缓和达尔富尔问题和缅甸问题的紧张局势，加大了说服工作的力度，对影响热点问题当事国态度、立场和政策变化产生了独特的重要作用。此外，近年加强了对国际维和机制的参与，也体现了中国对不干涉内政原则内涵的充实和发展。

3. 中国特色的热点外交理念不断彰显。和平、合作、包容构成了中国“和谐世界”外交的核心理念，并在中国热点外交中得到了具体体现。近年来，在重大双边与外交场合，中国通过国际热点问题对中国外交理念进行阐释，在内容的深入和具体化方面均有重大进展，如胡锦涛主席2006年在访问沙特时发表的题为《促进中东和平，建设和谐世界》的重要讲话，提出了中国关于实现中东和平的三点主张，即努力实现地区和平稳定、大力倡导相互尊重、积极鼓励发展合作。[②] 应当指出，中国在促进热点问题解决过程中形成并不断发展的外交理念与实践，明显不同于西方惯于用所谓人权和民主的概念对问题定性，动辄采用军事高压和经济制裁的理念与实践，彰显了中国外交的特色，已经受到国际社会的广泛关注。中国将达尔富尔问题定性为发展问题，是中国能够推动苏丹政府与非盟、联合国进行合作的根本原因之一；中国对苏丹、阿富汗、伊拉克提供的发展援助和发展项目，也反映了通过发展促进热点问题解决的外交理念和具体实践。这些案例，为国际热点问题的治理提供了中国特色的价值和经验，正在成为中国品牌的国际公共产品之一。

4. 运用多边国际机制处理相关问题的能力建设得到加强。在热点外交中，中国与联合国、国际原子能机构等全球组织，与欧盟、非盟、阿盟、海合会、东盟等区域组织的关系日趋密切，参与热点问题的各类国际会议和多轨道外交活动更加积极，与美国和欧洲主要大国的战

---

① 王逸舟：“中国外交十特色——兼论对外交研究的启示”，载《世界经济与政治》，2008年第5期，第14页。

② 胡锦涛：“促进中东和平，建设和谐世界”，《人民日报》，2006年4月23日，第3版。

略对话越来越机制化，对非政府组织的认识和与其关系的处理不断深化和加强，中国正通过参与热点问题的多边国际机制，积累起丰富的外交经验。尤其值得指出的是，中国对联合国安理会常任理事国权力的运用更加纯熟裕如，已善于通过对热点问题相关决议的投票和声明表达中国的意志和主张；在与相关大国特别是美国的关系上，中国善于通过厘清双方的共识与分歧，避免双方因热点问题的政策分歧而导致关系恶化；在处理与当事国以及周边地区国家（如阿拉伯伊斯兰国家）的关系方面，多数国家怀有让中国充当遏制美国霸权力量的诉求，中国在应对和阐释时，善于回避落入主导地位和领导作用的角色定位，而是寻求与自身身份与能力相符的作用。总之，中国在热点问题上，由于一直高度重视并把握“韬光养晦”与“有所作为”两者之间的辩证关系，外交能力不断提升，成功案例也越来越多。

当然，中国热点外交的多边参与机制也还存在一些问题和不足，例如：在把握时机方面反应尚不够迅速、主动，在制度建设方面需进一步提高创新能力，并推动构建外交统筹的保障机制，等等，有待在今后的热点外交实践中进一步完善。

关于“韬光养晦、有所作为”外交方略的思考[①]

在国际体系转型和重建的今天，中国外交已成为国际关系学界和外交界关注的重点之一。我国领导人近年倡导的和谐理念，是中国向国际社会提供的一项公共产品，意义十分重大。在确立了推动建设和谐世界、和谐地区的目标，高举起和平、发展、合作的旗帜的同时，我国也在反复强调韬光养晦、有所作为的外交方针。也许是为了避免引起国际社会特别是西方大国的曲解和误解，围绕“韬光养晦、有所作为”这一外交方略的相关研究和宣传工作尚未能公开、充分地展开，而这又加深了周边国家和西方大国对我战略意图的疑虑，造成了构建战略互信的障碍。因此，深入解读“韬光养晦、有所作为”的内涵，实际上已是一项不容回避的严肃任务。

一、正本清源：“韬光养晦”的文化蕴含

“韬光养晦”是20世纪90年代初邓小平同志在国际格局发生剧变、

① 本文载于《国际展望》，2010年第3期，第1—7页；《高等学校文科学术文摘》2010年第4期收录。

中国遭受西方国家制裁的严峻形势下提出的重要外交战略方针。它一直被西方国家视为中国战略的“核心”。美国国防部在《2002年中国军力报告》中，将“韬光养晦”说成是中国“在国际上进行战略欺骗”的手段;《2005年中国军力报告》收录了邓小平关于“韬光养晦”外交战略的完整表述；2006年5月25日美国公布的当年《中国军力报告》仍将“韬光养晦”译成“hide capacities and bide time”，即“隐藏能力，等待时机”。可以说，美国军方的这种解读，不仅对美国国内舆论，而且对整个国际社会都有很大的导向性作用。从苏联解体后至小布什当政时期，在处于美国对立面的伊斯兰、阿拉伯国家，主流舆论一直指望中国能取代苏联，成为对抗美国的另一超级大国。曾任叙利亚驻华大使暨阿拉伯国家使团长的穆罕默德·海尔·瓦迪，在他的《中国外交政策探视》一书中，把“韬光养晦”解读为“拖延、规避，以等待合适的反扑时机”。[①] 他对这种“反扑”的诠释是“并不必然具有军事色彩，而是集中在外交手段和经济成就上”。由此可见，包括东西方在内的外部世界都深受美国影响，对“韬光养晦”内涵的认识基本一致，即“等待时机，以求一逞”，最终目的似乎都是要同美国“对决”、“摊牌”。

在我国学术界内，对“韬光养晦”也有颇多争论，如有观点认为，尽管它的本意是“隐藏才能，不使外露”，但还是常常使人联想到越王勾践“卧薪尝胆”、“韬光养晦”的故事，使人联想到刘备在与曹操煮酒论英雄时的那种心态，因此“容易让人产生误解，最好不再使用”；[②] 另有学者认为，“美国遏制中国崛起的独霸天下的战略是一种客观存在，无法回避。树欲静而风不止，继续奉行‘韬光养晦’战略，实际上是‘苟且偷安’和‘鸵鸟政策’。应适时调整政策，以‘有所作

① 穆·海·瓦迪:《中国外交政策探视》，叙利亚艾哈利出版社2005年版。

② 叶自成:“关于韬光养晦和有所作为——再谈中国的大国心态”，载《太平洋学报》，2002年第1期。

为’为主”，[1] 等等。

由此看来，无论是国外的误解，还是国内的争议，固然都与特定的政治考虑相关，但是，种种误解与争议的产生，都与对“韬光养晦”这一成语本意理解不够深刻密切相关，尤其是缺乏从中国的人文传统与核心价值出发，准确理解其内涵。其实，“韬光养晦”作为成语，主要源于清代郑观应（1842—1921）于1893年出版的《盛世危言·自序》：“自顾年老才庸，粗知《易》理，亦急拟独善潜修，韬光养晦。”[2] 其义类同“晦迹韬光”，亦即主张应隐藏才华，不使外露。用于积极入世一面，是“晦迹韬光德自长”，“如同美玉，藏于泥土之中，一旦出世……始成器”；用于消极出世一面，是为了“避祸”、“避仇”、“隐居”、“绝名利”。因此，韬光养晦本质上反映的是中国人在做人、做事、做学问方面的价值取向，告诫人们即便再有声名、有才华，但在待人接物的行为举止上，仍应收敛、低调，不要锋芒毕露，动辄张扬。

20世纪90年代冷战结束，国际格局处于转型、重建之初，邓小平同志提出了包括“韬光养晦”在内的外交思想，显然是要用“韬光养晦”积极入世的一面，强调的是在“冷静观察”、“沉着应付”急剧变幻的国际风云之时，“不当头”，“不扛旗”，低调行事，趋利避害，以期首先把自己的事情做好。

“韬光养晦”之所以引起西方大国疑虑，我国至今也还未作公开宣示和阐述，主要是因为解读上存在误区。其中最突出的，是不少中外学者都把它与越王勾践的“卧薪尝胆”混为一谈所致。春秋末年的越王勾践因被吴国打败，入臣于吴，尔后刻苦自励，才得以转弱为强，最后灭亡吴国并被诸侯推举为霸主。用这样的典故来诠释我国当前倡导的韬光养晦，不仅时空不对，而且行为模式的出发点和诉求目标更是大相径庭。勾践的“卧薪尝胆”，目的是用战争手段报仇雪耻，称霸

---

① 王嵎生：“中国‘韬光养晦’战略的再思考”，载《环球》，2004年第7期。

② 《中国成语大辞典》，上海辞书出版社1987年版，第1235页。

天下；而我们遵循的“韬光养晦”，是从中国人文理念出发，为谋求和平与发展，通过交流、合作，实现互利共赢，共同发展，推动构建和谐世界、和谐地区。两者相去甚远，明显不是一回事。

二、理解与沟通："韬光养晦"是世界主流文明的共有观念

要让“韬光养晦”作为中国外交方针在政策宣示中站住脚，赢得国际社会的认同，进而推动构建我国与世界大国之间的战略互信，就有必要厘清它在中外历史文化中的渊源，并准确阐明其文化蕴含。

客观地看，“韬光养晦”既是中国人的价值取向，也是中国人的一种行为模式，它是把“适中”规定为行为的尺度和分寸。因为“韬光养晦”内涵中的积极面同儒释文化中的中庸、中道关联度十分紧密。被列为儒家经典之一的《中庸》，指出“中庸”是道德行为的最高标准，是与人生的最高境界“诚”直接联系在一起的，即“诚者不勉而中，不思而得，从容中道，圣人也”。《论语·雍也》中说：“中庸之为德也，其至矣乎！”这是把处理事情的不偏不倚，无过无不及的态度，看成是最高的道德标准。对中国人来说，中庸从来就非贬词，而是一种美德，这是它的历史真实面貌。佛教东渐后，中国传统文化中吸收了大量佛教概念。其中，佛教主张的“中道”，即不赞成“断见”（认为事物灭后不能再生）和“常见”（认为事物常住不变），而强调要行“中道”，指出“行中道，是为般若波罗蜜（智慧）”，这就与中土传统文化融为一体了。

在西方文化的源头古希腊哲学中，亚里士多德（前384—前322）也提倡中道，认为行为包括过度、不足与适中三种情况，适中是美德的特性，亦即中道。伊斯兰文化的经典《古兰经》中，同样明确反对

过分、过度，而主张中间主义，强调阿拉伯民族应是中正的民族，[①]伊斯兰文明是中正的文明。可见，对中外主流文化而言，中庸、中道、中正、中间主义……都是褒词，都处于伦理道德的高端，在理性、道义层面决不会遭人诟病。

进入21世纪以来，挑战国际关系民主化，阻碍建立一个更加公正、合理的国际政治经济新秩序，干扰推动构建和谐世界的消极力量，乃是来自东西方的两股极端主义思潮和势力。一是急欲改变现状的伊斯兰极端主义、恐怖主义甚嚣尘上，它的跨境袭击活动不仅严重威胁主权国家和地区的安全、稳定，而且对整个人类社会造成了危害；二是以新保守主义强硬派为支撑的美国布什政府公然藐视并违反道义和国际法准则，奉行单边黩武的基督教极端主义。但近年来，中东伊斯兰核心国家正在提倡“伊斯兰中间主义”，将其与公正、宽容并列作为政策主张，以期与极端主义、恐怖主义划清界限；而美国的新保守主义的骨干分子也大多已被迫退出政坛，奥巴马政府的对外政策正在进行大幅调整，至少，单边黩武的极端主义已有所收敛，应对全球治理问题过程中注重对话、谈判的倾向也有所上升。因此，当前公开倡导以中庸、中道文化为底蕴的“韬光养晦”，既与中国外交的和谐世界理念一脉相承，并行不悖，对中国外交形象有利无弊，又与东西方国家理性的主流思潮相接近，因而也应能得到国际舆论的认同。

我国近年倡导的构建和谐世界理念，是一个符合全人类利益的理想目标，落实到具体领域，是“政治上相互尊重、平等协商，共同推进国际关系民主化；经济上相互合作、优势互补，共同推动经济全球化朝着均衡、普惠、共赢方向发展；文化上相互借鉴、求同存异，尊重世界多样性，共同促进人类文明繁荣进步；安全上相互信任、加强合作，坚持用和平方式而不是战争手段解决国际争端，共同维护世界

---

① “我这样以你们作为中正的民族，以便你们作证世人，而使者作证你们。”《古兰经》2:143，中国社会科学出版社1981年版，第16页。

和平稳定；环保上相互帮助、协力推进，共同呵护人类赖以生存的地球家园。”[①] 而“韬光养晦，有所作为”作为中国的外交方针，或中国对外交往的一种行为模式，也是以中国优秀的传统文化和道德标准为依据的，亦即以自强内敛、中道平和的方式谋求中华民族的复兴和世界的持久和平、共同繁荣。因此，“和谐世界”与“韬光养晦，有所作为”两者不但都符合中国实际、具有中国特色，而且内在逻辑关系合理，因果关系紧密。

再说，“韬光养晦”与“有所作为”并非对立关系，而是互为表里，相辅相成的一个整体。在语义上，“有所作为”凸显了“韬光养晦”的积极含义，是指应“做出成绩”，以避免造成对“韬光养晦”作消极解读，为隐藏才华而不作为，推卸一个新兴大国应负的责任。事实上，即便是提出“韬光养晦”的郑观应本人，也曾“历任上海机器织布局、轮船招商局、上海电报局、汉阳铁厂、粤汉铁路公司的总办或会办。关心时务、热心西学。主张改变专制，设立议院。提出以‘商战为主，兵战为末’。要求发展机器制造工业，实行护商政策，并提出采取保护关税、海关不用洋人、裁撤厘金、允许商人自由投资等护商措施”。[②] 可见，他也是一位颇有作为的维新改良人物。晚年，他感悟到应“韬光养晦”，是承袭了中国传统的“圣人韬光，贤人遁世”思想，内心深处依然有追求，且自视甚高，仍怀有强烈的入世观念，只是在待人处事的方式上，认为当以低调不张扬为妥。同时，“有所作为”也不是无所不为或大有作为，什么都能做或都该做，而是强调要从中国的实际情况和现实能力出发，要作贡献、出成绩，必须实事求是，把握适度，是量力而行，尽力而为，要按照中国的国家利益和核心价值观有所为，

① 胡锦涛：“高举中国特色社会主义伟大旗帜，为夺取全面建设小康社会新胜利而奋斗——在中国共产党第十七次全国代表大会上的报告”，http://www.chinadaily.com.cn/hqzg/2007-10/25/content_6205616.htm。

② 《辞海》，上海辞书出版社2001年版，第553页。

有所不为。

三、"韬光养晦，有所作为"：中国外交的长期方针及其走向世界的可能性

"韬光养晦，有所作为"究竟是战略方针、外交策略还是一种外交行为模式？应该说，邓小平同志在冷战结束之初、中国遭受西方国家制裁时提出"冷静观察，稳住阵脚，沉着应对，韬光养晦，善于守拙，决不当头，有所作为"的完整表述，毫无疑问是针对国内外严峻形势所确定的战略方针。江泽民主席1991年7月在对此进行阐释时指出："实行这个方针，决不是表明我们软弱、退让，更不是放弃原则，而是考虑到我们面临的错综复杂的国际形势，不要四面出击，到处树敌，同时又坚持我们的原则立场和独立自主、自力更生、奋发图强的精神。我们对外工作的战略部署要造成一个有利于我国现代化建设和改革开放的国际和平环境。"[①] 到了1995年，他在谈到贯彻邓小平同志的韬光养晦方针时，又突出强调了"要有所作为，中国不能无所作为"，"在对外工作和国际斗争中，我们任何时候都要坚持原则，但也不能没有一点妥协。必要时作出妥协，是为了更好地实现和坚持我们的原则，是原则所允许的"；"要讲究斗争艺术，讲究斗争策略，注意分寸，掌握火候，要有理、有利、有节，要有利于维护自己的利益和发展自己的力量，我们要沉着、冷静、不急不躁地妥善处理问题"。[②] 由此来看，"韬光养晦，有所作为"，也是一种策略，一种中国特色的外交行为模式。因此，总的来说，"韬光养晦，有所作为"的内涵十分丰富，应用的面也很广泛，它既根植于深厚的中国传统优秀文化，又适应处于社

① 《江泽民论有中国特色社会主义》，中央文献出版社2002年版，第527—528页。

② 同上，第529—530页。

会主义初级阶段的中国国情，符合一个发展中大国的身份和能力，因而应当是我国当前乃至相当长历史时期内配合和谐世界理念，开展对外交往工作时必须坚持的外交思想理念和行为规范。

新中国建立60年特别是经过改革开放这30年的发展，综合国力和国际地位都有明显提升。尽管从人均国民收入、环保、缩小城乡和东西部差距等方面看，我国到21世纪中期要达到的中等发达国家水平，还要作出艰苦卓绝的努力，仍需继续抓发展、抓建设，但毕竟已经积累起了一定的经济实力并形成了巨大的市场潜力，作为联合国的常任理事国和世界上最大的发展中国家，对国际事务可以发挥更重要的影响和作用。因此，胡锦涛主席在2009年的驻外使节会议上明确提出了“坚持韬光养晦，积极有所作为”的方针，又进一步肯定了“韬光养晦”原则，并与时俱进地提高了“有所作为”的要求和力度，从而凸显了这项已成国策的外交方针所具有的重要性和长期性。

在中国的前途命运已日益紧密地同世界的前途命运紧密结合在一起的今天，中国外交的各种决策、举措和表态无不受到国际社会的高度关注。“韬光养晦，有所作为”实际上已不可能继续停留在“内部掌握”或“只做不说”的层面，而必须转向“既做也说”，并逐步在政策宣示层面公开予以阐述。这不仅仅是为了消释美欧国家的疑虑和曲解，而且希望能更进一步，争取使之成为我国向国际社会提供的又一公共产品。

随着全球化的深入发展，我国对外依存度正在不断上升。处身于一个相互依赖的世界中，在理解和对待全球公共问题或国际社会整体利益时，我们已必须关注国际公共产品（亦称“公共物品”、“公共财货”）的供给问题了。这种公共产品可以是有形的，如作为人类共有物的陆地（如极地的利用与保护）与海洋资源（如国际公海与海底资源）的分享，也可以是无形的，如知识、安全、信息的共享等。就其中不具有对抗性和排斥性的文化观念、价值观念等涉及软实力的产品而言，当今国际社会流行的几乎都是西方提供的，如民主、自由、人权、市场准入等等。但自进入新世纪以来，随着我国坚定不移地走中国特色的社会主义道路，也已经开始提出了一系列中国品牌的公共产品，如“和平发展道路”、“以人为本”、“科学发展观”、“和谐社会”、“和谐亚洲”和“和谐世界”等，这些都是在消费过程中不具占有性和排斥性，可以为别人、别国分享的。这实际上，既是中国特色的具体表现，也是中国在历史上的“四大发明”之后对国际社会的新贡献。

就此而言，“韬光养晦，有所作为”及其深厚的中国中庸文化底蕴，也是可以与别国分享的公共产品。因为国际社会的成员，事实上能力、贫富、强弱都不相同，再大、再富、再强的国家都不可能包揽所有的国际事务，也不可能由它一家说了算。中国提倡的“韬光养晦，有所作为”作为外交理念，反映的只是中国有自知之明，有与各国真诚合作、同舟共济的诚意，采取的是尽心尽力、恪守职责的态度，别国如愿效仿，中国自然欢迎、支持，因为和谐世界的构建，实有赖于有更多国家秉持中道而不是极端的理念。

《伊斯兰激进组织》序[①]

研究中东地区的反恐问题，离不开了解和剖析伊斯兰宗教极端组织和恐怖组织，因为它们是实施暴力恐怖活动的行为体——它们赖以组建、发展的纲领、理论、制度和行为方式，直接关系到地区的稳定与安全，也影响着中东伊斯兰国家社会的和平与发展。

我在2005年承担教育部重点研究基地的重大课题“中东反恐怖主义研究”时，就委托了涂龙德和周华两位同志专门负责研究中东地区历时较长且至今仍具有现实影响的有关组织。三年多来，他们刻苦钻研，坚持不懈地多方收集中外文资料，认真地梳理、筛选，一篇篇地撰写、发表内容翔实并有见地的论文，直到2008年秋才完成编纂，而今终于正式付梓问世。他们认真负责、恪守诚信的工作态度，着实令我钦佩；他们仔细谋篇布局，精心选择典型加以解读、论述的学术视角，也很值得肯定。

现在这本著作所选择的穆斯林兄弟会及其分支、“基地”组织及其分支、伊斯兰解放党及其分支和黎巴嫩真主党等几大组织，既有十分典型的国际恐怖组织，也包括在其国内和地区内具有合法性的伊斯兰激进组织。有的属于伊斯兰教逊尼派，有的则是什叶派组织，它们的活动范围虽集中在中东，但跨国性特点明显，不仅对南亚、中亚、东

① 涂龙德、周华:《伊斯兰激进组织》，时事出版社2010年版。

南亚、北非等周边地区有辐射作用，而且还直接影响着全球热点问题的解决进程。

怎样用一个合适的书名，来概括上述这些组织？两位作者曾再三思量，经过反复斟酌，他们最后定名为“伊斯兰激进组织”。我是赞同的，因为这是一种慎重的选择，而且也符合我国学界的主流看法和政府的政策取向。

从概念层面看，在国际政治领域，激进政党或激进主义都是含义并不确切的术语。如在《布莱克维尔政治学百科全书》（中国政法大学出版社2002年版）中，就称“激进的不同政党所具有的共同之处，大概就在于它们都公开表示支持公众参与政治和敌视现存的利益集团”，而激进主义“这一术语也许可以界定为一种对现有制度性安排等持批评性疑问态度，并主张对那些已无合理继续存在的制度性安排进行改革或干脆抛弃之的倾向”，“其实践内涵随激进分子所处的政治环境不同而发生变化”。因此，激进主义应是反对现存制度和统治利益集团的，其中有反政府的非法组织，但也有合法组织。具体到中东地区，激进主义势力同恐怖主义、宗教极端主义和民族分裂主义常常很难厘清。像“基地”组织、伊斯兰解放党、武装伊斯兰运动、萨拉菲耶圣战组织等，本身大都是从激进势力发展演变成为伊斯兰恐怖主义组织的。及至伊拉克战争发生后，美国布什政府主导的反恐战争又出现了变质变调，造成了反恐扩大化，把地区的反美、反以势力统统都打入了恐怖主义黑名单，就更加造成了概念上的混乱。因为把一个组织定性为宗教极端组织或国际恐怖组织，亦即是国际公害，乃是一件大事，需要获得国际社会大多数国家特别是当事国的认同。西方国家把哈马斯、真主党等本国、本地区承认的合法组织也称之为宗教极端主义或恐怖主义组织，既无视这些组织在所在国和地区的合法性，也不尊重阿拉伯、伊斯兰国家的认知和感情，显然失之偏颇。

另从政策层面看，“9・11”事件后，包括广大伊斯兰国家在内的国际社会迅速形成的广泛共识是“反对一切形式的恐怖主义”，重点是

"形式"（手段、方式），而非信念、立场等。就此而言，激进主义往往就是向极端主义、分裂主义和恐怖主义演变过渡的重要载体，是最具有可能性和充分条件的势力。因此，在研究反恐问题时，也必须研究激进势力的发展动向，反之亦然，因为两者之间在采取暴力恐怖的行为方式方面，确有不少相似点。但我们也必须注意到，中东伊斯兰国家对一些具有暴力倾向的合法组织，从不称之为恐怖组织或极端组织，其深层顾虑是担心那样会被一些西方国家利用来否定当地人民反对外来侵略、占领和干涉的合法权利。一般来说，"激进组织"、"激进势力"倒还是巴勒斯坦人、黎巴嫩人和阿拉伯、伊斯兰学界乃至民众尚能接受的叫法，至于西方媒体盛行多年的"伊斯兰原教旨主义"或"政治伊斯兰"等称谓，则他们很反感，基本持排斥、反对立场。

我国的中东外交、始终坚持尊重当地国家和人民的核心关切，遵循不强加于人、不干涉主权国家内政的政策。这是中国与伊斯兰国家关系中的原则立场和历史传统，是双方交往史上的亮点和成绩，至今仍应继承和坚持。反恐是国际社会在新世纪初期仍将面对的长期任务，反恐研究也势必会不断深入地进行下去。我国在反恐领域已形成了反对一切形式的恐怖主义，打击恐怖主义要标本兼治，反对将恐怖主义与特定的民族、宗教挂钩，在反恐问题上不能搞"双重标准"，充分发挥联合国在国际反恐斗争中的主导作用和倡导新安全观、加强国际反恐合作等一系列的基本立场、政策和举措，我们的反恐研究，当也应构建起中国特色的话语体系。涂龙德和周华两位作者在书名问题上的"一名之立，旬月踌躇"态度，表现出了对中国理念、中国政策和中国话语的高度关注，既难能可贵，也为他们今后继续从事中国特色的中东研究工作，奠定了正确的方向和基础。

中东的伊斯兰激进组织，林林总总，而且一直随着地区内外形势的变化而变化，有的暂时隐匿潜伏或转移别处，也有的感到有机可趁，死灰复燃，强劲反弹。这些新情况新态势，仍需密切跟踪，深入研究，决不是一本著作所能穷尽的。我想，只要这本专著能为国内广大读者和有关研究机构、研究人员，提供一种学术参考，有助于大家对书中具有代表性的中东伊斯兰激进组织产生、演变、发展的主要背景、主客观因素和条件，以及所造成的影响等内容，有所了解，藉以看清中东反恐这个全球治理中的难题的症结所在，那么，两位作者就一定会感到欣慰和鼓舞，也将从中获得动力，继续在中国的中东研究领域励志耕耘，作出他们的新贡献。

试论中国与中东伊斯兰国家的战略性关系[①]

当前世界上的伊斯兰会议组织共有57个成员国，约15亿人，主要分布在中东、非洲、中亚和东南亚等地区。中东是伊斯兰世界核心国家所在地区，在国际政治生活中，中东伊斯兰国家具有非常鲜明的代表性，在国际政治舞台上发挥着重要作用。例如，埃及是北非地区的文明文化古国、地区政治大国以及人口大国；沙特是伊斯兰教的发祥地，伊斯兰教两圣地（麦加和麦地那）的守护者，在伊斯兰教逊尼派国家中具有举足轻重的地位；伊朗是最大的伊斯兰教什叶派国家，它的拥核崛起不仅已成为国际关系中的热点问题，而且已经并仍将继续在对中东地缘政治版图和国际形势产生影响。因此，本文将以中东伊斯兰国家为主进行论述。

一、中国与中东伊斯兰国家关系的特点

（一）相互理解与尊重的政治关系始终是双边关系的主流

中国与伊斯兰国家的关系表现出相互理解和相互尊重的特征，这

① 本文载于《世界经济与政治》，2010年第9期，第4—18页；先后被人大复印资料《中国外交》全文转载和《中国高校文科学术文摘》收录。

一方面是因为这种关系具有深厚的历史人文底蕴：在古代，丝绸之路奠定了双方友好往来的传统，以四大发明为代表的中华民族文化由西亚北非的穆斯林传到了欧洲，而伊斯兰文明于公元7世纪中叶进入中国后，经过逐步融合，已成为中华民族文化的一个重要组成部分；在近代，双方都遭到殖民主义和帝国主义的侵略、占领和掠夺，有着相似的遭遇，经历了沧桑巨变；现当代，双方又都面临着同样的发展任务，都走上了民族复兴的道路。另一方面，是在新中国建立后，双方都在国际政治层面上形成了明确的战略思维——相互支持和借重，以应对西方大国的压力和挑战，并确立起以和平共处五项原则和求同存异精神为主旨的发展双边关系的指导思想。

新中国建立初期，美国对华采取政治孤立、军事包围和经济封锁，中国只能采取“一边倒”政策。1955年年底前，与新中国建交的国家仅23个，主要是社会主义国家，与中国邻近的亚洲民族主义国家和少数西欧国家。[①] 周恩来总理在1952年4月30日的驻外使节会议上，在谈到伊斯兰国家时说：“伊斯兰国家，我们同它们关系较少，影响也小，工作可以逐步进行。”[②] 但周总理的“逐步进行”指导思想并非消极等待，而是一直以他外交家的睿智眼光，密切关注着世界局势变化，积极开展工作，以创造条件，努力团结争取包括伊斯兰国家在内的广大原殖民地和半殖民地国家。在万隆会议上，周总理对埃及纳赛尔总理[③] 说：“1924年，当我从欧洲回国途经苏伊士运河的时候，埃及刚刚摆脱保护国的地位，几乎整个非洲大陆都还处在帝国主义的黑暗统治之下。1954年，当我在日内瓦会议期间途经开罗的时候，埃及人民已经推翻法鲁克王朝，阿尔及利亚人民正在酝酿反抗殖民统治的武装斗

① 时延春主编：《丝路盛开友谊花》，世界知识出版社2008年版，第15页。

② 中共中央文献研究室编辑：《周恩来选集》（下卷），人民出版社1984年版，第90页。

③ 纳赛尔于1954年11月14日任代总统，1956年7月7日当选总统。

争，整个非洲处在暴风雨的前夕。"[①] 正是那次在开罗停留期间，周总理向埃及报界发表谈话说："中国人民一向同情埃及人民的斗争，我愿借此机会向埃及人民表示敬意。"[②] 此后，在1954年12月，埃及曾通过印度驻华大使探询派遣外交官的可能性。周总理鉴于埃及受到美国的压力，还想保持与中国台湾的官方关系，制定了"善待多等，多做工作，水到渠成"的方针，在坚持建交原则的同时，先发展经贸和文化关系。

在参加万隆会议的29个亚非国家中，属于伊斯兰国家与地区的有埃及、苏丹、利比亚、突尼斯、阿尔及利亚、摩洛哥、叙利亚、也门、伊拉克、黎巴嫩、约旦、沙特等阿拉伯国家，还有印尼、巴基斯坦、伊朗、阿富汗、土耳其，以及代表巴勒斯坦地区的耶路撒冷穆夫提，总数超过与会国一半，它们大都对新中国的意识形态、社会制度和宗教政策等缺乏了解或存在误解。为此，周总理在发表大会主要发言后，又作了针对性明确的补充发言。这是一篇本着和平共处五项基本原则精神，结合中东国家存在的疑虑阐发"求同存异"中国理念的讲话，它立竿见影地改善了会议气氛，被誉为"在亚非会议上发挥了扭转乾坤的伟大作用"。[③] 纳赛尔明确对记者说："我喜欢他的演说。"[④] 伊斯兰国家各代表团也纷纷与周总理互动交往，从而明显地增进了相互的了解和友谊。在新中国历史上，和平共处原则和求同存异精神，不但是中国特色国际关系理论和外交学最重要的基础，而且也是向国际社会提供的极具影响力和生命力的公共产品。对发展与伊斯兰国家的关系而言，周总理的外交理念和他在万隆会议上及会后决定进口埃

① 詹世亮："周恩来总理亲手培植中埃、中阿友谊之树"，载安惠侯等主编：《丝路新韵：新中国和阿拉伯国家50年外交历程》，世界知识出版社2006年版，第40页。

② 同上，第40—41页。

③ 刘慧：《刘麟瑞传——一位北大教授的人生写实》，世界知识出版社2008年版，第155页。

④ 郁兴志："中国埃及建交五十年"，载安惠侯等主编：《丝路新韵：新中国和阿拉伯国家50年外交历程》，世界知识出版社2006年版，第22页。

及长绒棉，设立驻开罗商务代表处，邀请埃及宗教代表团访华，派遣包括回民学生的中国赴埃留学生，审定京剧团赴埃演出的文戏、武戏节目单等一系列丰富多彩的经济外交和包括宗教交流在内的人文外交实践，迄今仍是值得我们继承和发扬的弥足珍贵的资源。

（二）中国与伊斯兰国家关系的发展历程从开始启动到现在，都包含着明显的战略意蕴

中国与埃及的建交对中国来说，意味着新中国开始摆脱西方国家的包围与封锁，中埃关系的发展直接推动了中国与亚非拉国家建交的高潮，以点带面的全局性特点十分鲜明；对埃及而言，在促成纳赛尔总统决定与中国建交的主客观原因中，显然也有要缓解欧美对埃及新生政权施加的压力，又须出于地缘政治考虑避免造成全面倒向苏联的倾向。这在20世纪50年代中期世界进入冷战时期，中东伊斯兰国家成为美苏两个超级大国竞相争夺和利用的对象以来，表现得就更加突出。伊斯兰国家正是在应对两极对峙格局中，逐步形成了在大国博弈中寻求生存发展、维护自身利益的思维方式和行为方式。中国是地区大国，又是联合国安理会常任理事国，中国在巴勒斯坦问题和阿拉伯国家反对外来侵略、占领和干预等问题上，双方都有共识，即坚持明确的原则立场，奉行独立自主的外交政策。在中国能源保持自给自足，经济发展水平不高的时期，中东伊斯兰国家最为看重的，是中国在变易不定的大国博弈中，在政治层面上给予它们的这种战略性的恒定支持。

冷战结束前夕的1989年，国际形势发生了重大变化，北京也出现了一场政治风波，引起国际社会的普遍关注。美、英、法等西方国家对中国实行经济制裁，其媒体大肆造谣和渲染，竭力造成围堵和孤立中国的局面。当时中国选择挫败西方国家图谋的外交战略突破口之一，是杨尚昆主席于同年12月中下旬出访埃及、阿拉伯联合酋长国、科威特和阿曼四国，向世界特别是广大发展中国家宣告，中国国内政局稳

定，中国的改革开放、独立自主的外交政策及与第三世界发展友好合作的政策，都没有改变，以争取增强同第三世界的团结和合作，加强相互帮助和支持，夯实中国外交的基础。这次访问效果显著。上述四国领导人不仅都对中国表示理解、同情和支持，而且还就当时的国际、地区形势及双边友好合作关系同杨尚昆主席深入地交换意见，取得了广泛一致。[①] 接着，1990年3月和5月，埃及总统穆巴拉克和阿联酋总统扎耶德先后访华。第三世界的其他国家政要也相继来访。1990年7月，在中东和伊斯兰世界具有举足轻重影响的沙特阿拉伯王国与中国发表《联合公报》，决定建交。中国对伊斯兰国家采取的上述外交决策，对于粉碎美国和西方国家的封锁、制裁，既及时又成效卓著，战略突围的性质十分明显。

进入21世纪后，“9·11”事件的发生客观上迫使美国小布什政府把全球战略重点，从臆想的竞争对手中国转移到了中东。[②] 美国确定的“反恐、反大规模杀伤性武器扩散和反无赖国家”的国家安全政策，是把中东伊斯兰国家当作美“反恐战争”打击、控制和改造的对象。在美国和欧洲媒体的渲染与鼓噪下，伊斯兰教被严重歪曲、丑化，穆斯林在西方国家受到排斥、歧视，“伊斯兰威胁论”甚嚣尘上。伊斯兰世界中不要说那些被美欧国家列入“黑名单”的伊朗、伊拉克、叙利亚、苏丹、利比亚等国，即便是像沙特、埃及这样温和的伊斯兰国家，也都感受到了空前巨大的压力。正是在这样的形势下，中国政府坚持采取不将恐怖主义与特定的宗教、民族挂钩，反对单边黩武，主张标本兼治等政策，这使得沙特、埃及等伊斯兰国家感受到了中国对它们主权和尊严的尊重、维护和支持。2007年12月2日，沙特阿卜杜拉国王在接见出席中阿文明对话研讨会的中阿代表时明确指出：“中国是一个

① 刘宝莱：“杨尚昆主席阿拉伯四国之行”，载安惠侯等主编：《丝路新韵：新中国和阿拉伯国家50年外交历程》，世界知识出版社2006年版，第124—136页。

② 上海国际问题研究所编：《国际形势年鉴2002》，上海教育出版社2002年版，第53—54页。

亲密友好的国家，因为她总是同真理与正义站在一起，总是同巴勒斯坦和阿拉伯人民的正义事业站在一起。”①

（三）中国与伊斯兰国家关系的发展，经历了由双边到次区域多边，以政治领域为主向经贸、能源、安全、文化等多领域逐步拓展推进的过程

新中国成立后的前30年（1949—1979），这种双边关系主要立足于双方在国际政治生活中相互支持的需要，其他领域的交往和合作虽然有，但数量和规模都不大，未形成显著的共同利益，其原因在于双方间的需求不突出。例如，中国与阿拉伯国家的双边贸易1969年为2.316亿美元，到中国开始实行改革开放政策的1979年是7.89亿美元；到2000年，中国的进出口总额已达4743亿美元，但中国与中东伊斯兰国家的贸易额也仅为163亿美元。② 这并不奇怪，因为从贸易传统上看，中国与伊斯兰国家一向都把贸易重点放在美国和欧洲国家，双方都对对方的市场潜力缺乏了解。

中国与伊斯兰国家经贸关系的转折点出现在冷战结束前后。当时中国遭受西方制裁，欧美资金流入减缓，1993年中国又成为石油纯进口国家。在现实政治、经济、能源需求的多重动力推动下，中国政府提出了利用国内国外两种资源的方针，这就使中东的能源、资金优势显示出来，中国外交部的对中东外交也更趋积极，参与度不断增强。与此同时，巴勒斯坦和以色列在1993年9月签署了《奥斯陆协议》，中东和平进程开始取得阶段性进展。在美国克林顿政府推行“东遏两伊，西促和谈”的中东政策期间，埃及和沙特等海湾合作委员会（GCC）国家都获得了调整政策的间歇期，出现了“向东看”，即与东亚国家发

① Arab News (Saudi Arabia), December 3, 2007。

② 杨光主编：《中东非洲发展报告（2001—2002年）》，社会科学文献出版社2002年版，第254—256页。

展关系的政策取向。中国与中东伊斯兰国家的关系，遂在双方领导人的重视和推动下，进入了一个新的发展期，经贸、能源合作进展迅速。

1999年4月，埃及总统穆巴拉克访华，中埃建立起了战略合作关系。陪同穆巴拉克总统访华的埃及高层官员和主流媒体，目睹了中国的变化，迅即作出了大量报道。时任总统顾问、《金字塔报》的董事长兼主编的伊卜拉欣·纳菲厄当年发表的《中国——20世纪末的奇迹》一书，用大量的数字和翔实的材料向中东国家推介了一个崭新的中国。[①] 自此之后，中东伊斯兰国家的媒体一直关注着中国的发展，重点是中国的对外贸易额、国内生产总值（GDP）增长率、外汇储备数、经济特区政策等。同时，它们的政府、企业也都积极采取行动，大力推动与中国在能源、经贸和工程项目等方面的合作。随着中国进口原油数量的不断递增，伊斯兰世界的产油国对华出口的原油多年来一直占中国总进口原油量的一半以上。从2004年至2009年，中国同阿拉伯国家的贸易额从367亿美元攀升至1074亿美元，相互直接投资累计从11亿美元增加到55亿美元，工程承包合作累计完成营业额从135亿美元提高到700亿美元。[②] 双边关系中经贸与能源合作的迅猛发展，固然是因为中国对海外能源、市场的需求不断上升，但我们也应看到，伊斯兰国家尤其是其中的产油国，也需要稳定的中国市场。阿拉伯国家联盟（League of Arab States）成员国都十分重视抓住中国和平崛起对它们形成的战略机遇。多年来，阿盟首脑会议和外长理事会连续作出对华关系决议，呼吁阿盟各成员国积极发展同中国在各领域的关系。由于符合各自的现实和长远利益需要，双方的合作意愿和实际行动都较前明显增强。

在主权、安全领域，中国面临的有“台独”、“藏独”和“疆独”问题以及打击“三股势力”问题；伊斯兰国家则有巴勒斯坦问题、反

---

① 伊卜拉欣·纳菲尼:《中国——20世纪末的奇迹》，埃及金字塔翻译出版中心1999年版。

② 温家宝:“深化全面合作，实现共同发展”，载《人民日报》，2010年5月14日。

恐问题、伊拉克战争及战后重建问题、伊朗核问题和苏丹达尔富尔等问题。双方在这些涉及彼此重大关切和核心利益的问题上，都始终强调要通过双边或多边会谈，或在国际场合中保持密切磋商，相互支持和合作。在文化、教育，科技、旅游等人文领域的交流与合作，近年也呈现良好的上升势头。例如，2008年6月沙特高教大臣率校长代表团访华，一次就签署了20多份与中国各类高校的合作协议，涉及理工医药、人文社会等许多学科。大臣在会上宣布，目前在华的沙特学生约为400名，计划在未来二年内增加到上千名。沙特虽碍于宗教不接受中国在沙特设立孔子学院，但已决定开办三个中文系，以加快培养通晓中国语言和中国国情的人才。

值得指出的是，在2001年中非合作论坛建立后，阿拉伯国家就立即行动起来，于2004年与中国建立了中阿合作论坛。同年7月，海湾合作委员会秘书长偕六国财经大臣访华，签订了《中华人民共和国与海湾合作委员会成员国经济、贸易、投资和技术合作框架协议》。之后，双方又展开建立自贸区的谈判。这是新世纪初期，中国与伊斯兰国家的合作关系进入机制化发展阶段的标志，目的是通过这个双方都认同的合作框架，统筹协调地处理涉及双边和多边、区域与领域的各种问题。国际金融危机出现后，国际治理体系面临深刻变革，世界经济结构也孕育深刻转型。中阿双方更进一步认识到经济全球化和世界多极化趋势不可逆转，国与国相互依存更加紧密，加强相互间的战略合作已成为应对新威胁和新挑战的重要有效途径，因而在2010年5月13—14日的第四届部长会议上决定，在中阿合作论坛框架内建立全面合作、共同发展的中阿战略合作关系。这不仅意味着当前中国与阿拉伯国家的关系、与海合会的关系都处于历史最好时期，而且也明白无误地公开揭示出中国与伊斯兰世界核心国家群体之间的关系具有多层次、多领域的战略性质。

二、双边关系中存在的问题

当我们说中国同世界的关系发生了历史性变化，中国的前途命运日益紧密地同世界的前途命运联系在一起，中国问题在国际化，国际问题也在中国化时，其实伊斯兰国家的问题早就国际化了，而且不少还是国际的热点问题，被列入了全球治理范围。在中国与伊斯兰国家的友谊和合作继续拓宽、加深的同时，我们也应冷静地看到，随着双方相互依存度的日趋紧密，还存在着不少不容忽视的问题，其中有认知问题，也有利益摩擦问题。

（一）认知问题

进入新世纪初期特别是2008年以来，中国成功举办北京奥运会，胜利完成抗震救灾，“神七”上天，国际金融危机爆发后成为二十国集团（G20）峰会和金砖国家领导人会议上的重要角色等一系列成就，越来越使伊斯兰国家强烈地感受到，中国不仅是一个经济大国，全世界的工厂，而且是一个在政治领域、全球事务中具有重要影响的大国。它们要摆脱相对孤立、边缘化的处境，维护自己在政治、安全、文化和意识形态方面的利益，就必须进一步拓宽与中国的交流合作。在当地的一些媒体报道中，把中国称为“超级大国”，认为中国将超过美国的说法已屡见不鲜。2010年利比亚领导人卡扎菲著文称：“美国力图通过制造地区羁绊与中国对峙”，“中国现已成了一个另类的竞争对手……开始以与美国粗暴的军事进攻方式完全不同的温柔方式打入世界各地”，[①] 比较典型地反映了一些阿拉伯国家或伊斯兰国家领导层冷战结束以来形成的思维定势，即中国将取代已经解体的苏联，成为对

① “卡扎菲称美设‘地区羁绊’制衡中国”，载《参考消息》，2010年3月10日。

抗美国的另一个“超级大国”。更多的当地政府人士和精英人士虽大都对中国的发展经验和发展模式持肯定、赞赏态度，不过他们也认为：中国应该成为国际格局中的平衡力量，应帮助他们缓解或减轻西方霸权主义和强权政治造成的压力；中国应承担更多的国际责任，发挥更大的作用，推动中东热点问题的解决朝着有利于他们的方向发展；中国应像西方大国那样，提供更多的资金、技术和援助项目，帮助他们发展。正因为此，我们在与他们交流对话时，或者从当地的报刊书籍中，都会不时听到和看到他们的不满或批评表述。

从中国方面看，虽然中国政府的外交、外经贸、文化新闻等涉外部门与伊斯兰国家交往时间长，接触多，了解也深，但总体而言，不说广大社会民众，就是媒体或学界也有不少人都还不了解伊斯兰教的逊尼派和什叶派，伊朗是不是阿拉伯国家等常识。中国学界在研究和介绍伊斯兰国家的发展情况时，同伊斯兰国家分析评论中国的方针政策和发展状况相仿，一般都不掌握第一手材料，依据的资料大都来自美欧国家，研究方法也多采用西方的理论框架和体系。因此，西方国家炮制的“中国威胁论”、“中国责任论”在伊斯兰国家便不乏市场，而“伊斯兰威胁论”对中国也有影响。比如，在涉及反恐问题时，西方惯用的而伊斯兰国家甚为反感的“政治伊斯兰”、“伊斯兰原教旨主义”等术语，在中国也时有出现。

（二）利益摩擦问题

伊斯兰国家数量众多，国情迥异，与中国的双边关系也不相同。这里只能择其要者，作些归纳。

其一，一些中东伊斯兰国家很强调经济利益诉求，期望搭乘中国经济快速发展的便车，要求中国对它们加大投资，提供先进的技术和管理，提供援助等，有时极个别国家还会因为谋求一些局部经济利益而打政治牌。如约旦、利比亚、阿联酋在台湾问题上就曾出现事端；埃及也曾因投资和项目启动未如其所愿而动议在台湾地区设立办事处；

土耳其则在“东突”问题上表态多次出现反复。对这些事关中国主权、安全的问题，中国领导人、外交部和驻外使馆都一直保持着高度关注并有针对性地及时开展工作。在中阿合作论坛建立后，阿拉伯国家方面已基本消除了打“台湾牌”，接待达赖等做法；与土耳其的双边关系在2009年新疆“7·5”事件时曾一度紧张，经中国外交部领导和中国驻土使馆做工作后也趋缓和，但还有隐忧。中国与土耳其双边关系缺失了利益交汇和认知沟通，土方对中国的核心关切便感受不深，政策表态也难免会出现分歧。因此，对两国关系眼下除政府先导之外，经济合作和人文交流已亟待重视和加强。毕竟，土耳其也是伊斯兰世界中的大国，近年因加入欧盟希望渺茫，已转而重视凸显它的伊斯兰属性，目前已成为G20中仅有的两个中东国家之一（另一国是沙特阿拉伯），不但在处理伊核问题、巴以关系等地区热点问题中的作用和影响不断上升，而且还直接关系到中国打击“东突”分裂势力这项长期任务的外部环境。

其二，以伊朗、叙利亚、苏丹等为代表的西方国家所谓的伊斯兰激进国家，同美国、以色列的紧张对立已持续多年。它们感到中国视大国关系为关键，把中美关系列为重中之重，客观上正与它们渐行渐远。据伊朗人士说，中国领导人约有六七年未访问伊朗了，伊朗对中国今年在联合国安理会上投赞成票通过对伊制裁的1929号决议，舆论上有不少不满反映，伊朗原子能组织阿里·萨利希甚至说：“中国逐渐丧失了在伊斯兰世界的可敬地位”；[①] 对中国政府与学界至今不同它们支持的巴勒斯坦哈马斯和黎巴嫩真主党接触等，也都啧有烦言；苏丹的反政府政党和人士认为中国为了石油利益而偏袒巴希尔政府，近年来在苏丹媒体上发表了不少批评、指责中国的文章。

其三，伊斯兰世界的中亚五国与中国同为上海合作组织成员，近年来的双边经济能源合作，已掀开新的一页。但它们在对中国寄予希

① “内贾德出席上海世博会‘伊朗日’”，载《参考消息》，2010年6月12日。

望的同时，也对中国的日益强大感到不安。它们大致怀有五个担心：担心逐渐强大的中国会威胁自己，“中国威胁论”在它们国内有一定的市场；担心中国经济扩张，自己成为中国的“经济附庸”；担心中国经济发展带来生态变化，影响邻国；担心中国大量非法移民进入；担心中国一旦与美、俄交恶会殃及自身。①

除上述几点外，还有不少伊斯兰国家在与中国的双边贸易中长期处于逆差，个别国家曾不时提出对中国商品的反倾销等。但凡此种种，都还不是伊斯兰国家与中国关系的主流，只是在经济全球化背景下，双方发展过程中出现的问题。中国除政府外交部门的认真筹谋、妥善应对外，还需统筹学界、企业和地方等各方面的资源和力量，通过经济外交、人文外交、公共外交等各种途径的配合，坚持互利共赢原则，去化解矛盾，减少摩擦，推进双边关系继续取得长足的进展。

三、战略性关系发展趋势刍议

西方国家对中东伊斯兰国家的认知，流行一种看法，即认为任何大国的崛起都离不开中东，中东同时也是埋葬大国的坟墓。前一句话应从中东重要的战略地理位置，储藏丰富的油气战略资源和人类文明的摇篮（特别是以三大一神教为代表的文化文明资源）等层面去作解读；后一句话采用“埋葬”、“坟墓”等词语有些夸张，实际是指中东地区的宗教、民族、领土等各种矛盾错综复杂，会把心怀叵测卷入其中的大国缠住、拖垮或遭受严重挫败。

我们不妨对照一下二战结束以来英、法、苏、美在中东的经历，应可领略其中的警戒意义。换一个角度，从中东在国际格局中的地位

① 赵常庆：“中国与中亚国家在合作与互动中共同发展”，载《俄罗斯中亚东欧市场》，2007年第6期，第2—3页。

看，美苏两国在冷战期间，争夺的重点虽在欧洲，但它们进行较量、角逐和争夺的舞台却是中东。冷战结束后，世界政治舞台出现的是“一超多强”的过渡格局，国际热点最多或关联度最密切的地区也聚集在中东，比如海湾危机和海湾战争、中东和平进程、“9·11”事件、美国发动的阿富汗战争、伊拉克战争、苏丹达尔富尔问题、伊朗核问题等，就都是大国关注的焦点，也是推动大国关系互动和发展的重大事件。1993年，美国学者塞缪尔·亨廷顿（Samuel P. Huntington）教授提出“文明冲突论”，把世界划分为八个文明体系，认为“伊斯兰和西方之间的冲突是文明的冲突”。[①] 笔者在此并不展开对文明冲突论的评析，但感到把文明体系视作当前国际关系中的一种行为体，提出一个“有助于理解20世纪末和21世纪初的全球政治”的视角和范式，还是有一定理由和依据的。目前，中国与阿拉伯国家确立起了“全面合作、共同发展”的战略合作关系，这实际上反映了中国已经视中东伊斯兰文明体系中的这个特色国家群体为战略合作对象，它们在国际体系中虽不是一个大国，但却代表了当前主要文明体系中的一个重要行为体，是一个“战略板块”，在交往中必须既要关注中国与它们的双边关系，又要注意放在国际体系转型的时代背景下，研究考察这种关系的发展趋势。

一百多年来，从中东伊斯兰国家追求的理想看，一直是想通过“阿拉伯统一”、“阿拉伯复兴”、“伊斯兰复兴”来重现昔日阿拉伯帝国时代的辉煌。然而，地区内的各种矛盾盘根错节，要理纷解结谈何容易，而且，外来侵略、干预从未停止，冲突战争连绵不断，自身条件和客观环境都制约着它们的改革和转型。因此，称这个特色国家群体是一个“板块”而不是未来国际格局中的一个“极”，也是考虑到它们在相当一段时间里，还很难通过资源整合和制度建设，形成一个既有强大综合实力，又有统一意志、全球战略目标和行动纲领的国际关

① Samuel P. Huntington, “The Clash of Civilizations?” *oreign Affairs*, Vol. 73, No. 3, 1993.

系行为体。但在当前的国际体系转型阶段，任何大国却仍须高度重视这个“板块”的战略价值：地理位置，油气资源，重要的文明文化影响力，在各种国际和地区组织中的政治经济作用，对其他大国力量构成的牵制、屏障功能，等等。问题仅仅在于大国与这个“板块”交往的目的和方式：是侵略、占领、控制和干涉，还是相互尊重，平等相待，互利共赢？

中国在经过改革开放30年的建设和发展后，虽然发展中国家的基本身份没有变，但面对的国际环境和自身条件已有巨大变化——世界大势因为出现国际金融危机而出现转折，处在大发展大变革大调整的重要阶段；中国已形成自己的发展经验和发展道路，综合实力不断增强，成为国际和地区多边机制中的重要行为体，全球治理中负责任的一员，走到了国际舞台的中央。当前，中国现代化建设的任务已由经济层面迅速扩展到党的十七大提出的中国特色社会主义经济建设、政治建设、文化建设、社会建设和文明生态建设等新的更高也更广泛的各个领域，因而也正面临着再一次的转型，亦即不能仅囿于经济建设层面去实现中华民族伟大复兴，而应确立起维护和发展我战略利益的指导思想，以期更准确更能动地判断和把握未来10—15年的机遇和挑战。

基于上述对中国发展需要的认识，中国发展与伊斯兰国家的关系，应继续坚持冷静客观的研究判断，根据国际体系转型中的大国力量变化和相应政策调整还未形成的国际局势，从中捕捉中国的发展机遇，并认真地谋划中国在中东伊斯兰地区的战略部署。这里谨提出几点看法，供学界方家指正。

第一，中东的战略空间正在出现变化。奥巴马一年多来的中东外交与布什政府相比，是有区别的。具体表现在布什政府2003年悍然发动伊拉克战争，尔后又推出“大中东倡议”欲改造中东伊斯兰国家，实际是图谋独霸中东。而如今美已将反恐重点从伊拉克转移到南亚的阿富汗和巴基斯坦；奥巴马通过在开罗大学演讲，宣称“要在美国和穆斯林世界之间寻求一种以共同利益和相互尊重为基础的新开端"，[①]目的是想缓解阿拉伯国家和伊斯兰世界的反美情绪，修补美国在中东的形象；对伊朗，奥巴马政府一面企图通过外交途径迫伊弃核，另一面又不放弃对伊制裁施压，亦即变布什政府的对抗遏制为接触制裁等。但是，美国欲主控中东事务的目标未变，它中东政策中的双重标准也未变。从中东伊斯兰国家的视角看，奥巴马政府是口惠而实不至，空言虚语，人犹不信。因此，在今年6月17日美国皮尤研究中心公布的一份大型年度调查结果显示，"美国的形象在过去的一年中变差，在伊斯兰世界中尤其明显"，"在埃及，对美国持有好感者的比例从2009年的27%下降至今年的17%。其他伊斯兰世界国家对美国持有好感者的比例也基本上在人口的20%以下"。[②]不过，我们也应看到，奥巴马政府的中东政策虽说成效不彰，进展难如其愿，但毕竟与小布什的单边黩武和"民主改造"伊斯兰国家的嚣张气焰和狂妄目标有所不同，是收敛而非继续自我膨胀，一超独霸中东的局面终成明日黄花。美在中东的政策调整，现阶段正呈现出战略收缩态势，客观上已为其他大国和新兴大国腾出了战略空间。

第二，中东在中国总体外交中的战略定位进一步提升。在当前的国际体系转型和国际政治经济秩序重建过程中，大国固然是主导力量，但从文化文明体系看，也必须高度关注世界主要文明体系之一的伊斯兰核心国家的价值观走向，是继续片面强调战斗的"杰哈德"（亦译"圣战"）观，还是转向温和中正，走上通过对话、谈判解决矛盾冲突的伊斯兰中间主义的道路。从能源战略看，去年由美国情报委员会编写的一篇报告在谈及代替化石燃料的新能源技术时称："到2025年，新能源技术还不能大批量生产或普及"，"最近一份研究调查发现，一项

① http://news.163.com/09/0604/22/5BODLSV40001121M_5.html.

② "美在伊斯兰世界形象变差"，载《解放日报》，2010年6月19日。

新生产技术被广泛应用，平均需要25年时间”。[1] 这表明，在未来相当长的一段时间内，油气仍将是全球最重要的战略资源，我们也就必须关注世界主要能源产地中东海湾国家的政策走向，如它们对新能源的看法，对中国油气合作多元化的反应等。从安全的角度看，我们还必须关注中东核军备竞赛、恐怖主义等威胁的发展态势。半个多世纪以来，中国与中东伊斯兰国家的关系，相较于美欧俄日等大国与它们的关系，一直具有相互尊重、平等相待的友好传统，这是中国对外关系中的优势和亮点，它们总体上是中国在重大国际事务和地区事务中能获得支持和配合的好朋友、好伙伴和好兄弟。在未来的发展中，中国在能源需求和海运通道安全方面，仍将依靠中东；在应对非传统安全威胁和气候变化等全球性挑战中，也离不开中东伊斯兰国家的合作。因此，在中国的外交实践中，将中东伊斯兰国家关系仅仅定为中国“周边战略的延伸和大周边战略的组成部分”，显然已不足以反映中国与中东伊斯兰国家关系的实质性内涵，在中国已经形成广泛全球利益的情况下，是否可以考虑改用“中东伊斯兰国家是中国重要的战略资源和战略支撑”这样的定位，使之更加符合现实和未来发展的需要。

值得指出的是，双边关系中这种战略性内涵扩展，业已表现在中国对中东伊斯兰国家在国际体系转型过程中有关全球治理问题上发挥作用的期许上。2010年5月，温家宝总理在中阿合作论坛第四届部长级会议开幕式上题为《深化全面合作，实现共同发展》的主旨讲话，就很明确地把中阿双边关系置于一个宏大的国际体系转型背景下展开论述，具体包括：要积极营造一个和平稳定的国际环境，为世界经济全面稳定复苏奠定坚实的政治基础；要推进国际经济和金融体系改革，加速建立公正、合理的国际经济金融新秩序；要加快实现千年发展目标，努力缩小南北差距；要努力维护能源安全和积极应对气候变化，

---

① 美国情报委员会编:《全球趋势2025：转型的世界》，中国现代国际关系研究院美国所译，时事出版社2009年版，第63—64页。

促进世界经济可持续发展。这表明，中国在关注双边关系发展的同时，也肯定并器重中东伊斯兰国家在应对国际社会面临的共同任务中具有的地位和作用，视之为潜力巨大的战略力量，希望它们成为积极推进改革的全球性角色。

第三，重视构建中国的中东战略。如果政府和学界都能认同上述的"现实导向"范式，那么就得争取更多的资源支持，在外交部门的统筹协调下，主动设计、经营中国的中东战略，包括核心国家或重要次区域组织的确定，各种合作机制的构建，议程的设置等。这在G20还处在建章立制阶段，国际体系转型存在大量不确定因素的现阶段，及早加强同西方国家最感棘手却又具有全球影响的伊斯兰国家的沟通和协调，既有利于促进中国与中东伊斯兰国家互补性很强的互利共赢，也有利于化解西方国家不会也不愿放弃的对华的持续挑衅和施压。

从冷战结束、苏联解体以来，美国的全球战略始终是建立在"假想敌"基础之上的，近三十年来，在它四年一度的国防部评估报告（QDR）中，被列入威胁美国国家利益的"对手"或"潜在对手"名单的，几乎每次都有中国和中东的一些伊斯兰国家。亨廷顿教授1993年发表的《文明的冲突》一文中，更是直白地宣称："那些由于文化和权力的原因不想或不能加入西方的国家通过发展自己的经济、军事和政治力量来同西方竞争。它们这样做的办法是，促进它们国内的发展和同其他非西方国家进行合作。这种合作的最突出形式是儒教—伊斯兰教的联系，这样的联系已经出现，对西方的利益、价值观和权力提出挑战。"① 这就又从理论上支撑了美国的这种"假想敌"政策。事实上，包括中国和中东伊斯兰国家在内的广大发展中国家，要维护的只是自己的主权、安全和发展利益，是自己的文明文化传统，选择社会制度和发展道路的权利。因此，在美欧国家主导的现存国际体系中，发展中国家唯有加强团结方能维护自己的利益，在具体应对西方国家的肆

---

① Samuel P. Huntington, "The Clash of Civilizations? " *Foreign Affairs*, Vol. 73, No. 3, 1993.

意挑战或压力时，就更需要发展中国家互相支持和合作。与中东伊斯兰国家这个“战略板块”构成犄角之势，当也不失为是一种有利于双方的选择。

第四，大力加强包括宗教交流在内的人文外交。温家宝总理于2009年11月7日在阿盟总部发表了题为《尊重文明多样性》演讲，这是中国领导人在新世纪初期再次就周总理在万隆会议上倡导的求同存异精神，对中国与伊斯兰国家这两个不同文明体系中的核心行为体现有的重大关切作出的明确阐述，也是对中阿友好关系进入巩固政治互信，加强战略合作新阶段提出的基本原则，是我们在中东伊斯兰国家进一步开展人文外交和公共外交工作的带有指导意义的纲领性讲话。从双方当前和未来一段时间的实际情况看，坚持求同存异精神，深入开展文明对话，是双方都有迫切需要的共同任务，也是中国发展与这一“战略板块”关系的重要基础。

在中国与中东伊斯兰国家外交史上，宗教交流一直在中国人文外交中占据着重要的位置。在万隆会议上，周总理率领的代表团里有宗教事务顾问达浦生大阿訇，译员有北大的回民教授刘麟瑞先生，这使埃及纳赛尔总理深受感动，“他把周总理精心安排阿语翻译看成是中国政府对他本人，对埃及人民和阿拉伯人民以及对他们的伊斯兰教信仰和阿拉伯—伊斯兰文化的尊重，是体现中国政府建立中埃友好合作关系的良好愿望和积极姿态”。[①] 万隆会议结束后不久，埃及1955年5月15日派出的第一个代表团，是由埃及宗教基金部长艾哈迈德·巴库里率领的宗教代表团。毛泽东主席在接见代表团时说：“我非常感谢纳赛尔总统，他选派了一个穆斯林部长，一位爱资哈尔大学的学者来中国访问，中国穆斯林对爱资哈尔大学怀有深厚的崇敬心情。”[②] 正是在巴库里访华期间，双方讨论了政治、贸易、文化和宗教问题，商讨了贸

① 刘慧：《刘麟瑞传——一位北大教授的人生写实》，世界知识出版社2008年版，第431页。

② 同上，第162页。

易代表团互访、签订贸易协定、互设官方贸易代表处、参加开罗博览会等。这些史实说明，中国对中东伊斯兰国家在上述方面的交流对两者关系无疑起到了基础性和引领性作用。

把宗教交流视作中国对伊斯兰国家人文外交不可或缺的重要渠道和内容，前提条件是要坚持统筹国内政治和国际政治两个大局。一方面，我们应坚持尊重伊斯兰文明，尊重伊斯兰国家对社会制度和发展道路的选择，不断发展双方在各领域的务实合作，建立起牢固的、充满活力的伙伴关系；另一方面，也应看到在中国国内的民族宗教问题中，处理好与10个信仰伊斯兰教的民族和2000多万穆斯林的关系一向占有很大的权重。改革开放三十多年来，中国西北部穆斯林与中东伊斯兰国家的交流接触已大大增强，各种教派教义不断传入，其中也不排除夹有带极端主义倾向的宗教主张。对这些具有极端主义倾向的宗教主张，是防堵打压还是疏导化解，往往是地方政府要面对的政策选择，如果处理不好，还会在伊斯兰世界引起负面反响。当前重要的是，我们应尽可能客观辩证地看问题，即既要看到中东伊斯兰地区确实是伊斯兰极端主义和恐怖主义的产生地，又要看到伊斯兰国家和人民也是这些宗教极端势力最主要的受害者，宗教极端主义和恐怖主义是人类共同的敌人。只要我们恪守中国特色的反恐观：反对一切形式的恐怖主义，打击恐怖主义要标本兼治，反对把恐怖主义与特定的民族、宗教挂钩等，并及时地与它们互通信息、情况，便一定能得到它们的理解和支持。同时也应看到，伊斯兰文明有它自身的发展机理。进入21世纪以来，中东伊斯兰国家已经出现了伊斯兰中间主义思潮，形成了自己的领军人物和教学研究与传播基地，许多伊斯兰国家设立起了研究中心、论坛，政府也将中间主义列为像和平、公正、宽容等一样的伊斯兰教义，作为政策宣示的内容。这客观上可视作是伊斯兰国家应对恐怖主义的治本之道，即从自己本身的信仰着手，杜绝宗教极端主义这个思想源头。这股方兴未艾、正向伊斯兰国家主流意识形态方向发展的思潮，不仅对它们在适应、参与国际体系转型和加快现代化建设等方面都极其重要和有利，而且对中国进一步深化与它们进行宗教交流和文明对话的内涵，推动发展双边战略关系，同时借用其主张温和、宽容的学说来配合中国伊斯兰教协会的解经工程，以及在推动宗教和谐、促进民族和谐等方面，也都是大有裨益的。

有关经贸与文化方面，中国在伊斯兰国家开展业务的企业应了解和尊重当地的法律法规、风俗习惯，要处理好“取”和“予”的关系，中方人员的言谈举止，也得注意韬光养晦等，这些都很重要，但由于这些议题不涉本文主题，这里不赘言。

研究中国与中东伊斯兰国家的关系总还是应该从中国谈起和做起，不要等着它们来了解、理解中国的国情和政策，而应多采取主动，积极走出去交流，开展人文外交、公共外交。对中国来说，中东伊斯兰国家虽是一个“战略板块”，但在国际体系转型期间，恐仍会延续其被动态惯性。因为其错综复杂的内外矛盾，还将是理不清，解还乱，很难在短时期内形成同一性的利益诉求，在不少区域内部或全球问题上，也不易做到齐心协力，统一步调，仍还需要国际社会和大国区别情况，有针对性地去做争取、整合工作。周总理早在开展对埃及外交之初就有明确指示:“要想立住脚，首先是尊重别人，态度诚恳，才能取得对方信任；尊重是相互的，但我们要积极主动，因为我们是大国……”[①] 在中国综合实力明显提高，国际地位和影响日趋上升的今天，周总理强调的严于律己，宽以待人的中国之道，依然值得我们时刻铭记。

---

① 李振中:《尼罗河畔的回忆——新中国第一批留埃学生纪实》，世界知识出版社2010年版，第73页。

把握机遇，选准路径，实现宁夏新腾飞[①]

这是我第三次来到祖国美丽的“塞上江南”宁夏。第一次是1980年秋我从埃及开罗大学进修回国后不久，来参加西北五省区的一次伊斯兰研讨会，有幸作了一场报告，并结识了著名的回族学者杨怀中先生；第二次是2005年11月来出席哈佛燕京学社和宁夏社科院共同举办的“文明对话国际研讨会”，作了一次主旨讲话，发表了一篇论文《文明对话与大中东改革》；今天再次来，是应宁夏中阿经贸论坛组委会之邀来参加“中阿经贸理论研讨会”，内心除了衷心的感谢，还深感荣幸、振奋和欣慰。

荣幸是因为这次研讨会的层级很高，是在宁夏回族自治区王正伟主席的直接指导下召开的，受到了商务部、中国贸促会的大力支持，出席的不仅有宁夏的各界学者，而且还有全国从事阿拉伯问题、中东问题研究的资深大使、参赞，各有关高校和研究机构的主要领导和教授专家。振奋的是党中央国务院刚召开西部大开发工作会议才一个多月，宁夏回族自治区领导便抓住机遇，从自身的特点和优势出发，通过扩大对内对

① 本文原为2010年8月26日在银川“中国—阿拉伯国家经贸论坛理论研讨会”上的主旨演讲稿，载《中国—阿拉伯国家经贸论坛研讨会论文集》，宁夏人民出版社2010年版，第14—20页；《回族研究》，2010年第4期，第44—48页。

外开放，打造中阿经贸论坛这一品牌平台，来推动宁夏经济的又好又快的发展和社会的和谐稳定，这无疑是一项具有国际视野的战略举措。我能躬逢其盛，并贡献些许我毕生从事的专业知识研究所得，为以宁夏为代表的西部大开发战略稍尽绵薄，也是很难得的机遇和幸事。感到欣慰，则是出于我对回族同胞长期的历史情谊。50年前，也是8月下旬，我束装北上，进入北京大学东方语言系，机缘巧合成了阿拉伯语教研室马坚、刘麟瑞等回族教授门下的一名弟子。从此，这就成了我的师承，我的学术门第或学术身份。我常引以为荣，是因为我的回族老师们不但学问好，而且人品也好，堪称一代师表。他们对我的培养、教诲和引导，奠定了我一生的学术基础，我虽已年望七旬，但仍铭记在心，不敢有忘。改革开放三十多年，我曾在系主任的岗位上办过一个宁夏班，也为回族老师们的传记或周年诞辰纪念写过一些文章，近年还招收了几名西北回族学生，读我的博士和博士后。这些，都是想有以回报。只是，我从来没有想到的是，在我学习阿拉伯语专业50年后的今天，宁夏回族自治区这样一个省级单位居然把我的专业对象阿拉伯世界列入了工作的重点。我虽仍在编在岗，工作十分繁忙，但想到能配合宁夏对阿拉伯国家的交流和合作，提供一些看法或尽一份力，不但是我所在的教育部重点研究基地上外中东研究所服务国家西部大开发战略和地方政府的需要，而且也是我应该告慰回族先师和加强汉回民族团结的实际行动，内心对此十分认同，也很乐意。

下面谨结合会议主题“中阿经贸论坛”，就宁夏对发展机遇的把握、发展路径的选择和论坛的内涵谈一些粗浅的看法，敬请王主席和各位领导、专家学者指正。

一、发展机遇的准确把握

宁夏主办中阿经贸论坛并积极倡导这一论坛的长期建设，是宁夏主动落实党中央、国务院2010年7月提出的深入实施西部大开发战略总体目标作出的战略选择，反映了宁夏回族自治区领导对发展机遇的准确把握。

大家知道，中国人讲机遇，大都指的是天时、地利、人和三大条件。结合中阿经贸论坛中的关键词“阿拉伯国家”和“经贸”看，讲天时，就应看国际国内形势和环境。当前的世界政治经济格局正处于大调整、大变革之中，国际力量对比出现深刻变化，大国关系酝酿深刻调整，国际治理体系面临深刻变革，世界经济结构正孕育深刻转型。随着多极化趋势的进一步发展，中国与美欧日等传统大国之间的竞争博弈日显突出，而我周边环境中的不稳定、不确定因素也在增加。宁夏作为回族自治区，在她面对的伊斯兰世界中，南亚的巴基斯坦、阿富汗是美国奥巴马政府国际反恐的重点，中亚的吉尔吉斯斯坦刚出现政权更迭，政局还有动荡，中亚国家仍是“基地”组织实施“本土化战略”，加紧渗透和鼓动极端势力开展破坏活动的主要对象；西亚的伊朗2010年因核问题又一次遭到联合国安理会的制裁，土耳其2009年对新疆“7・5”事件的表态曾造成中土两国关系的紧张，目前尚有待恢复；东南亚的印尼、马来西亚和文莱三个伊斯兰国家，眼下都在南海问题上对我形成挑战。客观上，在伊斯兰世界中，唯有阿拉伯国家同中国的关系经受住了各种考验，不但依然密切友好，而且在2010年5月13—14日中阿合作论坛第四届外交部长会议上正式宣告，将双边关系提升到了“全面合作、共同发展”的战略合作关系新高度。因此，把阿拉伯国家列为重点合作的对象，完全符合温家宝总理在中阿外长会议开幕式上的主旨演讲精神，因为这“是中国与阿拉伯国家着眼21世纪双方关系长远发展作出的战略选择”。[①] 由此可见，宁夏的决策，符合中国与伊斯兰国家关系发展的现实和未来趋势，也符合当前

---

① 温家宝在中阿合作论坛第四届部长级会议开幕式上的主旨演讲，http://news.xinhuanet.com/politics/2010-05/13/c_1299655.htm。

中国外交的政策走向，具有明显的时代性和长期性，是实事求是的与时俱进之举。

“经贸”这个关键词的确定，也是时势使然，依据的是我国当前大政方针的需要，是发展中阿现已建立的战略合作关系的需要。经贸之所以重要，一是在党中央、国务院召开的西部大开发会议上，胡主席把“西部地区综合经济实力上一个大台阶”，放在今后10年西部大开发战略的总体目标之首，是“人民生活水平和质量上一个大台阶”和“生态环境保护上一个大台阶”三个台阶建设统筹协调发展的基础条件和基本保障。胡主席还强调指出，要“坚持改革开放，进一步增强发展动力和活力”，“加强完善内外联动、互利共赢、安全高效的开放型经济体系，形成经济全球化条件下参与国际合作和竞争新优势”。[①] 可以说，加强对外经贸合作是西部大开发不可或缺的重要组成部分，是宁夏藉以推动经济社会全面发展的基础和抓手，也是加强发展动力和活力的有效途径。二是温总理在演讲中，把中阿合作论坛的六年历程总结为三点：“政治互信进一步增强”，“经贸往来更加密切”，“人文交流日趋活跃”；在展望中阿双边关系时提出的也是三点：“要大力加强战略合作”，“要全面拓展经贸合作”，“要积极开展人文交流与合作”。其中的第二点，都是“经贸往来和经贸合作”。宁夏眼下提出主抓经贸，显然是因势利导、顺势而为作出的领域选择，不但合情合理，而且凸显了宁夏回族自治区的政策水平。

说到地利和人和，宁夏在西部大开发格局中，确实处于独特的有利条件，这在中国（宁夏）国际投资贸易洽谈会（简称“宁洽会”）暨中阿经贸论坛宣传部提供的《情况简介》中已有详细说明，恕不再引用。我想指出的是，国外媒体也已注意到了宁夏的发展，比如新加坡《海峡时报》2010年8月7日《中国二线城市赶超四大城市（即“北上

① 胡锦涛主席在中共中央、国务院召开的西部大开发工作会议上的讲话，载《人民日报》，2010年7月7日第1版。

广深”——北京、上海、广州、深圳）》一文就有多处提到了银川的经济增长率，对新投资的吸引力和蓬勃的经济潜力。[①] 这里，我更想强调的是回族在中华民族大家庭中的重要作用。回族是我国人口最多的少数民族之一，融入中华民族文化历史长达一千多年，而且一直在中国的政治、经济、文化生活中发挥着积极的建设作用。当前，中国特色的社会主义现代化建设离不开回族同胞的参与和贡献，而建设和谐社会，推进民族团结、宗教和谐，更需要回族同胞的示范和引领——在中国信仰伊斯兰教的10个少数民族中，回族的榜样作用和影响，都是举足轻重的。正因为此，宁夏无论是对内或是对阿拉伯国家，显然都具有“人和”方面的相对优势。既然天时、地利、人和三大条件具备，那么，认为宁夏当前的发展是把握住了机遇，就是一个合乎理性思维的判断，也是一个应该经得起时间考验的预测。

二、发展路径的选择

从宁夏回族自治区致力于中阿经贸论坛建设的投入准备和远景目标设计看，我觉得是选择了走国际化的道路，亦即通过宁夏或以银川市为代表的宁夏国际化来提升自己综合经济实力和现代化水平。这是一种具有高度水准的选择。2009年年底，外交学院党委书记秦亚青教授送了我一本他的新作《国际体系与中国外交》。我从中了解到，北京正在致力于建设国际化大都市，这本书实际上是北京市委托他做的一个科研项目。其中不少内容，如国际化城市发展的主导因素、须具备的条件、主要的衡量内容等，都论证得很周到详尽。秦亚青教授认为，“一般来说，城市国际化经常要经历从区域中心城市发展到国内中心城市，再到区域性国际中心城市和国际性中心城市的历程”，而“国家的

① “二线城市带动中国经济复苏”，载《参考消息》，2010年8月10日第15版。

政策导向是影响城市发展的一个关键因素”。[①]

拿宁夏与北京比，当然还存在很大差距，但这种差距并不妨碍宁夏选择走上述国际化的道路。因为西部大开发战略已经启动，银川已经成为国内外瞩目的西北地区中心城市或曰“二线城市”。用美国经济学家提出的世界城市的七项标准，即主要的金融中心、跨国公司总部所在地、国际机构的集中地、第三产业的高度增长、主要制造中心、重要的世界交通枢纽来衡量，中国现在的一线城市“北上广深”也都还不能完全达标。但在经济全球化发展过程中，许多城市都在着力打造自己的国际化功能，实施国际化发展战略，却是一个普遍现象。因为国际化城市可以分为两类，一类是综合类国际大都市，在国际政治、经济和文化方面都较具有影响力；另一类是在局部世界或某个方面发挥其区域性或专业性国际中心功能的城市，如政治型国际城市、经济型国际城市、文化型国际城市等。记得2006年时，国内曾有183个城市提出要建“国际化大都市”，这当然不切合实际，而且也没有必要。但随着沿海地区发展起来后，党和国家提出东北地区振兴、中部崛起和西部大开发等战略以来，确实也需要把这几大地区的一些主要城市推向世界，在区域经济中发挥支撑点或某类“经济圈”的核心作用，承担起联系国内外经济的重要角色。就此而言，宁夏当然可以结合自身的特点和优势，选择发展基础产业、服务业、清真食品认证机制等，作为对内（自治区、西北地区、全国）和对外（阿拉伯国家、伊斯兰世界、全球）打开局面、开展合作的有效途径，然后再扩展至其他国际化功能的打造。事实上，国际化和现代化总是相辅相成、互相促进的。对宁夏来说，一方面，银川已经崭露头角，自应有意识地加强国际城市的塑造，争取在西部地区、东北地区、中部地区的社会主义现代化建设进程中率先示范，取得突破，从而发挥带动全局的作用，那将是一件极具意义的倡举；另一方面，宁夏的国际化，重点是银川。银川的硬件

① 秦亚青等著:《国际体系与中国外交》，世界知识出版社2009年版，第298页。

设施已经是有目共睹，只要目标明确，举措稳妥，可行性强，特别是现代管理的制度建设能跟上，那么，通过持续的努力，是完全有可能在不断提升她国际化水平的同时，推动宁夏回族自治区的其他县市的城镇现代化建设，为缩小城乡差别、改革城乡二元体制作出贡献。

三、深入理解和解读“中阿经贸论坛永久举办地”提法的内涵

我乍一听闻这一名称时，就与博鳌经贸论坛联系了起来，心想中央是否会同意设两个国家级经贸论坛。收到宁夏邀请后，我一面继续思索，一面也很留心看资料。很巧，2010年国内政治学的权威刊物《世界经济与政治》第5期上，发表了我在上外的一位年轻同事苏长和教授的论文《中国地方政府与次区域合作：动力、行为及机制》，文中指出，“在现行中国国家结构下，地方政府参与国际合作对中央外交起着配合、补充和支持的作用”，“港澳、沿海省份、西南省份、西北省份和东北省份参与次区域合作”是“亚洲区域化进程中的一个重要现象”。他提出“需要对地方政府的作用给予更多的关注和重视”。[①] 看来，我有些滞后、迟钝了，一是对这些年中国地方外交有声有色的丰富实践感受不深，二是在注意中国大外交中的公共外交、人文外交、学术外交等分领域外交时，对地方外交缺乏应有的重视。事实证明，国际问题学术研究往往跟不上外交实践。

宁夏创办中阿经贸论坛再一次表明，中国的地方外交方兴未艾，其蕴含的现实意义和理论意义，正需要学界人士特别是相关的研究机构给予高度重视并作认真解读，进而提供相应的智力支持。我感到，

① 苏长和："中国地方政府与次区域合作：动力、行为及机制"，《世界经济与政治》，2010年第5期，第4—24页。

能来参加今天的会议，是获得了一次宝贵的学习机会，会让我在感性和理性两个层面进一步提高认识。

在地方外交范畴内建构起对宁夏中阿经贸论坛的认同，实际上也就意味着对宁夏国际身份的认同。现在要考虑的应当是宁夏的国际利益和国际行为，因为身份决定利益，利益决定行为。宁夏确定的国际合作伙伴是阿拉伯国家，能否在与阿拉伯国家的互动、交流中，达成一些动态的认知共识，形成共同利益，看来已是当务之急。也许，这也是自治区领导和有关部门最关心的实际问题。我由于对宁夏了解极其有限，对经贸所知也少，这里只能提些管窥蠡测之见，权充建议，供宁夏回族自治区领导和有关部门参考。

1. 注意选择，区别对待。阿拉伯国家有22个，人口、教派、社会制度、支柱产业、发展水平等并不相同，只能从他们的实际出发，在接触交流中寻找有利于双方的事项，以建立共识，开展合作。一般来说，阿拉伯海湾合作委员会（简称“海合会”）成员国的人均收入大都已接近或达到发达国家水平，2010年海合会虽还未与我国签订建立自贸区协议，但战略对话已经开始。海湾六国有经济实力，对华贸易大都处于顺差地位，与中国合作的意愿也比较强，如阿联酋2010年建立的阿布扎比战略研究中心，“中国研究”就是其中的主要项目，2011年元月科威特著名的《阿拉伯人》杂志将举办“阿拉伯人向东看”学术研讨会等，都反映出中国已是他们的关注重点。因此，宁夏似可将与海合会国家的合作交流列为起步阶段的重点。

2. 加强内联，打造品牌。阿拉伯人在经商方面十分务实，常常要求见到实物，或者要求出示美欧大公司已经接受的证据才会下单。改革开放30年来，中国许多大型机械设备、电器、建材等已经进入阿拉伯市场，但宁夏参与的品牌可能还不多。目前的情况是沿海省份的大企业关注重点多为发达国家和周边，它们对阿拉伯的需求兴趣不大或不很关注，也可能因为忙不过来，无暇顾及。按照胡锦涛主席在西部大开发工作会议重要讲话精神：“要加大中央对西部地区的政策支持力度，各地区各部门要把支持西部发展纳入本地区本部门工作”，宁夏若能通过有关的驻阿机构、人脉关系掌握准确信息，便可主动争取中央部门和兄弟省市的支持，采取或牵头或合资等方式，与兄弟省市的企业结合起来去拿项目或拓展市场，逐步树立起宁夏品牌。在当前阿拉伯国家越来越看重中国的情况下，只要留心，机会总是会出现的。比如，今年7月《经济日报》驻沙特首席记者来信说，宁夏如能出口建材，就有可能争取让沙特费萨尔伊斯兰银行到宁夏去设代表处或分行。只是我回答不了，一是不清楚中央是否已经同意宗教性银行进来，二是不了解宁夏本身的建材业情况或宁夏与哪些具有建材业优势的省份建有合作关系，三是不知道宁夏对此有没有兴趣。今天的会议，相信会大大有助于推进宁夏各部门领导和国内学术机构研究人员之间的相互了解和建立联系，有助于推进今后信息的及时沟通并发挥作用。

3. 经贸开路，重在综合。我总觉得中阿经贸论坛实际上是一个综合项目，一个系统工程。经贸的重要性不仅是能带来经济利益，而且将推动宁夏政治、社会、文化和生态文明等各领域建设的均衡发展，最终实现上三个大台阶的目标。对阿拉伯人来说，宁夏的最大特点在于她的人文环境：有信仰伊斯兰教的众多回族穆斯林且是中国唯一的回族自治区，社会稳定，民族团结，宗教信仰受到尊重，伊斯兰和回族的文化遗产保存良好等。他们到宁夏来，会有好感甚至亲切感。8月上旬，阿曼大使见到我时说，他已经访问过宁夏五次了。我问他有什么具体合作项目。他说:“主要是向他们提供一些帮助。”他态度很真诚，讲得也很自然。但我觉得宁夏方面似乎可以考虑一下，要设法建立起能把双方长期联系起来的方式，使这种关系进入更深层次，也更可持续。宁夏拥有很出色的社会科学院和人民出版社，宁夏大学已跻身211大学，如果能在文物展出，图书出版与交流，文化教育合作（不一定是宗教科目，海湾国家近年高度重视高新科技，办了不少国际水准的科技大学和院系），以及旅游等方面建立起交流合作平台，当会吸引阿方高层和精英人士对宁夏的关注，进而也会增进宁夏的利益——

这种利益包括宁夏自身的利益，宁夏的国家利益和宁夏的国际利益，也包括宁夏的软实力：话语权、影响力和形象等。

最后，请允许我再一次向宁夏回族自治区王正伟主席、宁夏中阿合作论坛研讨会的主办单位致谢。我相信，今天我们所有的与会者已经与宁夏同胞集聚在一起，都站在一个宁夏大开发新征程的起点上，我们都将会再一次深切地感受到回族儿女在社会主义经济、政治、文化、社会建设各条战线上团结奋斗、拼搏奉献，为伟大祖国作出的新贡献。

抓住当前契机
加强对外开放的能力建设①

最近三年宁夏变化很大。原来是一个省区举办的中阿经贸论坛，通过积极向国家发展战略接轨，已经获得国务院批准的一个保税区，一个内陆地区对外开放实验区。这标志着中阿经贸论坛在转成中阿博览局实体化运作以来，已进入中国对外交流合作的重要平台体系，成为一个国家级的平台。这也证明，宁夏的工作做得扎实而且卓有成效。

本次会议几个主题发言的内容针对性很强，都是内行的分析与建议，为宁夏完善开放计划献计献策。在宁夏肩负中国内陆对外开放先行先试重任的开局阶段，这些理论结合政策的辨析论证不啻是及时之雨。袁家军副主席高屋建瓴的宏观概述，就对外开放必然首先面对的通道问题——国际化、现代化的航空线路、高铁和网络联络等基础条件的建设，对未来与外界的人员流、资金流、商品流和信息流如何形成，都已有具体细致的考虑。我谨结合自己最近对中东形势的观察和出访沙特的一些感受，谈几点看法，供中阿博览局和宁夏的领导同志参考。

宁夏自倡办中阿经贸论坛之时起，就将对外开放的重点对象设定

① 本文载于《中国—阿拉伯国家博览会理论研讨会论文集》，宁夏人民出版社2013年版，第10—14页。

为阿拉伯国家。当时，阿拉伯革命还未爆发。从目前的阿拉伯国家情况看，大致可以分为两类，一类是转型国家，即经受了阿拉伯革命的冲击，有的实现了政权更迭或政府改组，有的内乱内战至今尚未平息，社会安全和政治经济制度建设都还存在诸多不确定因素；另一类是海湾产油国，包括海合会国家和伊拉克。其中巴林王国境内还有些什叶派集会滋事，但仍处于可控范围；伊拉克的安全状况则令人担忧，致使中国在伊的一些工程项目连企业领导人都很少去现场，与当地官员沟通，及时解决实施中的问题，客观上已造成伊方官员认为中方对项目是“重拿不重建”的印象，这对中资企业在伊的工程项目拓展已造成负面影响。

2012年，阿拉伯国家平均GDP增长率为4%，其中非产油国是1.2%，产油国是6.6%，伊拉克则高达10.2%。杨福昌大使提到，2012年中阿贸易额为2224亿美元，若细分一下，其中我国与海合会国家的贸易额要占1500多亿美元，中沙贸易额最高，为733亿美元，沙特已连续11年成为我国在中东地区最大的贸易伙伴；双边贸易额超过100亿美元的阿拉伯国家还有阿联酋、阿曼、伊拉克、科威特等。宁夏中阿博览局将海合会产油国确定为当前对外开放的重点，不但符合中国与海合会国家互补性强的特点，而且适应双方自2004年起即已展开自贸区谈判不断深入的需要，因而是客观务实的正确选择。

一般来说，国家间的交往总会涉及政治、经贸和人文交流这样三个主要层面。其中政治互信是具有基础性的重要条件。阿拉伯革命的发生，无疑对这几年中阿间的交往造成一定困难，人员往来和经贸发展都受到影响。中国出于维护联合国宪章和国际关系准则，在叙利亚危机治理上坚持反对外来干预的原则立场，三次在联合国安理会上使用否决权，引起一些海湾国家的误解，导致中国在海湾地区的承包工程数量下降。但两年多来阿拉伯地区局势发展的事实表明，中国政府恪守的立场是正确的，外来军事干预的主张和结果都不符合地区国家和人民的根本利益，包括海湾产油国在内的阿拉伯国家在叙利亚危机处理上，也已在政策宣示上表示认同2012年6月30日的日内瓦国际外长会议所达成的共识，即推动叙危机的政治解决，以开启叙人民主导的和平的政治过渡进程。

今年5月我出访沙特期间，明显感觉到中国政府外交成效显著，沙特国防部副大臣和外交大臣已相继访华，会见中国新领导人；每年一度的沙特杰纳迪里亚文化遗产节，中国今年是主宾国，取得了沙特民众的普遍好评；杨福昌大使去年率专家学者代表团开展增信释疑的公共外交，也给当地学界和媒体留下了良好的印象；访问期间，获悉沙特朋友向中方提出了不少进一步开展与中国交流合作的设想和计划……可以说，中沙关系已开始实现软着陆，正在向更加成熟、全面的战略合作方向发展。

经济领域，海湾国家在阿拉伯革命爆发以来，为改善民生稳定政局，正积极加强对基础设施建设的投资和改造。沙特在道路、住房、工业园区和港口等项目建设的投资，将超过1500亿美元；阿联酋为铁路、机场等建设项目将投入几百亿美元；卡塔尔的基础设施建设计划也高达850亿美元。沙特近期已公布能源发展白皮书，在未来20年内，将投资1000亿美元用于太阳能、风能、绿色能源的开发和利用。阿联酋、埃及、约旦、摩洛哥等国也都推出了新能源计划。大家知道，基础设施建设是中国的强项之一，而新能源的开发和利用也是中国占领先地位的一个领域，宁夏也拥有自己的优势。海湾国家的经济发展动向，无疑为中国及内陆对外开放的宁夏提供了机遇，应引起我们的高度重视，紧紧抓住并充分加以利用。

2012年的中阿双向投资，中国为13.9亿美元，面向阿尔及利亚、沙特、阿联酋、苏丹、埃及等多个阿拉伯国家，其中对沙特的投资是石油石化项目，对阿联酋是建材；而阿方对华投资仅2.3亿美元，其中以阿联酋和沙特为主，分别为1.3亿美元和0.49亿美元，主要项目也是建材和石化。这些数字与双方的经济实力，相去甚远。比如，沙特2012年的国内生产总值为7250亿美元，占中东北非地区国家国内生产总值的24%，沙特阿拉伯货币机构亦即央行，是世界第三大外汇储备银行，拥有8000多亿美元，对外投资的实力很强。而正在打造对外开放与合作升级版的中国，也已宣布在未来5年中将进口10万亿美元商品，对外投资5000亿美元。这表明，中沙或中国与海合会国家之间现有的双向投资还蕴藏着巨大的潜力，将有待发掘和释放。此外，随着页岩油气进入开发利用阶段，国际能源供需结构正在出现变化。沙特作为世界石油最大供应国，正越来越重视保持和发展与世界最大石油进口国中国的关系，为缓解中沙间的贸易不平衡，增加对华投资和从中国进口商品实际上已成为不可避免的合理选择。

作为一名中东问题研究人员，我也注意到了沙特正在重视自身的文化软实力建设。在沙特不到10天时间，沙方跟我商讨的题目极为广泛：双方图书著作互译，一起合作举办“亚洲阿拉伯学研讨会”，请中国教师去讲授中文，请中国专家为沙特公务员介绍中国的改革开放经验等等，联系到前文述及的杰纳迪里亚文化遗产节，沙特邀请中国文化部部长率领庞大代表团，在首都利雅得展示中国的文化、艺术、饮食、服装等方面的特色和成就，都令我感受到，阿卜杜拉国王早在阿拉伯革命之前就已倡导的“文明对话、接受他者”的政策主张，正在不断深入展开。这显然也为中沙在文化上的“南南合作”提供了契机。宁夏回族自治区已经在土耳其举办过中国文化周，具有自己的优势，也积累了经验，似可将此项活动推介进入沙特等海湾阿拉伯国家，争取让阿拉伯民众对宁夏有更多更深的了解。

从新闻报道看，阿拉伯世界近些年里一直动荡不定，似乎很乱。但阿拉伯革命本质上反映的是阿拉伯国家正处于一个社会转型阶段——从前现代向现代化建设转型，这是世界上许多发展中国家都可能经历的阵痛，中国也是遭受了“文化大革命”10年浩劫才转入改革开放阶段的。阿拉伯国家数量多，体制、国情差异很大，乱也不是都乱，总有相对稳定的国家，总有合作共赢的空间和机遇。重要的是我们自身的研究要客观务实，计划应尽可能周全可行，以及工作团队的能力建设得跟上实际工作的需要。这里，谨提几点建议，供中阿博览局和宁夏有关部门领导同志参考。

一是提高分析能力，深化确定工作的重点。如果自治区领导已确定把以沙特为代表的海湾阿拉伯产油国列为中国内陆对外开放的重点对象，那么，相关部门就必须研究重点领域是什么，是经贸、能源、投资、环保、基础设施建设，还是文化、科技、教育、友城、青年和妇女的交流等，进而还应确定领域内的重点项目，根据自己的优势条件排序，渐次展开，逐步推进。因为开放虽一定具有全面性，但实际工作却必须要有重点。设立重点项目的出发点，应既要有利于宁夏现代化建设的需要，也应有利于带动中国西部内陆地区对外开放程度的提升。我们注意到宁夏回族自治区领导已将区内部门分成几块在设计合作项目计划。谨望这个过程能具有开放性、包容性，尽可能让国家部委有关部门或相关专家参与讨论。本次研讨会上有专家提出希望宁夏牵头推动区域（西北地区）一体化建设，很具创新意蕴。倘一时做不到，也可以先从项目上的区省联动、区企（国企）联手，构建具体合作机制做起。事实上，与阿拉伯国家谈合作项目并不容易，特别是产油国，瞄准的都是世界一流。要说服阿方接受我们，得用事实、数据、成功的先例等来证明，而绝不只是言辞。就此而言，宁夏同志在确定重点合作项目过程中，须多与国内先行机构或企业磋商，即使采取“搭便车”、“结伴同行”方式，也很必要很正常。

二是加强走出去调研的能力。习近平主席最近指示：“没有调查研究，就没有发言权，更没有决策权。”中国改革开放之初，是从先派员出国调查开始的。对外开放的过程始终离不开交流和合作。交流是前提，没有交流，何谈合作。但这种交流应带有明确的目的性，要结交怎样的企业、公司、机构、人士，都要有针对性。在海湾君主制国家，对决策有影响的不光是高官高管，更有王室成员和学界媒体的意见领袖，都很值得交朋友。出访未必就一定能签订合作协议，能结交几位有影响人士，带回一些有关政策的白皮书、项目介绍材料或相关法律规定，即使是介绍宣传自己让对方对宁夏有兴趣，愿意进一步交往，也是成绩。海湾产油国是一个成熟的市场，很多领域如金融、能源等行业，门槛都很高，也很保守，通常都只与国际知名的品牌公司、机构或人士交往。宁夏要跻身进去，或是搭中国著名国资企业、金融机构的便车，或是紧紧依靠中国驻外使馆、商参处、文化处——他们始终是最重要的资源——在他们的指导帮助下，拜访、商谈。宁夏对海湾产油国的调研既要重视收集国内有关资料信息，更要及时有序地走出去进行，因为具体的接触和沟通，必须由宁夏同志亲力亲为。

三是大力加强对外开放的践行能力。我从三年前第一次听王正伟主席在中阿经贸合作论坛讲话到这次听袁家军副主席在研讨会开幕式上的致辞，都感到自治区领导的指导思想很清晰，路线规划也很具体，都是根据党和国家关于西部大开发战略结合宁夏实际作出的部署。每年一度的中阿经贸大会，更是有中央领导和阿方国家政要出席的重要国际会议，已经成为宁夏也是中国的品牌之一。在中阿经贸论坛体制机制不断发展完善，相关理论研讨日趋深化务实的当下，目前亟待提升的负责相关项目的部门和人员的践行能力。

我接触到的宁夏同志都有很高的热情和干劲，但大都还未进入对外交流与合作的具体工作层面。比如清洁能源宁夏有优势，但比较过国内同类技术的价格吗？调查过阿拉伯国家有关需求和当地的市场价格吗？高校、科研机构与阿拉伯国家建立了交流关系，主要想与哪国哪所大学或研究中心签协议，宁夏自己的什么专业或哪些研究领域能通过这种合作带来发展和提高？我听有的高校（不是宁夏）对外介绍说，已与上百所或几百所国外高校签有校级合作协议，心里总不以为然，因为这么多协议都符合教育部的要求，都有助于中国教育的现代化发展方向，有助于中国文化走出去或提升本校专业学科发展水平吗？宁夏是后开放地区，但愿从一开始就摒弃形式主义，重视解决自身的实际需求，通过各类培训和实践总结，不断打造和提高涉外队伍的交际能力和执行力，以利切实带动宁夏的现代化建设。

政策确定以后，干部便是决定的因素。这里的“干部”不是讲人的多寡，而是指执行政策干部的能力。对外开放是长期战略任务，也是一项系统工程。宁夏回族自治区已经布好了棋，正在开局。我觉得当下正是“将士用命”阶段，强调一下能力建设，是希望将士们各具本领，都有能耐，能为中国内陆对外开放的进展建功立业，把宁夏打造成西部开放的美丽橱窗。

积微成著　集腋成裘[①]

——祝贺吴思科大使文集问世

拜读完吴思科大使的《文章选萃》，内心很感动，也很钦佩。这是一位潜心纵横之道、折冲樽俎四十余载的外交官，将自己的亲身经历、真实感悟和珍贵心得，通过随笔、专论、访谈实录、演讲等文体形式汇编成书，贡献给了社会。在中国成长为世界新兴大国力量，国际关系专业越来越受到青年一代关注甚至青睐的当下，不但其现实意义和学术意义毋庸置疑，而且能这样为学界、后学作奉献的精神，更是值得称道。

屈指算来，我认识吴思科、李剑华伉俪已有三十六七年了。1978年秋，我赴埃及开罗大学进修，大部分时间住在使馆后面的新华楼五层，用餐则在使馆食堂。主管中国教师、留学生工作的是使馆文化处，但我与使馆有关部门特别是学阿拉伯语的同行也常有接触。那时的吴思科夫妇就备受好评：勤奋踏实、谦逊好学，是外交部重点培养对象。我的这种印象，从他后来逐级晋升，当处长、副司长、司长、驻沙特、埃及大使，直到被任命为第三任中国中东问题特使，几十年来不曾改变，但在不断提升：对他的大局观、政策研究的深入和创新，

① 本文是吴思科著《特使眼中的中东风云》之序，世界知识出版社2015年版。

对他在国内外待人接物、运筹处事方式留下的广泛深入影响等，了解得越来越多，体会也越来越具体。他在我的心目中，是一位矢志不渝献身中国中东外交事业的资深大使，中国阿拉伯语学界的优秀代表，实践与理论双修的杰出外交人士 。

外交是包括年经时代的我在内许许多多青年学子心向往之的职业，但能真正跻身其中的，首先得具备符合形势发展需要的主客观条件，即机缘凑巧，因而总是少数；能在历经翻译、随员、各等级秘书岗位晋升为司领导进而被任命为地区大国特命全权大使的，便既难又少；而在新世纪外交部设立“特使”创新机制以来能有幸入选者，则更无疑是好中选优的凤毛麟角，决非侥幸所致。读者如细心阅读本书，应能从吴思科大使当年如何为真正掌握阿语而钻研，为写好调研报告而斟酌每一句措辞，为推进中国与以色列国建交、深入做好“石油美元”文章而谋划、身体力行，在沙特、埃及（兼任阿盟）大使岗位上，为促进中阿两大文明交流而致力于跟高层、媒体与民间的交往，以及在特使任上为劝和促谈、宣示中国主张，而数十次地奔波出访等内容中，看到他深植于心的中国人文理念，坚定的中国政策立场和融会贯通的外交对话沟通能力。他的成就，凭仗的是他一贯的虚怀若谷、好学不倦精神，面对问题惯于用心细察、认真对待，处事周密严谨，亲力亲为，做到有理有据，使人信服才取得的。这是他数十年功力和经验的积累。

进入新世纪以来的十多年，我担任教育部人文社会科学重点研究基地中东研究所工作，向以杨福昌、安惠侯、姚匡乙等资深大使为代表的外交官员们求教请益不断增多，对中国外交政策及其特点开始有所了解和体悟。据我所知，外交官员的能力通常表现在办案（处理具体事务）和写报（调研报告）两个方面。一身两者兼备很不易，达到高水平就更难。一般来说，能做到参赞、大使，都是历经能力、水平考核的成绩出众者。特别让我佩服并有启迪的，是大使们习以为常的对政策内涵的高度重视，他们通过继承、比较，联系实际作出解读，总是很切实具体，颇有说服力。这种遵循继承、调整、发展的中国外交政策创新推进轨道，我在跟大使们的交流互动中常能感受到，在吴思科大使书中也都能找到例证。如他对中国梦战略、构建中国特色外交话语体系、不干涉内政不等于无所作为、用中国理念为世界发展注入新内涵等不少观点、论述，都清楚地反映出他对中国外交政策的理解和认知，对中国外交理论和国际关系理论的思考和构想。

当前在确立起中国的世界大国地位基础上，亟待要做的是培养一批又一批能胜任大国职责的人才，构建并不断发展完善的中国特色大国理论，以及通过普及教育形成社会的大国国民心态，真可谓任重而道远。具体到中国外交学和国际关系理论的建设方面，则应在教学研究中更加重视梳理和总结中国外交的实践经验和理论思考。因为这是我们学科建设的基础和主轴，也是座富矿，需要学界同仁们备加关注，细致采撷，善于运用。

这些年来，中国不少老大使年过花甲甚至古稀，仍积极应社会学界需要参与学术研讨、公共外交和对外人文交流合作活动，已成为中国整体外交中不可或缺的宝贵资源，他们发表的评论、专论和演讲等，也已公认是中国相关学科重要的学术成果。他们中有的已经出版专著、文集和回忆录，我曾收到并拜读过前驻中东国家大使刘振堂、杨洪林、杨卫国等位的佳作，都很有意义。只是感到这方面的学术积累似尚缺乏组织和支持，还应尽可能地予以推动，使之在数量和质量上逐步增多提升，以发挥更大的学术影响。

2013年11月下旬，我参加外交部亚非司中阿合作论坛中方秘书处派遣的学者代表团，赴阿拉伯国家访问。行前，陈晓东司长为杨福昌大使任团长的代表团一行和同时出访埃及、出席巴林麦纳麦高层论坛的吴思科特使饯行。席间，我们谈起深入开展中国中东研究，应当组织力量整理出版中国资深外交官们的口述历史或文集，如中国中东外交大事记，让当年亲自主持和亲身参与工作的大使谈中国与沙特建交、与以色列建交，中国应对两伊战争、海湾战争等，无疑都是第一手资料，是具有史料价值的学术参考读物。杨大使、吴大使都很赞同。也许是因为高校限于资源配置，目前还未听到有关组织研究生们开展这类采访汇编工作的消息，中国中东外交方面的口述史仍付之阙如。

值得高兴的是，吴思科大使已经行动了起来，在短短一年时间里结集成了今天这本《文章选萃》，将他丰富多彩的阅历、稳健务实的见识、深邃谋远的思考告诉大家。我由衷地为这本中东研究学苑里的新作感到欣喜和钦佩，也相信它对关心中国中东外交、中东研究的同行特别是相关学科的莘莘学子，都会有启迪和裨益。同时，我也希望吴大使和国内资深大使们还将继续向中国中东研究学科建设贡献他们的故事、经验和智慧。

“一带一路”建设应重视构建世界文明价值共同体[①]

“一带一路”是中国倡导的以合作共赢为核心的新型国际合作模式，是以和平发展为理念的全球治理新主张。其目标是构建人类命运共同体、利益共同体。实现构建命运共同体的宗旨，既涉及经济基础，即必须推动国际政治经济秩序更加公正合理，形成与之相适应的利益共同体；同时也涉及上层建筑，必须重视价值观层面的沟通和交流，为人文交流夯实精神基础，进而推动世界文明秩序向平等包容的方向发展，逐步构建起文明价值共同体。这是中国作为新兴大国责无旁贷的历史使命。

一、改进当前世界文明秩序的条件

1. 客观现实

从世界近现代史看，在当前国际社会最具影响的三大文明中，以基督教为核心的美西方文明体系一直凭持其核心国家强大的经济、科技和军事实力，占据着主导地位，掌握着国际话语霸权；以阿拉伯国

① 本文为2016年6月8日在澳门召开的太湖世界文化论坛第四届年会发言稿。

家为核心的伊斯兰文明体系和以中华文化为核心的东亚文明体系，则因其国家群体长期遭受外来侵略和占领而处于从属地位，从而造成了世界文明有高低优劣之分的错觉和成见。这种不平等不包容的文明秩序，实际上又为美西方控制操纵世界主要政治经济事务创造了条件，为它们维护和固化既有国际政治经济秩序提供了保证。

2. 当前改进世界文明秩序的条件正在形成

一是美西方的硬实力出现相对下降。一战结束近百年，二战结束七十多年，冷战结束也达四分之一世纪，特别是美西方自2008年接连爆发金融危机、欧债危机以来，已难以遏制新兴经济体的兴起；它们在世界各地继续谋求势力范围，通过盟国体系、代理人战争或颜色革命来维护霸权和谋求私利，也越来越不得人心，难以得逞。二是中国的和平崛起。在以政治多极化、经济全球化、社会信息化和文化多样化为特点的当今世界潮流中，中国作为最大的发展中国家、世界第二大经济体，已形成了中国特色的发展道路、理论和制度，提出了新兴大国的外交战略和政策，同时正在深入开展人文交流，推动文明价值观的互学互鉴，成为推动国际政治经济秩序更加公正合理，世界文明秩序更加平等包容的重要动力和变量。三是中国已经提出了实施路径。中国国务院2015年3月批准公布的《推动共建“一带一路”的意见和愿景》，既是倡导一种以合作共赢为核心的新型国际关系和全球治理模式，也是一条实施改进世界文明秩序的有效途径。因为“一带一路”中的“民心相通”目标，涉及共建双方人文交流软实力合作的众多领域，其中的文明对话乃是奠定教育、文化艺术、媒体等各种合作机制的重要基础。而文明的互学互鉴，则是深入推进文明对话的指导思想和主要内涵。

二、文明互学互鉴要从相互尊重和理解着手

1. 文明体系之间的不平等，源于美西方从不尊重其他文明

从16—17世纪欧洲资本主义扩张时期开始出现的“东方学”，到二战后美国对亚非国家事务的深度介入而先后形成的“欧洲中心论”和“美国例外论”，都是出于控制、统治或对抗包括中华文明、伊斯兰文明在内的东方文明国家的目的，具有明显的政治、经济和文化利益色彩，是为欧美国家需要的地缘政治、地缘经济和安全战略服务的。因此，它们习惯于怀有强烈的文明优越感，总是以救世主自居，过去是大量派出传教士向东方国家“传播福音”，当代是不择手段地输出意识形态，要其他文明国家接受拷贝它们的价值理念和社会政治制度，从来就谈不上尊重其他文明国家，平等地开展文明对话。

2. 文明对话的提出及其被国际社会认同

早在20世纪90年代“文明冲突论”出现后，约旦已故国王侯赛因即在国际研讨会和阿拉伯媒体上提出要解决中东热点问题，伊斯兰国家应与国际社会开展文明对话，约旦的伊斯兰思想皇家研究院为此组织过伊斯兰教逊尼派与什叶派、伊斯兰教与梵蒂冈天主教和与欧洲基督教机构的多次对话。“9·11”事件后，联合国接受伊朗总统哈塔米1998年曾提出的建议，宣布2002年为“世界不同文明对话年”。2004年9月中阿合作论坛成立，双方发表的《宣言》中，一致“呼吁通过不同文明之间的对话与交流，营造合作、和谐的国际环境，促进人类的和平与发展”，并将“中阿关系与文明对话”定为常设合作机制之一。及至中国提出“一带一路”倡议以来，习近平主席在2014年3月访问联合国教科文组织演讲中，更明确指出文明具有多彩、平等、包容等特性，把文明交流互鉴与“人类生活在不同文化、种族、肤色、

宗教和不同社会制度组成的世界里，各国人民形成了你中有我、我中有你的命运共同体”直接联系起来；同年6月他在中阿合作论坛第六届部长会议开幕式演讲中，又进一步把文明互学互鉴提升到“用对话交流代替冲突、对抗，创造不同社会制度、不同信仰、不同文化传统国家和谐相处”的高度，列为弘扬丝路精神的第一要求。这些论断是“一带一路”倡议构想的重要组成部分，无疑适用于所有与中国合作共建“一带一路”的文明国家。

3. 文明互学互鉴须遵循的基本原则

一是要善于阐述自己文明的优秀传统；二是应认真学习包括西方文明在内的世界各种文明之长；三是应注意鼓励和引导处于弱势的其他文明国家扬长避短，提振信心，致力于自立自强。就当今世界三大文明形成的时间看，中华文明最早，伊斯兰文明次之，美西方的基督教文明最迟。其共性是都高度重视学习借鉴，因而都在人类社会发展史上留下了辉煌的物质文化和精神文化财富。中国近三十多年创造了世界奇迹，靠的是坚持改革开放政策不动摇，其实施路径也正是从学习借鉴着手，循序进入创新发展，而不是罔顾时代精神，一味强调返祖复古，墨守陈规；也不是漠视国情，照抄照搬他国的模式和做法。这或许可视为世界文明国家实现现代化建设的规律。历时五年多的“阿拉伯之春”失败后，埃及、伊朗等中东大国总统都提出要学习中国的治国理政经验，中方要介绍的重点应该是这样具有规律性的内容，鼓励它们实现中国经验本土化，落实到埃及化、埃及特色，伊朗化、伊朗特色的现代化建设路径上去，从而彰显文明互学互鉴的正面效应。

三、应尽快构建文明互学互鉴的交流话语体系

当前，“一带一路”正在深入推进，人文交流与产能合作已并列为

两大抓手。现已在开展的人文交流，领域合作内容丰富，计划具体，特别是机制建设稳健务实，为可持续发展提供了制度保障。中国事实上已成为世界文明对话最主要也最具影响力的主导者和推动力。从人文交流的实践层面看，构建中国特色的文明互学互鉴交流话语体系，则是应予重视的现实需要。这里谨提几点建议，敬供参考。

1. 推动构建中华文明价值观

其核心是包括国家、社会和公民三个层面的社会主义核心价值体系，须扩展的内涵，围绕中国优秀传统文化和伦理道德中的事业观、家庭观、交友观和天下观等理念，组织学界力量，编成图书读物，在国内普及，并通过海外孔子学院和中国文化中心向外传播。

2. 重视中国特色的现代观念阐释

近现代从欧美传入的科学、民主、自由、人权等概念，中国和国际社会都已普遍接受。美西方与发展中国家之间的分歧，主要集中在解读这些概念是只能听从它们定于一尊，还是各国有权根据自己的国情和社会文化作出界定？客观地看，发达国家和发展中国家的经济发展程度、社会民情和文化传统差异很大，不可能只采用一种模式。新中国六十多年的发展史证明，接受欧美文明提供的这些公共产品，始终应该坚持结合国家的发展和时代的变化，必须具有中国特色。与美西方不同的是，中国在推进“一带一路”时一直强调要与合作对象国的发展计划相对接，这表明我们希望新丝绸之路这项国际公共产品真正具有共享性，不具排他性。

3. 深入了解发展中国家的文明文化

世界各国不论大小强弱贫富，都有自己的文明文化。中国作为新兴大国必须摒弃美西方价值观外交那套强加于人的做法，而应坚持平等包容地与各国交流合作，要从尊重并理解它们的文明文化着手。现下国内高校和学界正在加强国别区域研究，希望能尽快组织项目和人手翻译或编写以对象国本身资料为主的文明文化史读物，以增进中国读者和对外人文交流工作者对世界文明特别是发展中国家文明的了解。